广东省哲学社会科学规划后期资助项目成果

U0647978

大学教师教学发展实践论

许国动　著

ZHEJIANG UNIVERSITY PRESS
浙江大学出版社

图书在版编目（CIP）数据

大学教师教学发展实践论 / 许国动著. —杭州：
浙江大学出版社，2021.8
ISBN 978-7-308-21582-4

Ⅰ．①大… Ⅱ．①许… Ⅲ．①高等学校－师资培养－
研究 Ⅳ．①G645.12

中国版本图书馆 CIP 数据核字（2021）第 136054 号

大学教师教学发展实践论

许国动　著

策划编辑	吴伟伟	
责任编辑	寿勤文　郭琳琳	
责任校对	陈逸行	
封面设计	雷建军	
出版发行	浙江大学出版社	
	（杭州市天目山路 148 号　邮政编码 310007）	
	（网址：http://www.zjupress.com）	
排　　版	浙江时代出版服务有限公司	
印　　刷	广东虎彩云印刷有限公司绍兴分公司	
开　　本	710mm×1000mm　1/16	
印　　张	21.75	
字　　数	299 千	
版 印 次	2021 年 8 月第 1 版　2021 年 8 月第 1 次印刷	
书　　号	ISBN 978-7-308-21582-4	
定　　价	68.00 元	

自 序

作为高校教学管理实践的一线人员,我对教师教学发展的关注由来已久。2013年,在我攻读博士学位的第二年,我便着手开始选题的调研。在这7年的沉淀中,始终有两条线索在不停地鼓励着我去反思:一是学术之路的延伸,专业视野和学术追求都在日趋深耕,方法论倾向日趋明确,个人问题域日渐形成。在这个过程中,从博士入学形成到博士毕业,从博士论文到广东省社科规划后期资助项目,从博士后入站再到与博士后报告的交叉进行,我的博士论文出版修订工作始终没有停止。二是我的高校教学管理实践工作不断深化着我对教师教学发展的理解。至今,作为高校教学管理实践者,我已经工作12年,这让我不断从中反思大学的教与学的种种现象,深入思考存在的种种实践困惑和学理问题。学术积淀和实践经验的积累让我对大学教师教学发展有了更多的思考。

关于学术视角和学术史的梳理

一项系统的研究必须要有既定的理论视角。在起初的研究阶段,我并没有找到适宜的理论框架开展此项研究。在经历刻意的理论基础寻找后,一次邂逅,让我深深地迷恋上了法国社会学家布尔迪厄的社会实践理论,我惊喜地意识到,这可能是很好的解释性框架。在我看来,教学是一项实践活动,因为它是关于教与学的学问。因此,从社会实践理论角度分析教学实践活动,教学应该是一种适切的理论基础。在社会实践理论视野下,我开始着手教学发展学术史的梳理,逐渐有了清晰的目标。其实,准确地提出学术史的梳理是一项艰辛的研究投入,我尝试着先从简单的内涵理解出发,教学发展是以学生"学"为目标,追求教师"教"的水平的提升。这样简单的理解,却让我陷入了另一困惑之中——教学到底是以教师为主体,还是以学生为主体,抑或是师生双主体?事实上,这个问题在教学论中争论已久,我也很难给出确切的答案。但是,无论谁是主体,教师的主体性都是需要关注的方面。主体性是现代性的核心概念,现代性根源于发展性。所以,教师教学发展的学术史的梳理应围绕教师主体性、教学现代性和发展性进行梳理。

然而,关于学术视角和学术史的梳理给我留下了两个难题。其一,既然教学实践是一种建构关系,那么到底是什么促使关系的发生,而且是朝着有利于学生学业发展的方向建构关系?其二,既然教学实践活动中的主体容易引起争论,其根源在于教师内在特质与外在行为的二元结构论,那么,如何从二元结构论走向对立统一体?

关于研究问题与教学发展路径

教学实践活动的本质是一种建构关系,那么,教学发展的本质是什么?提出这样的问题,其实面临的挑战非常大,因为认识事物的本质绝非易事。大学教师教学发展是高等教育后大众化阶段日益突出的时代命题,无论是理论研究还是实践探索,都呈现出日益繁荣的景象。然而,这种现实景象遮蔽了对大学教师教学发展的本质认识与反思。从教师发展的角度来看,教学与科学研究的关系都是一种线性认知,简单来说是一种相辅相成的关系。然而,大学教师发展的悖论依然存在,根源在于教师发展的要素论,现行研究始终未能解决科学研究与教学二者的非线性关系。在教学学术内涵审视下,科教融合理念应成为教学发展的路径选择,这样才能将大学教师既作为发展的手段也看作发展的目的,这一基本理论问题是教师理解发展、寻求发展和实现发展的关键;既满足组织发展的需求,也可实现个人发展的初衷;既是系统变革的外部驱力的必然,也可自觉唤醒发展的内生力量。

因此,教师教学发展不是单一要素问题,而是整体论视角下教师发展的二元结构走向融合统一的问题。从社会实践理论视角审视,科学研究仅仅是教师具备了教学资本,具备了教师教学发展的可行能力,只有在特定的教学场域中表现出特定的教学惯习,三者相互作用才是教学发展的本质所在。教学资本是内在的知识结构、能力素养和发展方向;教学惯习是外在教学实践行为的表现。显然,现有的教学能力、教学智慧和教学素质等都难以回答教学发展的内在特质和外在行为表征。因此,教学力这一教学发展的本质的提出具有统整教学资本、教学场域和教学惯习的作用。教学力作为一种惯习的存在,发生于教与学的改变之中,从而实现了科研与教学的对立统一。

关于大学教师教学发展的发生机制

大学教师教学发展的本质在于教学力的发展,那么,教学力是如何发生的?本书通过对大学教师教学资本及其效能结构的实证分析,得出大学教师教学资本的内容结构,即经济资本、文化资本、社会资本和象征资本及其教学资本效能结构,即学生优势项目的发现,提出了执行、关系建立、影响和战略思考四因素理论。在进一步验证教学资本结构与学业发展结构及其内在关系的基础上为教与学的发展提出了效标基准。其实,这里还有进一步探究的可能性,如教师教学资本对学生学业发展带来的影响,但这是一个极其复杂的关系。虽然没有进一步深入探究,但可以得出一个基本结论:大学教师教学发展离不开教师的生命叙事,回归教师生命历程是教师教学发展的动力源泉。在高校内涵式发展背景下,大学迎来了史无前例的课堂革命,大学教学场域受到前所未有的关注。大学教学场域是师生教与学发生的场所。通过研究关系理论发现,主场域中分为显性和隐性两类关系网络,但存在主体性客观化、客体性主观化和主客体间性缺失等认识误区。在教学场域概念下,教与学从狭义的师生关系走向更加广泛的主体关系网络。通过社会网络分析方法的研究发现,教师并非教学场域中的核心角色,这与大学教学有效性形成了悖论,却为人才培养模式提供了更加广阔的视野。通过对大学教师教学惯习的概念图谱和理论框架的分析,进而提出大学教师教学实践的行动模式,从而将大学教师教学惯习的内隐性概念转化为内隐性与外显性统一的理论体系。本书通过扎根理论方法,将经验材料与理想构型相结合,得出了职员型教师行动模式、教育者教师行动模式和专业化教师行动模式。

教学力生成于科学关系场域,实现在教学关系场域中,其基础是依靠资本工具获得的教学可行力,完成主体性生成过程;其外在表现则是教师内在倾向系统所决定的教学策略,这是教学过程实现的手段;其效标是学生学的追随力,逻辑归宿是学生学习力的提升,完成学生主体性生成过程;从整体来看,大学教师教学力的本质特征是一种关系力量。总之,教学力是大学教师教学发展的本质特征。

关于大学教师教学发展的路径

社会已经进入协同时代,个体与群体之间结合紧密已成为网络化时代的主要特征。教师共同体创生与发展已经成为教师专业化发展亟待解决的难题。然而,教师共同体是学校组织发展的细胞,离不开学校组织文化与氛围的孕育。因此,大学教师共同体建构需要符合大学学术组织特性与主体性追求的秩序重构。从传统的大学教师教学共同体存续逻辑来看,其运行逻辑是国家意志在学校治理过程中的体现。这与大学教师专业化发展逻辑存在矛盾张力,这就需要大学教师教学共同体从单向度的实践社区走向三向度生命共同体的构建,即从治理秩序走向生活位序,形成共生共存的秩序体系,促进大学教师教学发展。

总之,在内涵式战略发展背景下,大学教师教学发展是一项历久弥新的理论和实践议题,但在国家逻辑和教师逻辑双重机制下,大学教师教学发展的内生性动力不足。因此,本书突破现有理论范式,从大学教师教学是一项实践活动的属性入手,提出教学力发展的本质议题。在此基础上,基于实用主义哲学思想,采用混合方法论范式,以布尔迪厄社会实践理论为框架,通过科学方法,构建了由教学场域、教学资本和教学惯习所构成的大学教师教学发展的实践性知识体系,并给出了实践共同体的发展路径。

关于实践论的初衷

论著的修改过程始终让我惶恐不安,因为理论积淀的不足,我在对话和贯穿过程中,常常感觉到力不从心,但我还是努力地尝试把自己初步的想法呈现出来。所谓的实践论,就是从实践这一基本出发点来看待教师教学发展。所谓的教学实践,无非是精力的投入,根源在于意愿态度和制度保障。这看似再简单不过的事情,在实践中却异常艰难。目前,北京大学陈向明教授所带领的团队正在致力于"实践—反思教育学"的探索。陈老师明确指出,"实践—反思教育学"未来可能面临的挑战有两点。一是"实践—反思教育学"所继承的实践认识论,不是要从沉思的形而上传统走向另一个极端,它并不主张行动高于或优于知识,而是强调实践优先性。实践转向的真正挑战在于,在肯定了行动/实践的基础地位之后,如何理解知识与行动、理论与实践之间的关系?二是还应该反思人工智能时代对传统学徒制下教育学的冲击。虽然有研究指出,在当前人工智能、大数据、虚拟现实风行的时代,以教师、社工、法律顾问、艺术家等为代表的专业工作者最不可能被机器人所取代,因为他们的实践性知识构成了立身的专业资本。然而,当信息化技术大量介入教育工作者的实践时,如何在制度上为他们保留一片自主发展的空间?这或许是我们在新世纪探讨"实践—反思教育学"的意义所在。

我想,所谓的大学教师教学发展实践论,就是在社会实践理论审视下,通过实践转向的尝试,试图对大学教师教学实践活动进行诠释,这也算是"实践—反思教育学"的一种注解。虽然我对"实践—反思教育学"的理解连皮毛都谈不上,但我依然感谢陈老师多年来对我的影响和启发。

关于对教育与社会的理解

教育开启了人的社会化进程,同时,人的社会化进程也在影响着教育的发展。教育与社会的关系,既是适应也是引领,在不同的教育领域具有不同的功能。近年来,人们对教育环境中代际接触的担忧与日俱增。研究结果表明,教育与社会的交叉点不容忽视。就语言教育而言,开发适合学习者所处社会环境多样性的适当教学法是至关重要的。所以,教师教学发展离不开更大的社会系统,这也是本书始终坚持的一个观点,教师教学发展离不开全部的生命叙事,这些生命叙事发生于社会系统并作用于教师个体,影响教师教学资本的获得和在教学场域中表现出的教学惯习。

局限、问题与建议

本书从特定的理论视野出发,尝试从理论多元化到方法多元化,用多元整合论的视角进行系统研究,这种研究的哲学基础是实用主义,用合适的理论和方法解决问题,而不拘泥于某种方法或理论。任何一种研究取向都有自身的局限,自身的理论视野和方法论取向都让研究困顿其中,难以尽善尽美。从方法和理论的积淀来说,无法将每一部分的研究推向极致,这是最大的局限。从研究对象来说,由于本书虽然是一种实践观照,但确实是一个理论问题,这使理论的提出只能从特定的理论视野出发,换一种理论视野可能会有新的提法。从研究内容来说,虽然教学力这一个点很小,但由于使用了庞大的社会实践理论的框架,致使研究内容十分庞杂,虽然实现了简单问题复杂化的论证过程,但缺少从复杂的过程到简单的结论,这需要更加深入系统的梳理和提升。

从研究的思路、目的、内容和结论来看,本书既是理论研究也是应用研究,这是因为它是基于实践取向的理论本质的探讨。通过这样的研究,大学教师教学发展中的教师主体能够更好地理解所处的环境,大学教师教学发展的决策者也可以获得一定的参考。当然正是基于实践取向的理论探讨,使研究系统和问题走向了复杂,在这种复杂的理论视野中,留下了诸多的遗憾;也正是这些遗憾,促使我进一步研究。

在大学教师教学力生成过程中,大学教师教学资本与教学效能二者之间的对应关系仍然悬而未决。大学教师教学场域期待建立教学传递模型。教学传递模型用学生在教学网络中的聚类情况,说明学生对教学表现出的追随力程度;用网络关系的密度、师生发生教学关系的网络距离、教学网络的凝聚力、"中心—半边缘—边缘"结构、指数随机图模型和"互惠性""传递性""同质性"等指标,说明教学力实现程度。大学教师教学惯习的扎根理论生成仅仅是初步的结论,仍需更开阔的理论视野进行分析。关于大学教师教学力发展的行动框架,这里不仅仅是初步的理论分析,而且是缺乏经验支持的。因此,需要通过扎根理论或者社会网络分析法进行经验层面的论证,从而为大学教师教学力发展走向实践层面提供理论上的支持。

总之,任何问题都是在某种理论视野下进行的系统的研究,所以,变换一下理论视野,不仅能够看到更多的问题,甚至对研究本身都会提出批判性的意见。当然,这是理论发展的必经之路,所有的理论批判都是理论发展的前提,理论批判不是对现有的否定,而是完善和补充。

许国动

广州黄埔万科东荟城

2020 年国庆节

目 录
Contents

Part 3 第三部分

从个体实践活动走向群体实践社区/243

绪　论

第一节　研究现象、问题及目标

大学校园美丽而令人神往，神秘而充满魅力，激情而富有创新；大学开放而又包容，不同群体有着不同的体验。无论是传统大学，还是现代大学或者未来大学，大学对人才培养的追求永无止境，尤其是在高等教育内涵式发展战略背景下，教学乃是一所大学真正的意义和价值所在。因此，大学教师教学发展便成为高等教育永恒的使命和追求。近年来，大学对教学回归的呼吁不绝于耳，这意味着大学教学偏离了既定的轨道，至少说，不是我们所期待的样子。

大学教师教学发展离不开学生学业状态，而现实并不理想。

现象 1：学生状态。曾经流传着这样的段子：眼睛一闭一睁，一堂课过去了；眼睛一闭不睁，一上午就过去了。人生最痛苦的事你知道是什么吗？是下课了，但人没醒。人生最最痛苦的事你知道是什么吗？是人醒了，但没下课。最最最痛苦的事你知道是什么吗？是上课了，但睡不着。

现象 2：逃课问题。现在的高校逃课现象严重，尤其是大三以后，个别高校上课率甚至不到一半，令人担忧。随机调查发现，"选修课必逃，必修课选逃"已成为"逃客"的逃课潜规则。专业课、小班课逃课比例相对较低，逃课学生通常不会超过总人数的 10%，而公共课和选修课，逃课学生比例达30%，有的甚至会达 50% 以上。若是大四课程，上课逃课比例可能达到 90%以上。

"一年级老实坐前排，二年级胆小往后待，三年级睡觉头向下埋，四年级很少到教室来。"这是流行在一些大学校园中的顺口溜。虽说不一定准确，不过的确把大学生逃课状态和心态描绘得很生动。①

现象 3：学业难度。"你逃或者不逃课，分数就在那里，不增不减。"逃课不影响成绩，这是"逃客"逃课最主要的原因。

现象 4：学业体验。"没意思"是在校学生说起逃课原因时使用的另一个高频词。"内容枯燥，课程实用性不强，理论艰涩难懂，老师讲课敷衍，课堂气氛沉闷"是高校学生对"没意思"的解释。

1. 学生：我逃的是课，更是疲惫与束缚

2. 教师：愿意改变，让学生回归课堂

原因：科教困境。当前的教师评价体系存在缺陷，更多偏重科研。老师不能在教学过程中找到乐趣和人生价值，自然而然会选择教课之外的发展。长此以往必然会导致教学质量下降，学生更不愿意上课，形成恶性循环。教师追求合班教学、集中教学，教学方法单一，教学环境沉闷乏味。

困惑 1：学生何为？逃课现象可以说已经成了教育体系上的一个漏洞，如果不及时修补，迟早会对中国的教育产生巨大冲击。学生都不上课，怎么谈得上受过"高等教育"？所谓上学成了在校园里混日子，那中国高素质的人才从何而来呢？逃课问题一定要引起重视。

困惑 2：教师何为？类似现象，早已成为高校的"行规"。这些来自教师和学生的声音，各有各的解释，分析其中缘由，则会有无数结论，但其共同之处是"教"与"学"出了问题，在当今高等教育以质量提升为使命的转型期，这直指高等教育教学质量的核心问题，势必影响高等教育内涵式发展道路的战略实现。这些现象促使我们进一步深入思考：为什么大学出现这样的现象？如何面对看似老生常谈却又如此沉重的话题？作为教与学的行动者之一，教师应当改进什么？在哪里改进？如何改进？

---

① 选修课必逃 必修课选逃 大学生逃课"逃"掉了什么？[N/OL].光明网(2011-12-02)[2012-11-26]. http://edu.gmw.cn/2011-12/02/content_3088468_2.htm.

研究问题[①]

从教师何为说起，这就是教师发展，它属于教育管理学科中的教师教育领域的一门显学。其中，教师教学发展是其中的重要组成部分，聚焦教师职业使命。

确定主题

20 世纪 60 年代，国际劳工组织与联合国教科文组织正式将教师列为需要进行专业发展的专业化职业。20 世纪 80 年代，主题为"教师专业发展"（professional development of teachers）的会议召开，欧美发达国家更是纷纷成立教师教育研究和教师培训机构，推动教师职业资格认证工作，其主要目的是促进教师的发展。1991 年，美国国家教育协会（NEA）发表的《高校教师发展：国力的提升》报告书论述了高校教师发展的四个方面，即专业发展、个人发展、组织发展和教学发展。较之于其他维度的发展，教师的教学发展更直接、更明显地制约着大学的课程教学改革，影响着大学人才培养的质量，并因此成为大学发展的重要基础。[②] 教师教学是人才培养的主渠道，促进大学教师教学发展是提高高等教育质量的根本举措之一。随着世界众多国家

---

① 研究问题的产生是通过选择主体的六个阶段来实现的。1. 确定主题和学科，这是战略问题，它关未来——我们应该做什么。2. 决定研究范围，这要确定研究的对象是什么。3. 头脑风暴问题、难题和疑问，这是研究问题的罗列，它是指正在发生或已经发生的问题——关注描述和解释是什么。4. 用图示并构造问题，问题树结构如何。5. 进行勘测，现有研究的相关问题是什么。6. 构思你的研究问题，这就需要形成通俗易懂的问题，如果不应用术语就无法提出问题，就说明并不清楚问题是什么，这里按照这一思路来呈现研究问题，详细参阅文献：费希尔，等. 博士、硕士研究生毕业论文研究与写作[M]. 徐海乐，钱萌，译. 北京：经济管理出版社，2005：27-30.

② Jerry G G. Toward Faculty Renewal: Advances in Faculty, Instructional, and Organizational Development[M]. San Francisco: Jossey-Bass. 1975: 14-16.

对提高教育质量的重视，关注教师教学发展已经成为世界各国教师教育改革与发展的趋势与潮流。① 美国未来与教学国家委员会指出，已有学校改革运动忽略了明显的一点：教师知道什么和能做什么对学生学习什么有至关重要的作用。大学教师教学发展程度深刻影响着教学质量改革与发展。因此，教师教学发展是高等教育内涵式发展的战略问题。

研究范围

提高教育教学质量是高等教育的生命线，而如何提高是当今世界各国高等教育面临的一个普遍性课题。当前，提升质量、发展内涵的浪潮正席卷全国高校，实事求是，打破思维定式，处理质量提升中面临的问题，已经成为各类高校对质量问题所持的主流态度。② 随着高等教育大众化的深入发展，为了进一步适应社会对人才的需求，质量成为高等教育发展的根本所在。随着高等教育内涵式发展道路的战略选择，学生需要追求卓越的学业成就才能适应日益激烈的社会市场化竞争。《全球教育发展的历史轨迹：国际教育大会 60 年建议书》中也明确指出："教师是发生在所有各级各类学校和课堂中并通过所有教育渠道进行教育变革的关键活动者。"③教师已成为大学系统内部教育教学质量改革与发展的主力军。既然已经认识到大学教师教学发展的必要性和重要性，为什么在实践层面如此举步维艰呢？

我们要关注教师教学发展，需要思考的是教学发展为了什么。显然，是为了让老师更好地教学，这是教学学术的范畴。那么，教学到底是什么？从现象来说，它是一种活动，本质是实践。因此，教学活动和教学实践主题词

---

① 潘小明.论高校教师教学发展的意义和策略[J].宁波大学学报（教育科学版），2013(6):54-60.

② 柴葳,刘琴.以质量提升谋求内涵发展——写在全面提高高等教育质量工作会议召开之际[N].中国教育报,2012-03-22.

③ 联合国教科文组织.全球教育发展的历史轨迹:国际教育大会 60 年建议书[M].北京:教育科学出版社,1999:534.

也是应该关注的。同时,为什么要研究教学发展?研究教学发展是探索有利于教学发展的经验,这个领域主要涉及教学内容知识、实践性知识和整合技术的学科教学知识(Technological Pedagogical Content Knowldge,TPACK),其中,教学知识(Technological Knowledge,TK)和学科教学知识(Pedagogical Content Knowledge,PCK)、学科知识(Content Knowledge,CK)和技术学科知识(Technological Content Knowledge,TCK)、技术知识(Technological Knowledge,TK)和技术教学知识(Technological Pedagogical Knowledge,TPK)构成了 TPACK,但是,由于学科知识和技术知识过于宽泛和复杂,这里不涉及这个主题的文献分析。这些知识可以回答教师应具备怎样的知识体系以及怎样的知识形式可以最有效地支持教学。总之,无论是从认识论,还是从本体论和方法论的角度来看,教师教学实践活动的实现是智慧,是教师教学发展的一种理想状态。

正在发生或已经发生的问题

有关教学发展存在着"两个神话",可以简单地概括为"没有人知道什么能使教学有效"以及"好教师是天生的,而不是后天塑造成的"[①],许多学者为论证这两个命题,不断深化着认识。另外,还有一种根深蒂固的观念:最好的研究者才是优秀的教师,只有这样的教师才能带领人们接触真正的求知过程,乃至科学的精神。[②] 从理论层面分析可知,科研与教学成了从属关系,发展也就出现了先后关系。现实中,由于高校教师沿袭传统,狭隘地理解了"学术"的内涵,常常导致片面的科研至上或科研主义,"这种偏差在我们所使用的语言里也可以看得出来:我们把研究

---

① Bergquist W H, Phillips S R. A Handbook for Faculty Development[M]. Washington, D. C. : The Council for the Advancement of Small Colleges, 1975:3-4.
② 雅斯贝尔斯.什么是教育[M].邹进,译.北京:生活·读书·新知三联书店,1991:152-153.

看成'机会',而把教学当作'负担'"①。这种现象从根本上说是不利于高校和教师的可持续发展的,高校教师开展科学研究确实重要,但"以牺牲教学和人才培养为代价的科学研究背离了大学教育的本质,这是大学教师的失职"②。从经验层面上认知,科研与教学不是简单的正相关关系。

从历史根源看,高校非常容易受洪堡"学科制度化成为学术存在的唯一合法形式,大学教师关注的重点只在各自的专业领域"的思想影响,这使得无论是高校管理者还是教师都有轻视课程与教学研究的思想。从整体现实看,基于可量化评价指标,无论是高校排名、职称评聘还是岗位考核,当前评价更多的是倾向于科研成果和学术论文,这种评价机制最终导致越来越多的教师的兴奋点不在教学上,教师教学精力投入不足,教学发展成效自然不显著。从教师身份看,不少教师本质是以学者身份,而不是以教师身份进入高校的;有些科研突出的青年教师被学校引进后往往直接破格晋升为教授,但他们的教学并未真正过关,甚至连基本的教学规范都不熟悉,更谈不上有较好的教学知识结构。从教学法规看,一些制度直接造成了教师教学发展的不足。从培训情况看,尽管不少学校也重视教师入职培训与职前考核,但是,不少岗前培训时间短,培训内容零散、缺乏系统性,对教师而言只能起到"扫盲"作用,受训者仅仅对教育学、心理学基本知识有所了解。比较糟糕的或许还是一些高校教师岗前培训已事实上演化成一种毫无意义的"走过场"。③ 从知识构成看,教师良好的教学发展不仅源于其对所教学科知识的通透理解,而且源于其对所教学科教学知识的掌握和运用,并因此保证了教师能够进行合理的教学设计。从发展阶段看,不同教龄的教师教学发展也

① 博耶.关于美国教育改革的演讲[M].涂艳国,方彤,译.北京:教育科学出版社,2002:78.

② 时伟.大学教师专业发展模式探析——基于大学教学学术性的视角[J].教育研究,2008(7):81-84.

③ 王丹凤.教学学术视角下的大学教师专业发展研究[D].长春:东北师范大学,2008:18.

各有其阶段性特点。

可见，教学与科研二者关系成为长期以来无法解决的内在悖论。教师发展成为共识性的命题，但发展什么却出现了诸多冲突和差异。从教师发展的四个方面来看，一定程度上可以这样认为：科研即专业发展相当于个人发展，教学发展相当于组织发展。在实践中，专业发展和个人发展的先天优势凸显强势的内在需求与组织发展和教学发展的后天劣势所呈现出的弱势，导致二者发展中的冲突。简言之，教师发展重新回到了专业发展和教学发展两个方面，但二者的复杂关系使教学发展成为难以跨越的瓶颈。

问题树结构及现有的研究问题

美国卡耐基教育基金会主席博耶认为："学术不仅意味着探究知识、整合知识和应用知识，而且意味着传播知识，我们把传播知识的学术称之为'教学的学术'，教学支撑着学术，没有教学的支撑，学术的发展将难以为继。"确如阿里斯多德所说"教学是最高的理解形式"[①]。教学发展是学术发展的重要基础，加强高校教师教学发展对于高校学术概念重建具有积极的现实意义。[②] 20 世纪 80 年代以来，教育教学的研究者是教师专业发展与教育创新的一个重要观念。[③] 正是教学学术概念的提出，使教学具有了学术的内涵，与科研一样，被同等对待，教师不再因为科研的荣耀而失落于教学的沃土中，真正实现了科教融合。既然科教融合于一体，教学既能拥有传统华丽的科研外衣，又能实现人才培养的至高追求，大学教师教学发展毫无疑问成为大学的最高使命，问题树结构见图 1。

---

① 吕达，周满生.当代外国教育改革著名文献（美国卷·第三册）[M].北京：人民教育出版社，2004：23.

② 王晓瑜.大学教师发展教学学术的若干理论问题探究[J].教师教育研究，2009(5)：13-18.

③ Fueyo V，Koorland M A. Teacher as researcher：A synonym for professionalism [J]. Journal of Teacher Education，1997，48(5)：326-344.

研究缘起

学生学得苦 ← 是吗？ → 教师教得累

可以吗？

需要吗？　愿意吗？

主题：战略问题　关注未来：我们能做什么？　→　如何改变现状，提升学业成就，促进教师发展？　←　反思

发展谁？

研究对象　→　教师发展

有什么可发展？

教学发展？ 组织发展？ 专业发展？ 个人发展？

发展什么？

教学发展　→　否决　→　取消

本质是什么？

研究问题 ── 如何平衡？ → 科研 → 教学力 ← 教学

如何发展？

对策问题 ──── 学术 → 教学学术

结果呢？

在哪里？ ── 场域 → 实践逻辑是什么？ ← 工具 ── 靠什么？

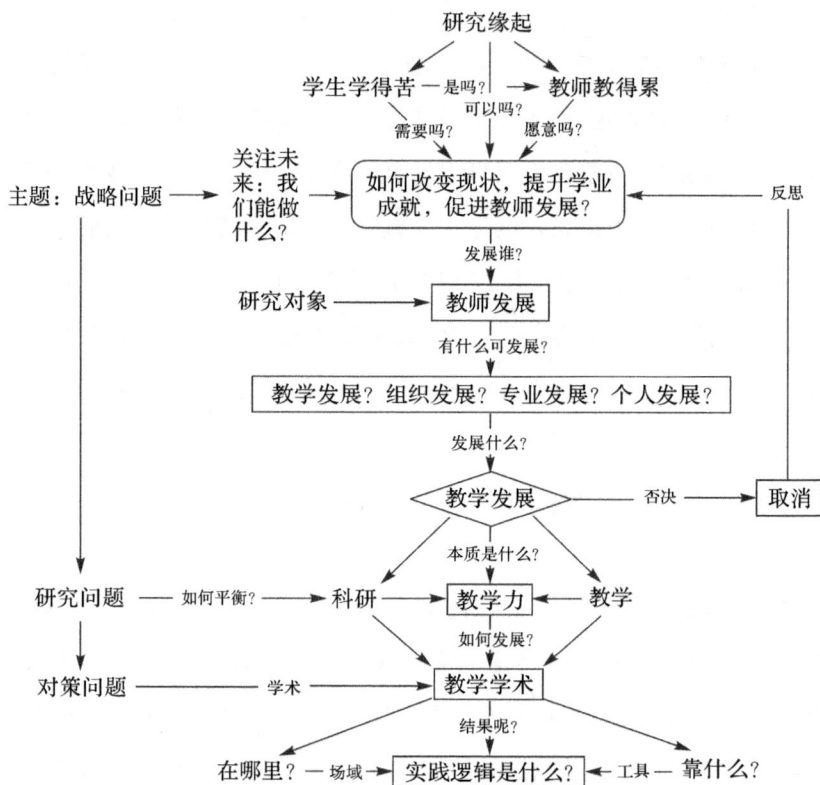

图 1　问题树结构

通过以上分析，提出本书的研究问题：

1.大学教师教学发展的本质是什么？

2.如何认识这一本质？

3.如何促进本质的发展？

4.本质发展的路径是什么？

关于研究目标

本书将以关系为特征的教学力作为大学教师教学发展本质，依据社会实践理论构建概念框架，以自由看待发展为价值取向，通过以实践观和过程哲学为特征的发展视角，综合运用质化和量化的研究范式，深入探讨融实践

场域、实践工具和实践逻辑为一体的本质生成过程；在此基础上，以实践共同体为理念，构建行动共同体、学习共同体和话语共同体相结合的实践社区为实现路径，最终构建由大学教师教学力的生成过程和实践路径所组成的发展逻辑体系，将大学教师教学发展放在科教融合背景下，提出教学发展的逻辑基础是以"胜任—卓越"为特征的教师生涯历程。本书作为一个研究系统，结合各部分研究主题，通过相应的关注范围，进行研究设计，以期达到最终的目标，具体如表 1 所示。

表 1　研究目标

研究系统	研究主题	研究设计	关注范围	研究目标
实践困境与理论探索	实践困境	年鉴研究	问题特征、趋势	教学发展困境
	理论探索	文献研究	研究现状	学术史体系重构
理论基础	概念范畴		实践观	发展本质
	理论范式	理论研究	理论视角	发展模式
	理论现状		社会实践理论	理论基础
内生逻辑体系	实践场域	社会网络分析	关系网络模型	影响力与追随力
	实践工具	数量化模型	资本结构模型	传递与建构
	实践逻辑	扎根理论分析	教学惯习	教师自我实现
			行动共同体	学校支持系统
	行动框架	对策建议	学习共同体	教师个体
			话语共同体	教师参与

第二节　研究对象、意义与价值

关于研究对象

简单来说,本书中大学教师特指在我国普通本科高校担任教学科研工作的专任教师,不包括大学的各级行政管理人员和后勤服务人员。但是,由于我国大学群体情况复杂,从 C9 联盟到 985 高校再到 211 高校,如今又有双一流建设的高校群,但后者占全国普通本科高校不足 1/10。在研究对象选取上,主要以非双一流高校群为主体,以相应高校的教师和学生作为研究对象。

关于研究意义

历史意义。大学教师是高等教育发展的中坚力量,在高等教育不同历史阶段中,扮演着不同的角色,发挥着不同的功能。从 20 世纪 50 年代始,世界各国高等教育陆续进入了大众化阶段。随着大量新教师加入大学教师的队伍,大学教师发展问题日益引起人们的关注。进入 21 世纪以来,质量提升成为我国高等教育大众化深入发展的瓶颈,教师发展成为迫切需要解决的难题,尤其因近年来对人才培养质量的诉求,教学发展成为教师发展的关键。但在"不发表,就出局"的今天,科研成为教师评聘和晋升的主要指标,教学已退居次要位置,这无疑加剧了当今高等教育教学质量的危机。[①] 在当今我国高等教育发展与改革转型的关键时期,这项研究对高等教育内涵式发展具有积极的历史意义。

政策意义。高校教师发展和教学改革一直被认为是美国高等教育为回应社会变革而采取的改革措施的核心。[②] 对于确保美国高等教育机构质量以及对机构改革的支持而言,高校教师发展成为一种关键的策略性手段。[③] 近年来,在高等教育内涵式发展战略背景下,教育质量提升的系列政策成为促进教师教学发展的重要依据和行动纲领。在推动大学教师教学发展方面,国家各级、各类质量工程成为教师教学发展的助推器。尤其是国家级教学发展中心成立以来,我国教师教学发展进入快速发展时期,直接进入跨越式制度化发展阶段。但教学发展研究的缺乏,致使各级、各类教学发展中心动力不足。理论创新才是机构发展的动力源泉。因此,基于大学教师教学发展的内生式追求将为大学教师教学发展机构提供更多的政策反思与支持。

现实意义。在师生关系上,从师徒走向雇佣,师生共同体出现危机,学术流派弱化与流失;在课堂教学上,课堂教学与课外自主学习断裂,学生课堂迷失,课下迷惘,狭义的课堂学习丧失,广义的课堂内外学习衔接难以实现;在人才培养过程中,教师的思想魅力缺失,理论枯燥乏味,教学文化从思想愉悦走向感官愉悦,理想主义去魅,实用主义泛滥,教学文化底蕴流失;在教学效果上,工具理性泛滥,人文关怀去魅,知识无用凸显,能力难以培养。因此,要做到以下几点:立足大学教学质量提升困境,开展教师教学发展专

---

① 宋鑫,林小英,魏戈,游蠡.“教学学术”视角下的大学教学现状研究——基于北京大学的大样本调查[J].中国大学教学,2014(8):87-93.

② 有本章,丁妍.教师发展(FD)的课题——日本的视角[J].复旦教育论坛,2006(6):5-12.

③ Soroinelli M D, Austin A E, Eddy P L, et al. Creating the Future of Faculty Development: Learning from the Past, Understanding the Present[M]. Bolton: Anker Publishing Company,2005:1.

题研究,促进反省大学教学功能地位,对教学实践层面的深层问题进行探讨,尤其鼓励与倡导教学的激情和追求教学卓越的努力;对教师提出在重视专业素养前提下,应重视传播知识的学术,将探究的学术与教学的学术相结合,关注教师发展、组织发展和教学发展,促进大学重科研轻教学或科研与教学相分离矛盾的转化,实现科教融合;深化教学的学术,提升教学的地位,推进教学观念的转变,改善大学科研评价的绝对导向功能,尝试注入教学学术要素,改善教师评价体系,实现教师发展的人性化和多元化诉求,为提升大学教学质量和教师自由发展提供新的路径和行动策略。

关于研究价值

在学科地位中的理论价值。教师教育与发展是教育管理学科研究领域的重要组成部分。该研究领域又涉及诸多研究内容,它们之间又有着错综复杂的内在关系,这些关系构成了特定的理论体系。本书关注大学教师职业生涯的不同阶段,聚焦大学教师教学发展,从教学能力提升相对静态的发展到构建基于"胜任—卓越"的教学力这一网络化的动态生成过程,将大学教师个体教学发展目标模糊性转向教师教学发展的清晰化,协调教师教学职业倦怠与生涯自我实现以及科研与教学的内在矛盾,勾勒出教师职业化、专业化和卓越化的脉络图谱,形成立体化的教师教学发展的学科理论体系,这对厘清、深化和发展错综复杂的学科研究领域,做出了积极的探索。

本质反思与提出的理论价值。目前,在研究内容上,更多地通过现状、问题和对策视角,进行描述、说明和解释诸多现象,这些内容主要回答如何发展,这为该领域发展做出了积极贡献,但教师作为发展的个体,教学发展与其他方面发展有着密切的关系。没有在社会系统背景下探讨的教学发展理论将在实践中失去理论生命力。因此,本书将博耶提出的学术内涵作为化解教师发展四个方面两种态势的内在悖论的工具,提出大学教师教学发展的本质。教学力作为提升教师自己所处位置的力量和影响学生"学"的力量,使教学参与者成为"教"与"学"关系中的行动者,共同参与教学过程,提升教学效能,改变传统二元对立的教学过程,促进师生共同发展,构建其内生与外在相结合的逻辑体系,从教师教学力的生成与行动实现中促进教师整体的发展,回答传统的科教割裂、师生二元主体论、教学发展的外在驱力与内在动力难以合力等一系列问题。所以,大学教师教学力全方位、立体化和综合化地实现了教学发展研究的理论追求。

理论贡献。以教师发展、教学发展等教师教育与发展的基本理论为基础,运用核心要素,即关系、过程等,通过本质反思提出大学教师教学力概念,基于布尔迪厄的社会实践理论,提出教师教学力生成过程框架,结合阿马蒂亚·森以自由看待发展的伦理学思想、教育领导力理论和教学学术等多元视角,以实践共同体思想提出教师共同体的实践路径,通过质化和量化相结合的研究范式,构建概念框架和实践路径相结合的教师教学发展理论体系,体现了整合的学术;从研究目的来看,从教师教学发展的"实践场域"、"实践工具"和"实践逻辑"方面进行深入系统的研究,形成教师教学发展的实践理论,为教师教学发展提供实践指导,体现了应用的学术;从研究的内容来看,通过研究其本质、路径、要素及其关系,提出教师教学生涯的自我实现和有效教学理论,体现了教学的学术;从教育管理学学科建设来说,丰富了教师教学发展研究领域,深化了研究内容体系,实现了教育管理专业的探究的学术。

第三节 理论基础、思路与设计

关于理论基础

依据多元化学科思想,贯穿研究始终的是阿马蒂亚·森的可行能力发展理论和布尔迪厄的社会实践理论,前者是一种价值追求,后者是研究的概念框架。其中,主要理论思想如下。

实用主义哲学

强调行动,注重效果,提倡开拓进取,这是美国实用主义哲学三个主要特点,也是它的基本精神所在。实用主义认为,真正的哲学是以人为中心的哲学,哲学应以人和人的行动为中心。实用主义强调行动的主体性、能动性,要求行动者在信仰的作用下具备某种行动习惯,以某种方式去行动,强调由行动产生一定的效果。实用主义认为,人是行动的人,而人的行动是自由的、非决定性的。人的一切活动和奋斗,都是一场自由的实验和探索。

教师在外在驱力制度化发展前提下,结合内在动力,才能够真正促进教学发展,这种强调大学教师教学发展的内生体系,符合实用主义的开拓进取精神,教师通过自我教学实验与探索,提升教学学术能力,从而实现教师自我内生式发展。基于实用主义思想,采取混合方法论指导,始终关注理论研究与经验研究,集中关注社会生活的符号形式与社会生活中的物质形式、宏观层面与微观层面的分析,其宗旨是寻找主观主义与客观主义的结合点,体现了与实用哲学思想的契合性,发挥了实用哲学的指导作用。

网络交换论

社会网络研究自 20 世纪 30 年代出现以来已有 80 年的历史,特别是从 70 年代以来又有重要进展。但是无论个体网研究、整体网研究,还是复杂网研究,都比较重视方法,缺乏理论,尽管很多研究都声称是在理论指导下的研究。相比之下,开端于 80 年代的网络交换论则别具一格,因为它坚持理论导向的实验研究,并在此方面做了大量的创造性研究工作。严格地讲,要素论及网络交换论是社会心理学中的两个理论,实验法是其基本书方法,这与一般的网络研究坚持的调查法有很大区别。网络交换论已表明,人类社会行为受到它得以发生的社会关系的形塑,而社会关系也以它所嵌入的结构为条件。当某种社会关系嵌入一类结构时,人们会产生一种行为。当同一种关系嵌入另一种结构时,会产生另一种行为。网络交换论是将结构、关系同行为联系起来的理论。这与研究内容体系是契合的,也与社会实践理论的关系属性相契合。该理论是大学教师教学力在关系场域中运行的重要理论基础。

以自由为哲学基础看待发展的价值追求

可行能力以自由为其哲学基础,自由也是实用哲学的特征之一。可行能力的本质在于人们有珍视生活的实质自由,这种自由既包括建构性的价值层面,也包括政治自由、经济条件、社会机制、透明性保护和防护性保护等工具性自由;可行能力视野中的自由体现了坚持自由内在价值与工具价值的统一;目的价值与手段价值都有其自身的重要性;超越独立于结果的程序性自由的局限性,关注自由的真实内容;强调主体性、参与性及相互依赖性;可看成约束意义上的积极自由,坚持以否定自由为基础的肯定自由解释,强调行动者的能动性;既重视强调自主选择的过程,也注重结果的考量,既避免了功利主义过分强调结果、忽视自由的内在价值以及行动者的参与性与主体性,又巧妙地解决了义务论虽重视自由的内在价值,但漠视结果,以及过分强调程序性的而非行动者实质性参与的弊端。同时,可行能力把扩展自由作为发展的首要目的也彰显了对社会弱势群体深沉的关怀。因此,该理论是教师"教"和学生"学"的最高价值基础,更是实践共同体思想下实践社区建设的价值基础。

社会实践理论

布尔迪厄是当代法国著名的社会学家和哲学家,也是法国结构主义马克思主义和批判的马克思主义的代表人物之一,是当今世界最具有影响力的社会理论家,也是对现代发达资本主义社会持批判态度的左翼学者。尤其是近 10 年来,国内越来越重视布尔迪厄思想的研究和应用。

"哲学资本"在布尔迪厄创立社会理论的过程中起到了"工具箱"的作用,社会实践理论是布尔迪厄哲学思想的集中体现。社会实践理论主要涉及行动者在哪里实践、用什么实践、如何实践的问题。具体来说,就是行动者的实践空间、实践工具和实践逻辑是什么。布尔迪厄用惯习、资本、场域以及它们之间的关系创造性地回答了这三个相互联系的问题。惯习(habitus)是凭借过去经验内化为行动者的身体以使实践认知活动得以进行的一种感知、判断、行动的性情倾向系统;场域(field)是行动者使用资本的空间,行动者把社会看作是一个相互缠绕的、由争斗各种有价值的资源的场域组成的权力关系网络,正是场域的关系网络的属性,使得资本的生成与实现以及教师共同体获得了社会网络分析方法的契合性;资本(capital)是行动者的实践工具。惯习、场域、资本以及三者之间的关系所形成的理论体系,就是布尔迪厄社会实践理论的主要内容。布尔迪厄的社会实践理论具有自我超越性、独创性、生成性、关系性、反思性和批判性的理论特征。布尔迪厄在创立社会实践理论的过程中,受到了黑格尔的辩证法、马克思主义、现象学、结构主义等思想的影响。布尔迪厄的社会实践理论为全面深入地理解马克思的实践哲学提供了富有启迪意义的理论视域。

布尔迪厄的任何一个概念,都不是各自孤立的,而是在同他的其他重要概念的相互关系中,呈现其实际意义,反思性及整体性是其突出特征。布尔迪厄曾一再强调其理论和方法的象征性、反思性和相关性,这是为了避免把它的概念和任何研究结论当成讲话和固定不变的教条。① 因此,本书中三个核心概念,即教学惯习、教学场域和教学资本也是三个紧密联系的整体,三者分开论述仅仅是研究的需要,任何概念都要在不脱离其他两个概念的背景。同时,需要说明的是,本书的逻辑框架虽受到社会实践理论的影响,但内涵和外延都发生了很大的变化,毕竟是从布尔迪厄的形式理论走向该研究的实质理论,是从一般到特殊的衍化过程,情景的变化带来的是理论的具体化。

布尔迪厄的社会实践理论的本体论意义在于:他努力超越主观主义和客观主义的对立,用主观主义指代所有集中关注个体或主体之间的意识与互动的知识形式,用客观主义指代所有集中关注人类行为的统计学规律性的知识形式。为了克服二者的对立,布尔迪厄创立了惯习和场域的概念。惯习揭示了行动者行为与结构的关系,突破并超越了传统的关于主观主义和客观主义的二元对立。引入惯习的概念,使得内外统一,实现整合,教学中主体论二元对立的争论,在这里也得以实现统一;引入场域的概念,使其个体具有平等性,教育在寻找一种平等对话的平台,师生在教学场域中转化为平等的行动者,通过交往形成的教学网络而实现资本的传递过程;引入资本的概念,明确了教学动力机制。

布尔迪厄的社会实践理论在于强调权力的维度,并使这一经济隐喻成为他的整个社会理论框架的核心部分。从这一特质来说,似乎引入到教育

---

① 宫留记.资本:社会实践工具——布尔迪厄的资本理论[M],开封:河南大学出版社,2010:序2.

场域中尤其是教学场域中师生关系网络,会受到一些反驳。从权力的角度来讲,其实质是通过权力改变场域中关系的力量。英语"power"一词不仅表示权力,也有力量的意思。从这个角度来说,这种理解是可以接受的。那么,在教学场域中,教师的教学力就是改变师生关系的力量,就是通过资本的传递过程彰显力量的本质。因此,社会实践理论引入教学场域中,有一定的合理性。

实践共同体思想

实践共同体是一种理想的教师专业化发展的组织路径,它的实质是一种跨界交流的专业社区。在实践社区,每一个个体都是参与者,参与者不断地获得身份认同,并且获得专业意义的建构。在实践社区,他们具有共同的目标和期待,参与者之间进行知识共享与交流,这也是知识管理的一种方式。当然,正是因为这是一种松散的学习型组织,所以,实践社区最大的挑战就是可持续性发展的动力机制的形成。随着现代信息技术的发展,实践社区的时空概念进一步扩大,虚拟实践社区让共享交流的形式和内容更加丰富,参与者更加多元。实践社区最初在医学领域得到应用,随后在国际贸易、国际关系等领域也得到了广泛的应用。近年来,实践社区在高校也得到了关注。

通过对实用主义哲学、网络交换论、可行能力发展理论、社会实践理论和实践共同体思想的阐述,可以得出几者之间的关系,见图2。

关于研究思路

第一,反思高校课堂现象,关注大学教师教学发展与专业发展的矛盾,个人发展与组织发展的冲突。第二,通过教学学术概念提出科教融合的路径,对教学发展的本质进行理论反思与实践困境分析,提出以关系为特征的教学力概念。第三,通过发展范式分析,运用社会实践理论构建研究框架,

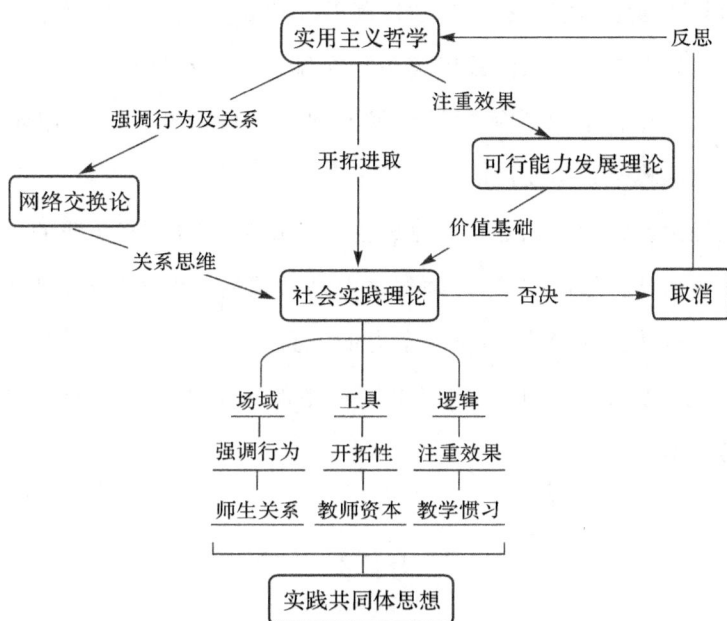

图 2　理论基础关系

以实用哲学为指导,可行能力发展为价值基础,运用多元化理论与方法,将教师教学发展放在科学和教学场域组成的网络关系中,明确教学力生成和实现过程,探讨教学力实现的资本结构,以及在场域中所形成的教学惯习,最终构建大学教师教学发展实践论体系。具体研究思路围绕什么、为什么、如何——概念地、如何——实际地①四个方面展开研究。

什么

什么使我迷惑不解并激起我的兴趣? 为何大学生逃课成为惯常行为? 教师如何在教学过程中提升教学影响力,提高吸引力,克服教学无效、微效,提升教学有效性? 怎样实现教师教学发展与自我发展和组织发展的交互效应?

①　研究思路按照沃森黑匣子进行思考。详细参阅文献:费希尔等.博士、硕士研究生毕业论文研究与写作[M].徐海乐,钱萌,译.北京:经济管理出版社,2005:55.

我想要更多地理解什么？教学发展的本质是什么？我们做了哪些理论上的探索？处在怎么样的实践困境中？在哪里生成？靠什么实现？实现的逻辑是什么？能否通过教师教学发展实现科教融合和个人与组织的交互性？这是内涵式改革与发展的关键所在。

什么是关键的研究论点？马克思主义实践观下的改变实践的力量即教学力是教师教学发展的本质；教师教学力是卓越追求的体现；教师教学力的场域是师生教学关系网络；教师教学力的工具是教师资本；教师教学力的逻辑是教师教学惯习；发展的路径是共同体中的行动研究。对教学发展的本质反思是关键的论点。

为什么

教师教学发展为什么具有足够重要性而被关注？教师教学发展触及大学内涵式发展的核心和关键，是人才培养观的历史回应和现实观照，是教师学术生命的集中体现，是大学赖以存在的生命线，亟待理论创新，推动实践发展。

教师教学发展是实践者或政策制定者的指南吗？探讨意蕴主动发展是教师教学发展的主要方式。教师教学发展与教师教学领导力的同一性揭示了新的发展路径，成为实践者的行动指南。社会实践理论为教师教学发展提供了理论框架。

教师教学发展对知识有贡献吗？可以丰富教学学术知识；多元视野体现学术的整合性思想；研究目的实现了应用的价值；深化了教师发展内涵，促进了学科专业探究的学术。

如何——概念地

可以草拟什么模型、概念和理论？提出教师教学资本结构模型，勾勒师生实践场域，探索教学行动模式，厘清教师教学发展本质、概念及其路径，提出教师教学发展的实践场域、工具与逻辑的概念框架,形成融合式视野中的发展理论。

如何开发研究问题,制造概念框架来指导调查研究? 依据教师教学发展的必要性与组织发展的差距、教学学术下科教融合可能与个体发展的无奈、教师教学发展本质理论的滞后与实践发展需求的缺失,提出问题结构树。以实用主义哲学与马克思主义实践观为指导,依据社会实践理论得出概念框架,进行调查研究。

如何——实际地

使用什么研究方法把概念框架运用到收集和分析证据上? 本书以实用主义思想为指导,采取混合方法论的策略,通过文献法、问卷调查法、观察法、访谈法、焦点团体法、扎根理论法和社会网络法等多元具体方法,利用量化分析工具,如 SATI、SPSS、AMOS、UCINET 及 E-Net 和 NVIVO 等工具进行资料分析,从而解释、探索和验证概念框架,实现研究目标。

如何获得和保留资料来源的途径? 利用教育管理者的身份,通过组织沟通协商与个体同意告知两种方式,获得和保留资料的来源途径。

通过对上述四个问题的回答,可以形成以下研究思路,如图 3 所示。

教师教学发展到底发展什么? 教学能力能否反映出本质特征? 为什么要提出教学力? 理由可靠吗? 基于形式理论的逻辑框架的思考,从一般到特殊,从形式理论到实质理论的发展,到底怎么发展? 我真的是在坚持混合方法论的思想吗? 实用主义是什么? 关系哲学在这里能够得到解释吗? 我的关切在哪里? 人真的能够自我实现吗? 从结构主义到建构结构主义就能够解决二元对立的关系吗? 从二元对立到双重属性又是什么呢? 宏观与微观能够实现结合吗? 如果是演绎,该从哪里开始? 如果是实证,演绎得是否适切? 如果是生成理论,怎样才能做到理论的生成? 这一系列问题都要求在研究中时刻保持高度的警惕性,并进行不断反思,在研究中我始终关注两

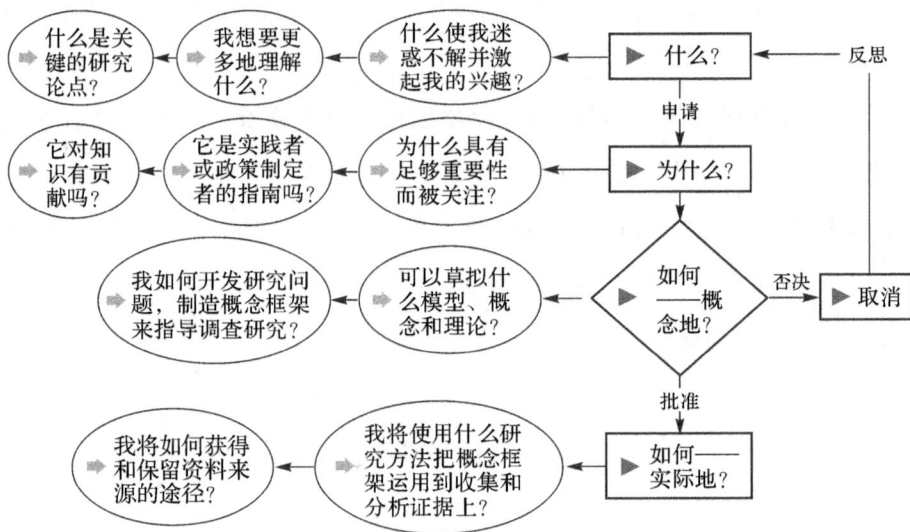

```
什么是关              我想要更        什么使我迷
⇨键的研究     ⇨多地理解   ⇨惑不解并激  ←─── ▶ 什么？  ←───  反思
论点？                什么？          起我的兴趣？
                                                         │
                                                         │申请
                                                         ▼
它对知         它是实践者     为什么具有
⇨识有贡  ⇨或政策制定 ⇨足够重要性  ◄──── ▶ 为什么？
献吗？         者的指南吗？   而被关注？
                                                         │
                                                         ▼
我如何开发研究     可以草拟什              如何
⇨问题，制造概念框 ⇨么模型、概 ◄──── ◇ ──概 ◇  否决  ▶ 取消
架来指导调查研究   念和理论？              念地？
                                                         │
                                                         │批准
                                                         ▼
我将如何获得     我将使用什么研              如何──
⇨和保留资料来 ⇨究方法把概念框 ◄──── ▶ 实际地？
源的途径？       架运用到收集和
                 分析证据上？
```

图 3　研究思路

个问题：我在哪里？我要去向何方？这是道德空间中的两个根本问题，也是善的实现需要回答的两个基本问题。在整个批判性反思中，根本目的是控制研究者与研究对象之间的关系，以免将研究者的立场不自觉地投射到研究对象中；必须克服主体与客体、文化与社会、惯习与实践等普遍存在的理论对立面，还要深切关注作为学术研究的个人目的与科学目的的平衡。

布尔迪厄的关系主义方法论的独特之处在于他的概念工具（资本、惯习和场域）以及他坚持不懈地推广关系主义方法论，关系主义方法论是布尔迪厄的社会科学方法论的核心方法，这种关系的维度充分体现了实践取向的理论事实，更加适合本土化的关系社会现实。本书既然基于他的逻辑框架，必然从关系维度充分展现研究对象。

关于研究设计

本书的方法技术路线（见图 4）是量化研究和质性研究两种方法的不断交叉使用。线形技术路线使塑形理论不断得到验证，环形技术路线使塑形

理论不断地得到修订、验证、建构和再建构,同时也说明了针对研究对象所提出的塑形理论是暂时的,应该通过新的、与其不一致的信息得到超越。

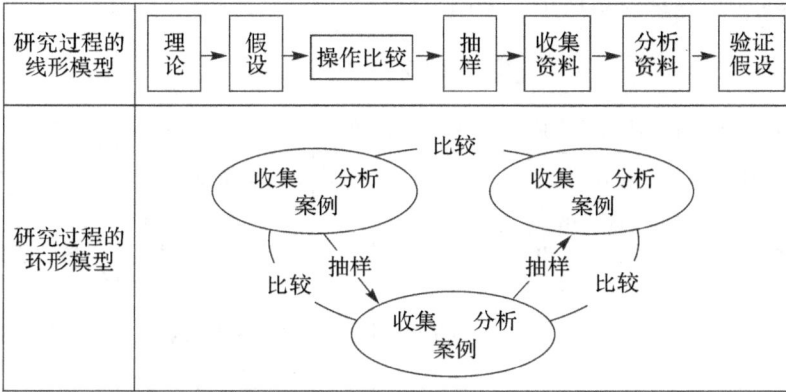

图 4　技术路线

质性研究的成功取决于研究问题的提出。研究问题的提出存在于研究过程的不同阶段,即设计研究项目时,进入研究实地时,选择案例和收集资料时。特别是决定收集资料的方法时,制定访谈提纲时,以及就采用的方法和所选择的资料来设计研究的解释时,反思并且重新提出研究问题是判断在各个环节中所做决定之合适性的核心参照点。因此,在研究过程中贯穿始终的问题意识,也需要一个研究问题的技术路线图(见图 5)。

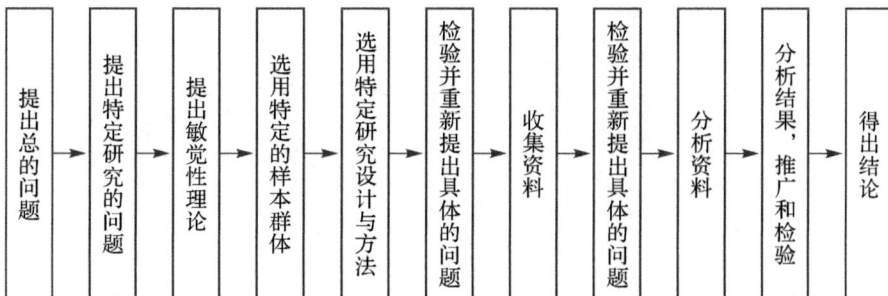

图 5　问题技术路线

本书使用混合方法,研究方法体系见表 2。属性数据是反映样本态度、观点和行为的数据,在研究中主要使用问卷调查进行收集;观念数据描述的是意义、动机、定义以及类型化本身,在研究中主要用于各种文献收集以及访谈文本的收集;关系数据是关于接触、联络、关联、群体依附和聚会等方面的数据,主要涉及关系网络方面的数据收集。

表 2　方法体系

研究类型	证据的来源	数据的类型	分析的类型	研究范畴
调查研究	问卷	属性数据	变量分析	量化研究
扎根研究	访谈、焦点团体、关键事件法	观念数据	类型学分析	质性研究
文献研究	文本	观念数据	类型学分析	质性研究
		关系数据	网络分析	量化研究
		属性数据	文献题录计量	量化研究
		属性数据	时间序列分析	量化研究
社会关系网络分析	问卷	关系数据	网络分析	量化研究

第四节　研究框架与内容

　　为促进教学实践活动效能，本书通过大学教师教学发展的本质属性——教学力这一概念的提出，依据布尔迪厄的社会实践理论的核心概念即场域、资本和惯习，提出教学力的具体概念框架，即教学场域、教学资本和教学惯习，构成教师教学发展的实践世界。在教学资本概念提出的同时，衍生出教学可行力。也就是说，教师具备教学资本并不意味着具备教学力，而只是具备了教学可行力，教学可行力转化为教学力还受到一定条件的限制，在条件具备的情况下才能够实现其教学力，这里的条件是教学力生成、实现与发展的外部制度环境和教师行动者的意愿态度，这就是教师教学发展的意义世界，也是教师自我实现的价值选择。教学发展与教师的生命轨迹相关，一切生命叙事都将成为教师教学发展的资本。因此，概念关系构成相互关联、相辅相成的逻辑关系。具体概念框架如图 6 所示。

教学力

　　目前，关于教学力的概念，基本上是指教学能力说，也有素质说，还有个别人认为教学力是提升教学效能的力量，也有人认为教学力的核心是影响力，这就与教学领导力联系起来了；就教学力的存在层次来说，教师群体的教学力整合形成了学校教学力，重要性在于人才培养的质量以及学校竞争力方面。教学力的三要素即教师、学生和传递媒介与手段。教学理念和教学力之间不存在必然的联系，前者需要一定的转化才能够实现教学力。在研究内容上，还没有系统探讨教学力的内容结构，更没有谈及教学力的生成

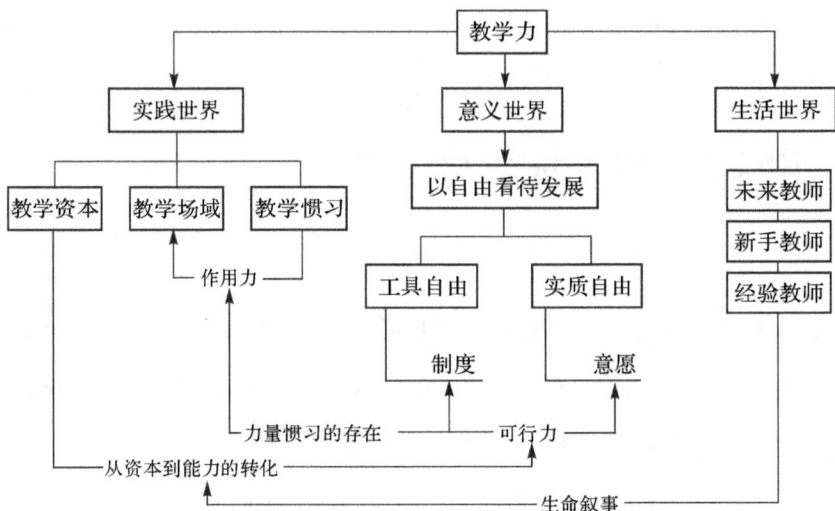

图 6　教师教学力研究概念框架

过程;在研究方法上,尚未见到规范性的研究方式,如量化和质性的范式,仅仅是经验总结或者理论分析的层面。教学力形成的影响因素也无系统的研究。在理解教学力上,基本上还停留在传统课程论的角度,理解为"教学力—学习力"的逻辑,背后的支撑是师生"双主体"或者是"主导与主体",其实,从社会网络分析的视角来看,师生都是网络中的行动者,网络结构影响着行动者的行为,行动者的行为体现着网络结构。社会网络分析的视角突破了二元认知的模式,将教学过程中的师生看作教学实践活动的行动参与者,二者是合作、共享与互动的网络关系。

教学力是教师在生命场域变化过程中获得各种资源作为教学的资本,从而具备教学可行力,通过教师在教学关系场域中教学惯习的内在性情倾向系统所决定的外在教的策略与学的行动者发生关系,实现教师教学影响力,激发学生追随力,提升学生学习力。因此,教学力生成于科学关系场域,实现在教学关系场域中,其基础是依靠资本工具获得的教学可行力,完成主体性生成的过程;其外在表现则是教师内在性情倾向系统所决定的教学策略,这是教学过程实现的手段,其效标是学生学的追随力,逻辑归宿是学生学习力的提升,完成学生主体性生成的过程;从整体上来看,大学教师教学力的本质特征是一种关系力量。总之,教学力是大学教师教学发展的本质特征。教学力是哲学范畴形而上的概念,这有助于实现教学目的的集中体现,是教师个体在教学活动中的整体体现。教学力的三要素不同,其作用效果就不同。因此,教学力具有关系属性的。

可行力

可行力是聚焦于人们去做他们有理由珍视的事情的可行能力,以及人们去享受他们有理由去珍视的生活的自由,也即实质自由,这是评判人的发展的综合标准。实现这种终极目标,受到工具性和实质性影响因素的制约。工具性影响因素是指政治自由、经济条件、社会机会、透明性保障、防护性保障;实质性影响因素是信息基础的选择。扩大信息基础以构成实质自由的功能性活动为评价标准。这里的可行力就是是否将个体专业发展与个人发展的创新力转化成教学资本,从而促进教学力的实现。可行力是在个体生命场域中,依靠场域所积累的资本结构,在教师教学行为中所体现出的各种选择的能力。可行力是教师教学力发展过程中的手段,也是目的,是一种终极的价值追求目标,与教师生涯的自我实现相关。可行力是教师科教融合实现与否的关键影响因素变量,是从科研向教学转化的调节变量,调节程度受到实质自由和工具自由的影响。

教学网络

教学网络主要指教学场域,它是师生之间通过课堂内外的各种各类教学活动形成的教学关系,这里的教学是大教学观,不仅指课堂教学,也指课外教学活动,因为大学的课外教学活动更有利于学生学业成就的获得。教学网络是从社会网络分析的视角提出的,它与教师教学力的关系是学生学业成就的实践场域。教学网络的实质是一种师生教学关系的反映,是师生关系的重要衡量指标。传统的师生教学关系关注"教学力—学习力"的关系，这里是基于"教学力—追随力"的关系，其原因有以下三个方面：首先，教学力是教师教学卓越的本质体现，是教师教学生涯自我实现的有力保障。所谓的卓越，实质就是教学领导力的发展与实现。从领导力角度看，教学力和领导力是同一的，必然与追随力相对应。其次，教学网络关系是教学效能的重要决定因素之一，师生关系是其网络关系的体现，这里必然出现教师的教学力和学生的追随力相对应，而且大学生的学业成长，更多的是追随与否，而不是学习与否，这是改变学习方式的根本问题。最后，对于大学生来说，学习力已经不是问题，都是经过高考选拔出来的，学习力（学习动力、学习毅力和学习能力）都不是问题了，问题是是否愿意学习，即学习动力来自哪，愿不愿意追随。所以，中小学谈"学习力—教学力"，大学则应该谈"追随力—教学力（领导力）"。

教学领导力

教学领导力有狭义和广义之分。狭义上是指领导者影响教师、学生等利益相关者，有效协调课程与教学，以实现学校教学使命和愿景，促进学生学习和发展的能力。广义上是指教学活动参与者通过教学实践产生"教"与"学"，行动主体之间关系发生变化所产生的效果。狭义概念强调职位领导力，目前中小学校长教学领导力成果颇多；广义概念强调个体角色领导力，体现实践行动者在教学关系网络中位置的变化。各级各类教育者都应该具备教学领导力，对教学有效性具有间接作用，主体和实践场域宽泛；各级教师应具有卓越的教学影响力，可以理解为对教学有效性提升起直接作用，实施场域主要是教学网络关系。总之，教学领导力是教师教学实践过程中个体资本在学生中产生的影响力。教学力与教学领导力在共时态和历时态上具有生成的同一性。这里提出教学领导力与教学力的关系，前者是教师教学的实质发展，后者是形式发展。形式发展注重教学力实现的过程和效果的综合指标,实质发展涉及不同资本结构差异。

框架与内容

本书框架为从教与学的现象反思教学发展的本质,关注教师教学发展的实践工具、实践场域和实践逻辑,从而提出教师教学力的生成逻辑。在此基础上,提出行动共同体、学习共同体和话语共同体相结合的校本发展模式,内容框架如图7所示。

图7形成了"732"系统,"7"即七个方面,即一个悖论(创新力与教学力),一个催化剂(可行力)、一个对立统一体关系即教学力与创新力通过可行力实现转化,一个根源(实践)、一个框架因素(工具、场域和逻辑)、一个实践社区(校本模式的行动研究平台与路径)、一个卓越愿景(教师教学领导力)。"3"即三个转型:从学科学术到教学学术的兴起,从注重理想导向型的德性论走向人文关怀的道义论,从治理秩序发展到生活位序实现;"2"即两个目标:一是教师从胜任走向卓越,提升教师职业影响力,从职业倦怠与专业高原期走向自我身份认同的自我实现,二是学生在教师影响力实现中表现出的追随力,这是学生学业成就的重要原动力所在,也是从"要我学"到"我要学"的重要体现。从可行力转化为教学力需要实践工具与实践平台相结合,也即个体与结构的契合。教学力是大学教师教学发展的实质指数,教学领导力是大学教师教学发展的形式指数。实质指数因教师行动者个体实践工具的差异而具有本质特征,形式指数通过教学场域的影响力衡量,教学网络关系指标是相对指标,是教师行动者个体之间具有的共性反映,具有可比性。大学教师教学发展最终由教师教学影响力和学生学习的追随力来体现。具体研究内容有如下几方面。

1.大学教师教学发展的理论分析

该部分以中外学术文献分析为基础,通过国内教师教学发展的研究现状,提出在先验、经验与超验的交互作用下,教师教学发展本体论思想体系

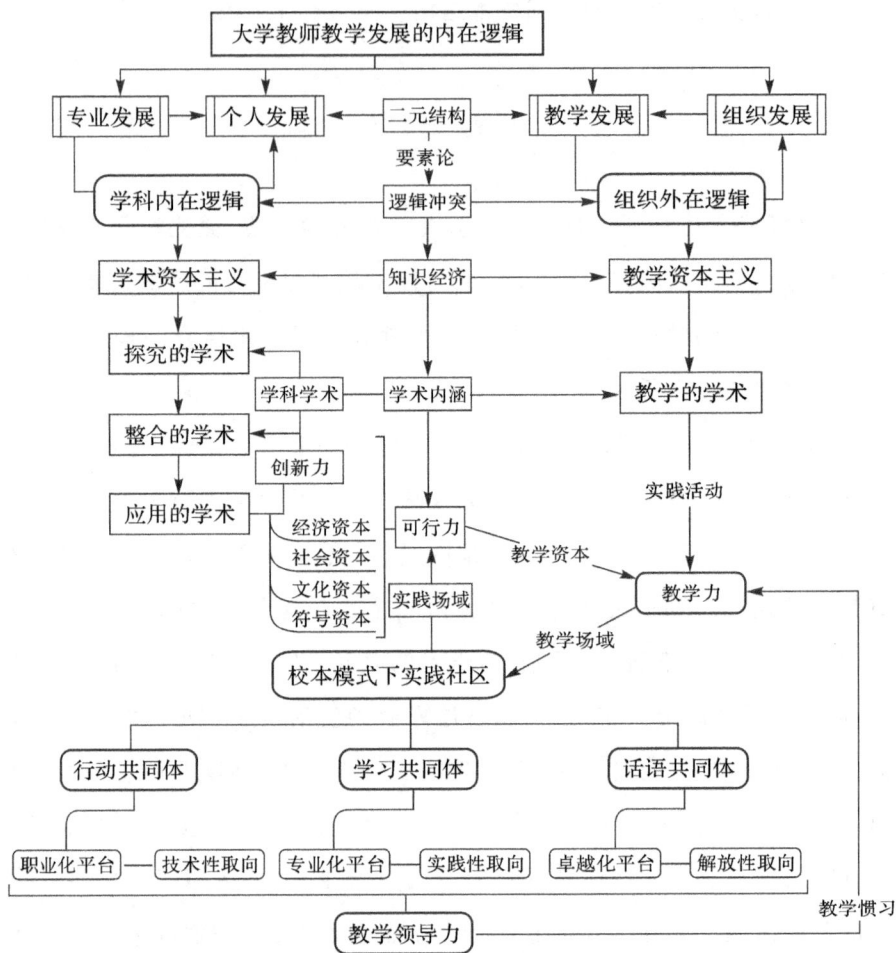

图 7　内容框架

的构建;在外文文献的热点和前沿思想的基础上,分别提出教学现代性和教学发展性的理论意蕴,从而为大学教师教学发展本质的反思与提出做好理论准备。

2.教师教学发展的理论反思与实践困境

该部分以教师教学发展的理论探索为基础,提出教学力的发展本质,并结合教学发展进行反思,探讨教学力发展的范式转换,从而归纳教学力研究的三种范式:整合范式、实践范式和路径范式。本书综合运用三种范式,形成立体化的三维体,以整合范式建构内容体系,以实践范式探讨制约因素,以路径范式明确发展过程与目标。在此基础上,从历时态和共时态角度、实践维度进行梳理,分别以 1984—2012 年的中国教育统计年鉴中的教师规模、学历、职称和年龄统计数据和 20 世纪 80 年代以来教师发展政策等文献为纲,针对教师发展的不同历史形态及其内在融合程度,得出大学教师教学发展的实践困境。

3.大学教师教学发展的发生机制

大学教师教学发展的本质是教学力。那么,探讨教师教学发展首先要明确其本质的发生机制。在关注教师教学力生成过程中,关注教师教学资本结构(数量、质量)及其效能结构。通过理论与实证分析,系统提出大学教师教学力实现的工具,即教学资本的内容与效能结构情况。教学力的实现受到教学场域的影响。因此,要在教学场域的网络关系理论分析基础上,通过主体、客体及其二者之间关系理论的提出,进而选择适切的社会网络分析方法,通过关系思维,用量化的手段,进行教学场域关系现状的描述,为理解教学力发展环境提供分析路径;通过扎根理论方法研究,探索大学教师的教学关系中的教学性情倾向系统与教学策略的关系,建立大学教师教学力实现的实践行动模式。大学教师的教学资本结构和教学场域位置,决定着教师教学实践活动中的策略。

4.大学教师教学力的发展路径

大学教师教学发展的前提不仅仅受到自身资本结构与数量以及场域中的位置和教学惯习的影响,而且受到外部平台保障机制的影响。因此,要在大学教师教学力内生性自我主导式的发展理念下,构建以校本模式下的教师共同体所组成的实践社区平台,旨在解释教学力发展的行动框架,促进大学教师教学力的发展,从而为大学组织提供大学教师教学力发展的策略选择。

第五节　研究的创新点、重点与难点

关于创新点

第一，在对中外文文献进行分析后，提出了大学教师教学发展的三维体系，即主体性、现代性和发展性的思想体系，系统梳理了实践与理论发展脉络。依据中国教育统计年鉴中大学专任教师规模及成长变化数据，分析大学教师教学发展的特征，并尝试提出未来大学教师教学发展的趋势，从而得出大学教师教学发展的必要性、可能性和面临的挑战。

第二，提出大学教师教学发展的本质特征及其范式与路径选择。通过大学教师教学发展的本质特征探讨，提出大学教师教学力发展的理论诉求，分析大学教师教学力发展的研究范式和路径选择，为大学教师教学力发展研究提供理论支持。

第三，深入系统地构建大学教师教学力发展的内生性自我发展的理论体系。通过布尔迪厄社会实践理论提出大学教师教学力生成、实现与发展理论，从而提出大学教师教学力发展的内生性自我主导式及其外部驱动性的理论体系。

第四，给出大学教师教学力发展的实践路径。在理论体系构建的基础上，依据实践平台构建的三个共同体所构成的校本模式网络，给出了大学教师教学力发展的实践行动框架，从而为教师教学力发展提供了有针对性的对策建议。

方法论上的整合尝试

目前,综合运用各种方法进行系统研究的意识不断加强,但尝试追求混合方法论思想的系统研究并不多见。混合方法论是基于实用主义哲学思想,以内容导向选择适切的研究方法,不以某种方法为主导,而是选择适合研究内容的研究方法,而且同一研究阶段运用至少两种以上质性与量化不同的方法进行同一内容的研究,实现三角互证的目的,遵循信度和效度较高的理论生成路径。

学术史与实践探索研究中的混合方法论的应用。在学术史梳理方面,综合运用文献题录计量方法、社会网络方法和质性资料内容分析法,既关注研究领域的宏观结构,也深入梳理各种具体的理论观点;在梳理实践困境方面,重视数理统计方法与政策研究方法相结合,凸显大学教师教学力发展的实践困境。

大学教师教学力发展理论体系中的混合方法论的应用。在大学教师教学力发展工具研究中,运用数理统计法,进行理论模型的建构。在大学教师教学力实现场域研究中,坚持关系型思维,以社会网络分析法创新理论观点。在大学教师教学力实践逻辑研究中,综合运用质性研究中的扎根理论方法、访谈法、焦点团体法和关键事件法等方法,尤其是扎根理论方法的运用,对观点的创新具有很强的适切性。

坚持"整体主义方法论"的认识路线的"宏观学派"和"个体主义方法论"的认识路线的"微观学派"相结合,尤其是社会网络分析法以及扎根理论方法在教育管理领域的应用。它们不是一种"正式"的、具有统一性的理论,而只是一种范式或者视角,但是,它们拥有自己独特的本体论、认识论以及方法论观念,都在本体论、认识论以及方法论上具有独特之处。从方法论角度说,社会网络分析法重要之处在于:分析单位主要不是行动者(如个体、群体、组织等),而是行动者之间的关系,有助于把个体间关系、微观网络与大规模的社会系统的宏观结构结合起来,从而对社会结构提供新的解释。扎根理论方法是一种理论创新的方法论,综合运用质性研究中的访谈、焦点团体、文本资料编码技术等具体方法,进行理论创新研究。这两种方法的结合使用,坚持了理论与实践的结合,既体现了宏观结构,也观照了微观世界,深入系统地开展了混合方法论的尝试。

总之,这些方法的综合运用,不是为综合而综合,而是根据具体的问题和研究内容,选择契合的研究方法,较好地推动了创新性观点的提出。

突破的难点

本书是在马克思主义实践观和布尔迪厄社会实践理论的指导下,对教师教学力的生成、实现和发展的内在与外在观照下的理论体系构建,重点是在教师教学发展的宏观基础上,进行中观与微观的关注,既要实现理论的创新,又要提供实践行动的框架,这涉及大学教师教学资本、教学场域与教学惯习三要素研究。

本书无论从研究的深度还是从研究的广度来看,都具有较高的挑战性,因此,本书的难点也较多,给研究的开展带来了巨大的挑战。

一是多元化视角。不管是研究范式、研究视角还是理论基础,都体现着多元化的诉求,这就需要平衡好多元与主线的统一,尤其在理论基础中,如何运用布尔迪厄的社会实践理论作为研究的概念框架是重点,虽然本书注重质性与量化的整合运用,但社会实践理论的产生需具有很强的哲学功底,所以,思想的深度也是极大的挑战,这是需要突破的难点之一。

二是在社会网络分析方面的运用。该方法不仅与传统的量化范式不同,还有相应的具体收集数据的方法以及分析工具,这就需要投入大量的精力进行学习和使用。该方法是在图论和矩阵的基础上形成的,并涉及计算机和统计学理论,相对薄弱的知识结构也需要补足;同时,扎根理论方法不是一种具体的方法,而是方法论体系,涉及诸多原理、方法和技术。在学习过程中,精力和能力都受到挑战。

　　三是样本的选择。本书采用混合方法论,既要开展随机抽样又要实施理论抽样。在抽样的过程中,如何保证样本选择的合理性和可行性,也是需要突破的难点。

第一部分

教师教学发展思想的三维透析：
主体性、现代性与发展性

　　教育已进入了内涵式发展阶段，教师教学发展成为重要的动力源泉，教师教学发展研究也取得了丰富的成果。但是，关于教师教学发展的本体论思想尚未系统梳理。本书，通过文献计量学对 CSSCI 数据库 1947 篇文献思想分析发现，教师本体论、认识论和方法论的核心在于教师教学发展的资本、场域和惯习。其中，教师知识体系构成了教师教学资本的基础，作为关系的存在形成了教师教学发展的场域；教学信念与教学情境作用下的实践性知识成为教学实践的行动逻辑。从知识到关系再到行动逻辑，它们根源于教师生命历程中的经验世界、先验世界和超验世界，三者相互作用，共同构成了教师教学发展本体论体系。

　　在高等教育现代化进程中，现代性是不可回避的议题。伴随着教学现代化的进程，在社会实践理论视野下，教学资本、教学场域和教学惯习均表现出了自身的现代性，共同构成了教学现代性的表征体系。通过对百余年来万余篇外文文献的分析发现，在教学资本方面，教师知识结构从单一性走向融合性，共同构成了教师教学能力的基础；在教学场域方面，教学实践活动是一种关系的存在，在共同参与中促进意义的生成；在教学惯习方面，通过主体性生成过程，形成教师主观能动性的自我生成机制。

　　加快推进教育现代化是国家教育发展的战略选择，在高质量发展背景下教学现代化成为历史使命和时代机遇。通过文献计量学分析前沿思想趋势发现，在教学现代化进程中，教学主体性意识觉醒，从自在到自为，从自发到自觉，标志着教学生命的价值回归。在此基础上，经历百余年的教学现代化进程，尤其是 21 世纪以来的 20 年，教学现代化进程积淀了丰富的思想财富,完成了教学资本的跨越式累积,教学场域中教与学的网络关系成为一个复杂的系统,教学惯习伴随教学实践成为教学艺术的结晶,推动智慧教学的发展。因此,教学发展在充满矛盾冲突的张力中体现了教学发展性,成为急剧变革背景下个体专业精神和群体职业使命的全面回应和未来期待。

第一章　教学主体性:教师教学发展本体论思想的体系构建

伴随着社会现代化进程的不断加快,人们对美好生活的向往比任何时候都要强烈,而且比任何时候都更有可能实现。因此,"高质量发展"成为时代主题。教育是实现高质量发展的必要条件,尤其是高质量的教育。我国自 20 世纪末至今,高等教育大众化取得了跨越式发展。与此同时,高等教育质量备受关注,大学教学使命回归教师教学发展成为常态。教育的高质量,意味着教育的内涵式发展。当前我国教育已迈入内涵式发展时代,而内涵式发展以教师教学的发展为重要依托与关键保障。因此,教师教学发展是教育发展的核心与永恒议题。

在时代的召唤下,国家于 2018 年召开了新时代的首次全国教育大会,并先后印发了《关于学前教育深化改革规范发展的若干意见》《关于新时代推进普通高中育人方式改革的指导意见》《关于深化教育教学改革全面提高义务教育质量的意见》《关于深化本科教育教学改革全面提高人才培养质量的意见》等系列教育质量提升的重要政策文件。针对教师教育质量提升问题,也先后出台了《关于实施卓越教师培养计划的意见》《教师教育振兴行动计划(2018—2022 年)》《关于实施卓越教师培养计划 2.0 的意见》《中共中央国务院关于全面深化新时代教师队伍建设改革的意见》等系列文件,由此可见，教师教育质量已成为新时代教育领域关注的重要议题。其中，《中共中央国务院关于全面深化新时代教师队伍建设改革的意见》对建设一支高素质、专业化的教师队伍做出了战略部署，这是新中国成立以来党中央出台的第一个专门面向教师队伍建设的里程碑式政策文件。该文件提出，经过五年的发展，教师职业吸引力明显增强，教师队伍规模、结构、素质、能力基本满足各级各类教育发展的需要；到 2035 年，广大教师在岗位上要有幸福感、事业上要有成就感、社会上要有荣誉感，教师成为人人羡慕的职业。在《教师教育振兴行动计划（2018—2022 年）》中，提出了十大行动计划举措，全力促进教师专业化发展。所以，教师专业化发展成为教师终身学习的必然要求。

教师发展涉及教师学习与教师改变，而对其的考量与审视需要有格局视野，需要放在更大的教育系统乃至社会系统中予以谋划。在当今教育大变革时代，教师发展离不开学校改进和国家教育现代化进程的推进，教师的角色与职责也出现了新的变化：教师不仅需要终身学习，在不断进步中发生量变与质变；同时，还要积极投身教育教学改革、学校改进和教育现代化进程。作为变革时代的促进者、教育教学质量的保障者，教师参与成为重要体现。因此，从教师教学本体论的视角出发探索教师教学发展具有极强的理论意义与现实价值。

从本体论的角度来说，教师教学发展是一种实践活动；从认识论的角度来说，教学是一种知识和智慧；从方法论的角度来说，教师教学发展是能力的提升和素质的提高。认识论和方法论是对主体论的阐释和理解。因此，教师教学发展的核心议题在于对本体论的探究。从教师教学发展的本体论的角度来看，它是一种情境性、关系性和人文性交互作用的社会实践活动。那么，教学实践活动是在哪里、靠什么和为什么得以实现？由此，教师教学发展的场域、工具和行动逻辑共同构成了教师教学发展的本体论体系。然而，这是一个复杂的内容体系，有看得到、听得到、感知得到的经验世界，也有看不到、听不到、感知不到的超验世界，还有教学实践活动"从哪里来"和"到哪里去"的先验世界所指向的地方。总之，教师教学发展的本体论的探究就是在经验世界、先验世界和超验世界的交互作用中不断实现的。因此，哲学本体论思想下的教师教学发展本体论体系构成大学教师教学发展的理论旨趣和行动指南。

一、文献选取与宏观态势

(一)文献选取

本书以教学发展及其相关主题,在 CSSCI 数据库以所有字段/关键词的方式检索文献,检索时间设定为 1998—2019 年,检索日期是 2020 年 3 月 26 日。在对检索文献进行筛选和清理之后,共得到 1947 篇有效文献(见图 1-1)。20 余年来,年度与文献篇数拟合指数 R^2 值为 0.3998,这说明该研究领域关注度并非持续稳定,并且关注度不高。

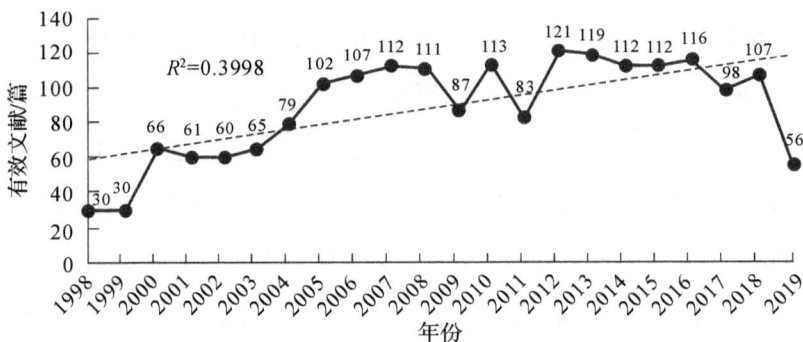

图 1-1 文献年度分布情况

(二)宏观态势

1.共现热点分布情况

利用可视化分析软件 CiteSpace 5.6R1 进行关键词热点分析,分析结果的网络模块值(Q 值)为 0.467,该值大于 0.3,意味着网络社团结构显著;平均 S 值为 0.3324,大于 0.05,说明聚类分析具有较高信度。通过聚类分析发现,关键词主要分布在教学活动、学科教学知识、教学学术、教学实践、翻转课堂、课程改革、教育教学能力等七个主题领域。

以衡量关键词在文献知识图谱中频次、突现值、度数、中心性、Σ 和重要性为统计维度,取各指标的前 16 位,共有 25 个关键热点(见表 1-1)。其中,中心性越大,说明该关键词在知识图谱中越重要,频次的高低则佐证其重要地位。从表 1-1 中可以看到,共有 25 个热点。

表 1-1　20 余年来关键词热点分布情况

序号	关键词	频次	突现值	度数/度	中心性	Σ	重要性
1	教学实践	604	22.88	70	0.47	6657.34	12.81
2	教学能力	169	—	62	0.28	1.00	9.27
3	教学活动	200	14.30	48	0.23	19.06	8.09
4	教学学术	95	9.55	41	0.21	6.04	6.66
5	实践性知识	114	4.45	35	0.11	1.61	5.54
6	教师专业发展	60	3.41	35	0.16	1.63	5.34
7	教师	58	3.40	28	0.08	1.31	4.09
8	高校教师	34	5.28	23	0.11	1.73	3.80
9	教学改革	55	9.21	25	0.05	1.63	3.65
10	学科教学知识	70	7.39	24	0.06	1.51	3.49
11	课程改革	28	7.79	19	0.06	1.57	3.15
12	教师教育	46	—	20	0.05	1.00	3.05
13	课堂教学	32	8.32	18	0.03	1.24	2.71
14	教学发展	33	4.31	17	0.03	1.11	2.55
15	教学知识	22	—	15	0.05	1.00	2.51
16	教学研究	29	9.03	16	0.03	1.33	2.33
17	教学模式	17	3.16	13	0.04	1.14	2.28
18	教学理论	43	7.48	13	0.03	1.21	2.11
19	教师实践性知识	30	5.56	13	0.03	1.16	2.10
20	教学方法	19	5.81	11	0.01	1.07	1.77
21	教师发展	17	7.41	11	0.02	1.20	1.66
22	素质教育	20	9.22	10	0.02	1.16	1.60
23	教师知识	17	5.60	10	0.01	1.06	1.55
24	翻转课堂	12	5.98	9	0.02	1.11	1.47
25	教师教学发展中心	16	6.13	6	0	1.01	0.96

在所有关键词热点中,教学理论、素质教育和教学活动等 25 个热点关键词在不同的年份表现出突现情况。尤其是教学学术、高校教师和教学发展近十年间成为突现热点领域,具体分布情况见图 1-2。

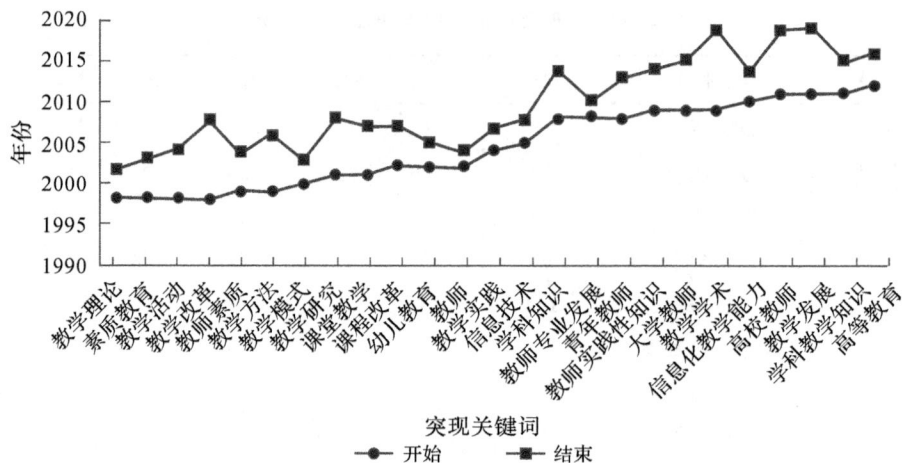

图 1-2　不同年份关键词突现分布情况

在不同的突现热点中,表现出的强度有差异,排在前三位的有教学实践、教学活动和教学学术,具体如图 1-3 所示。

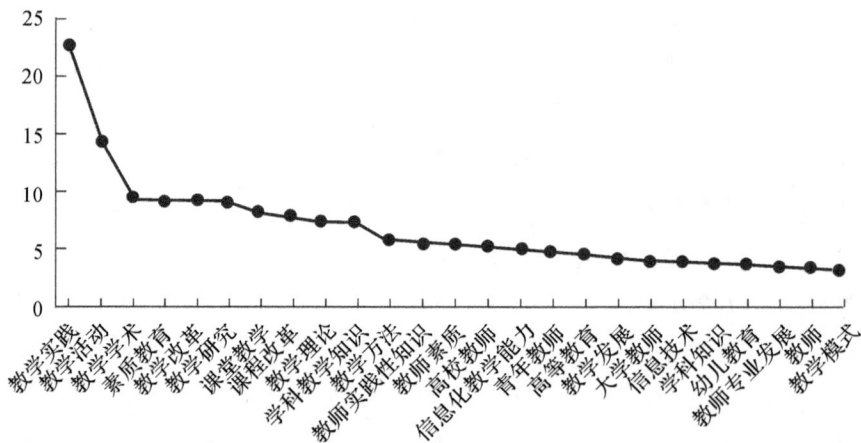

图 1-3　突现热点强度分布情况($N=25$)

2.共被引前沿分布情况

利用可视化分析软件 CiteSpace 5.6R3 进行共被引文献分析,分析结果的网络模块值(Q 值)为 0.9599,该值大于 0.3,意味着网络社团结构显著;平均 S 值为 0.4469,大于 0.05,说明聚类分析具有较高信度。关键词聚类分析发现,主要分布在教学学术、教师实践性知识和大学教师等 3 个主题领域。

以衡量共被引文献在知识图谱中频次、突现值、度数、中心性和 Σ 为统计维度,取各指标的前 10 位(见表 1-2)。

表 1-2　20 余年来前沿文献分布情况

频次	突现值	度数/度	中心性	Σ	作者	年份	文献来源	半衰期	聚类号
20	12.07	10	0.08	2.43	陈向明	2003	北京大学教育评论	5	3
23	4.29	11	0.05	1.22	陈向明	2009	教育研究	6	1
9	4.15	13	0.04	1.16	陈向明	2003	北京大学教育评论	7	1
12	4.32	13	0.03	1.15	吕林海	2009	高等教育研究	5	0
24	13.63	12	0.01	1.1	周光礼	2013	教育研究	2	0
14	—	14	0.07	1.0	时伟	2008	教育研究	4	0
8	—	15	0.03	1.0	王玉衡	2005	外国教育研究	6	0
7	—	8	0.03	1.0	侯定凯	2010	复旦教育论坛	7	0
9		9	0.01	1.0	Mishra P	2006	Teachers College Record	7	2
7	—	9	0.01	1.0	别敦荣	2015	中国高教研究	2	7

其中,共有 5 篇共被引文献在不同的年份表现出突现情况,具体分布情况见图 1-4。

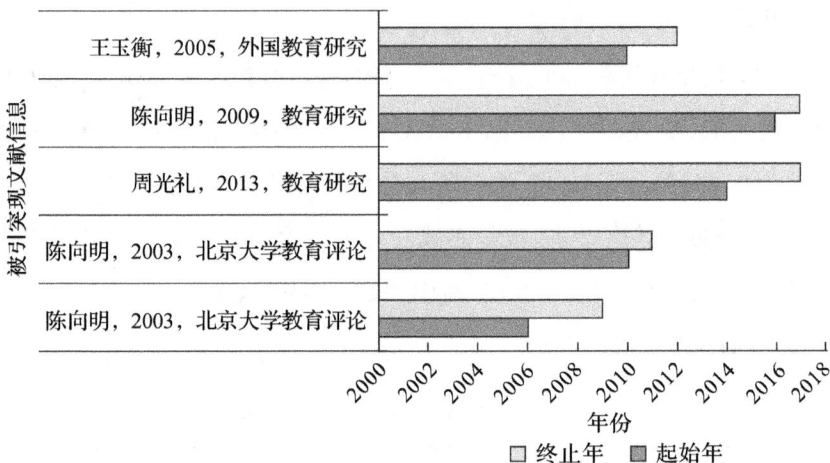

图 1-4　共被引文献突现年份分布情况

二、教师教学发展本体论研究热点思想分析

(一)经验世界:从知识到能力的经验探究

对于大学教师教学发展所需知识的认知来自经验世界,分为三个认知阶段,即教学知识阶段、学科教学知识阶段和整合技术的学科教学知识阶段。其中,教师教学发展的目标是教学能力的提升。

1.教学知识:从自发到自觉的知识发展过程

教师教学知识的发展是教学有效性的基础性条件。教师教学发展的前提是要有教学知识,这里的知识来自经验世界,可以学习和积累,这也是教学发展研究的初级状态,教学效果取决于教学的有效知识量。[①] 因此,教师教学发展首先是知识的获取与发展,是由教学知识来源和教学知识增长两个方面构成的。以师范生为例,经验取向—学徒观摩、理论取向—教师教育、实践取向—准教师培训、社会取向—交流学习是师范生教学知识的重要

---

① 吕渭源.概念与教育科学的发展[J].湖北大学学报(哲学社会科学版),1999(1):
87-91.

来源；师范生的反思批判能力、职业信念、学习能力，以及学校教师教育课程设计、教学实施、实习实训等是影响师范生教学知识增长的重要因素。①

　　教师教学知识发展是从自发走向自觉，对于职前师范生教学知识的发展来说，实现教学知识自觉发展，必须自觉地完成身份认知、学习理念和学习范式的转型，以学习和认知方式的转变，带动教学知识自觉。② 行动中反思、行动后反思以及教师的课程与教学的对话，对于教师教学知识的改变有深刻的影响；教师之间的教学观摩对于教学知识的改变也有显著的效果；家长及学生的意见对老师的教学知识也有深远的影响。③ 所以，学者们对教学知识的发展方面和影响因素有了初步的探究，但始终没有停止对教学知识的复杂性和丰富性的探求。

　　2.PCK：内涵与外延的日渐丰富

　　学科教学知识和面向教学的学科知识是描述教师教学知识基础的两个重要的概念框架。学科教学知识和面向教学的学科知识都强调学科知识的重要性，前者强调学科知识和教学法知识的有机融合，而后者却认为学科知识本身具有教学法维度，教师应不断深化对学科知识的关键性理解。④ 对于学科知识的理解，在描述其学科知识的特质及其与学生学习的关系，或两者以外，还应该关注学科知识的可教性及其发展过程。⑤ 因此，传统的学科知识是内涵教学法。学科知识探究的深入及学科教学知识的出现，使得教学知识更加具体和丰富。

─────────────

① 姚元锦，朱德全.师范生教学知识发展的影响因素分析：框架与实证[J].湖南师范大学教育科学学报,2018(2):37-47.

② 姚元锦，朱德全.师范生教学知识自觉：表征、尺度与路向[J].西南大学学报(社会科学版),2018(3):95-102.

③ 林文生.透过校本课程发展平台更新教师教学知识[J].西南大学学报(社会科学版),2010(6):61-66.

④ 徐章韬.数学课堂教学两种知识基础比较研究[J].中国教育学刊,2013(4):69-73.

⑤ 布伦特·戴维斯，余洁.概念研究：设计发展教师学科知识[J].全球教育展望,2011(7):3-14.

对学科教学知识内涵的理解，首先是在要素上不断地丰富发展。不同的要素组合具有不同的理论视角，主要存在三种理论视角，即基于舒尔曼概念的修订、将学科知识及其他教师知识成分包含其中、基于新理论视角。[①]但也并非完全按照这三种方式理解，也有从微观到宏观的教育学层面理解（学科教学法知识、学科教学论知识、学科教育学知识三个层面的基本内容）。[②]学科教学知识在具体专业知识的基础上，不仅关注如何教的知识，也关注学生如何学的知识。比如，从新理论视角来看，大学英语教师的学科教学知识包括学科知识、学生的知识、背景的知识和教学法知识四个方面，可通过自主学习、合作及行动研究不断发展学科教学知识。[③]关于学科教学知识的要素研究虽然略有差异，但核心要素都是相通的。同时，学科教学知识具有一定的可传递性，其形成不是各要素平均作用的结果，在不同阶段的构建具有量和质的变化。[④]因此，在教师教学发展的不同阶段，对学科教学知识不同要素的发展，应该有所侧重。

总之，PCK的发展的综合路径应该转变教学观念，形成PCK发展的教学思维方式；提升学科知识水平和能力；加强教育知识学习，外在培训与内在实践相结合；推动教育知识向PCK转化；掌握PCK形成方式。[⑤]除此之外，从实践的角度来说，学科教学知识发展的实践路径主要有以学科教学论为关键课程发展学科教学知识，通过教学见习获得学科教学知识，通过真实情境下的教学实习建构学科教学知识。[⑥]从中可以看出，学科教学知识的发

---

① 解书,马云鹏,李秀玲.国外学科教学知识内涵研究的分析与思考[J].外国教育研究,2013(6):59-68.

② 邢红军,陈清梅,胡扬洋.教师教育学院:学科教学知识中国化的实践范本[J].现代大学教育,2013(5):97-105,113.

③ 张瑾.大学英语后续课程与教师专业发展——基于学科教学知识的视角[J].江苏高教,2013(6):83-84.

④ 刘义兵,郑志辉.学科教学知识再探三题[J].课程·教材·教法,2010(4):96-100.

⑤ 王玉萍.论外语教师PCK发展路径[J].外语界,2013(2):69-75.

⑥ 梁永平.职前教师学科教学知识发展的理论与实践路径[J].课程·教材·教法,2013(1):106-112.

展既包含理论学习，也根源于实践经验，二者缺一不可。

3. TPACK：从技术影响到文化反思的转变

信息技术在教育中的运用，很大程度上取决于教师的专业能力与信息素养。[①] 因此，在教师教学知识的发展中，要融入信息技术的成分。TPACK是教育信息化对教师知识提出的新要求。它是从教师知识基础研究的兴起与演进，即 PCK 向整合技术的 TPACK 的转变，具有综合性、情境性、实践性、缄默性、易变性的特征，可以通过观摩示范、案例研究、参与教学和交流讨论等多种途径有效促进 TPACK 发展。[②] TPACK 框架指出了新的研究视角，融合技术的 TPACK 是技术知识与学科知识、一般教学法融合后产生的一类特殊的知识，是教师信息化教学能力的最高知识要求。[③] 把现代信息技术充分融入学校的教育教学之中，提高每一堂课的教学质量，这也是教育信息化的根本所在。[④] 因此，教师教学发展也离不开时代背景，不同的时代对教师教学水平提出了不同的内在诉求。

TPACK 出现以后，研究者对不同阶段的教师进行了调查研究。幼儿园教师的 TPACK 整体情况良好，其中，幼儿园教师五大领域 CK 和 PK 得分较高；与技术相关的知识，包括 TK、TPK 以及 TCK 得分居中；得分最低的是 PCK。教师的 TPACK 在年龄、教龄、学历、职称及所在区域方面存在显著性差异。[⑤] 研究发现，小学教师的 PK 值最高，而与技术相关的 TK、TPK、TPCK 值相对较低；小学教师的 TCP 与 TPACK 合并为一个因子；TPK、

---

① 于开莲，赵南，张慧.幼儿园教师整合技术的领域教学知识（TPACK）调查研究[J].电化教育研究，2019(3)：118-123.

② 闫志明，徐福荫.TPACK：信息时代教师专业化的知识基础[J].现代教育技术，2013(3)：5-9.

③ 王文君，王卫军.教师信息化教学能力实践分析[J].现代远距离教育，2012(3)：67-74.

④ 刘志波，齐媛.班班通：从校园信息化建设走向课堂信息化应用[J].中国电化教育，2010(8)：64-68.

⑤ 于开莲，赵南，张慧.幼儿园教师整合技术的领域教学知识（TPACK）调查研究[J].电化教育研究，2019(3)：118-123.

TK、PK 三个维度的知识对小学教师 TPACK 知识有显著的贡献作用。[1] 随着 TPACK 调查研究的开展，TPACK 的测量方法也在不断地完善。TPACK 测量方法主要有量表测试法、开放式问卷调查法、访谈法、观察法，国外相关研究存在重视测量工具信度、效度检验和 TPACK 混合式测量两大研究趋势。未来 TPACK 测量相关研究值得在学科化 TPACK 测量和 TPACK 混合式测量方法的设计与开发两方面着重展开。[2]

在高等教育领域，外语是关注该领域比较早的学科。大学英语教学改革前十年最大的贡献就是把计算机和网络信息技术应用到了大学英语课程中，为英语学习带来了一场革命；今后应重点探索如何完善以计算机网络为核心的现代信息技术与外语课程的整合。慕课及翻转课堂教学模式都充分说明，一个信息化教学创新的时代已经到来。[3] 利用电教手段能很好地突破教师个人方面的局限性，帮助教学双方承担许多繁琐困难的任务，常能收到事半功倍的效果。[4] 当然，不同的教学需求，可以利用不同的现代信息技术产品。其中，Second Life 是目前最流行的多用户虚拟现实环境，具有较强的沉浸性和交互性，可应用于问题解决式教学。[5] TPACK 的重要性备受关注，教师教学发展的路径也就成为关注的主题。"通过设计学习技术"来推进教师的 TPACK 知识发展，是一种代表性的新型教师教育课程。[6] 在发展教师 TPACK 知识的过程中，也需要保持批判的态度。教学活动又是一种特殊的文化活动，具有一定的文化自主性，客观认识信息化教学的文化特征是实现

① 赵艳，赵蔚，李绿山，刘东亮.学习分析视域下小学教师整合技术的学科教学知识(TPACK)研究——以东北 C 市为例[J].现代远距离教育，2015(5)：42-48.

② 徐鹏，刘艳华，王以宁，张海.整合技术的学科教学知识(TPACK)测量方法国外研究现状及启示[J].电化教育研究，2013(12)：98-101.

③ 冯瑷.外语教育技术学初建背景下高校外语课程的机遇与挑战——2013 第十届全国教育技术与外语教学学术研讨会述评[J].外语电化教学，2014(1)：76-80.

④ 赵学凯.外语电化教学实践应注意的问题[J].中国电化教育，2001(3)：23-25.

⑤ 陈欢欢，曾立人，李欣，朱乾娜.Second Life 中基于 PBL 的教学活动设计和评价[J].现代教育技术，2010(6)：93-96.

⑥ 张静.面向 TPACK 发展的设计型教师教育课程——缘起、模式及启示[J].远程教育杂志，2013(5)：83-88.

信息化教学功能的前提。信息化教学中理性的觉醒和思索引导问题由外在的技术结构转向个体的生命形态，实现了信息化教学的文化追求和精神超越，并赋予了教师教学方法、知识、教学目的和师生关系等要素新的文化特质。① 因此，也有人提出了新的见解，通过逻辑推理方法构建了一种具有网状拓扑结构的教师知识模型——整合技术的学科教学知识网络（TCPNet）。TCPNet 教师知识框架通过引进知识联结的概念，既保持了 TPACK 理论框架的解释力，又避免了概念之间区分困难和关系模糊等缺点，必将成为信息时代教师知识研究的一种新理论视角。② 所以，从社会网络分析的角度丰富技术整合下的学科教学知识成为新的理论增长点。

4. 教学能力：职前教育与职后养成的耦合

教师作为教育者、教学者、管理者、研究者，应具备思想品德与心理状况、基本素质、知识能力、管理能力、研究能力等。③ 其中，教学能力是高等教育内涵式发展的重要衡量指标，提升高校教师教学能力是实现高校本科教学质量与教学改革的关键。④ 自高等教育大众化以来，青年教师已成为主力军，他们的科研能力强，却遇到如何过"教学关"、提高自身教学水平的困惑。⑤ 因此，以教学能力发展为核心是当前必须而迫切需要开展的工作。⑥

从教学能力的构成上看，依据对教学过程施加影响的直接性，教师教育

　① 李芒，蔡旻君.论信息化教学的文化特征[J].中国电化教育，2012(9):1-6.

　② 闫志明，李美凤.整合技术的学科教学知识网络——信息时代教师知识新框架[J].中国电化教育，2012(4):58-63.

　③ 阎乃胜.角色论视阈下教师教育教学能力的构成探析——基于教师资格认证的考察[J].教师教育研究，2010(2):44-48.

　④ 曹月新，张博伟.高校教师教学能力培养问题研究[J].东北师大学报(哲学社会科学版)，2016(2):208-213.

　⑤ 朱继洲.建设一流研究型大学必须重视青年教师的教学发展[J].中国大学教学，2013(4):20-22.

　⑥ 董玉琦，刘益春，高夯，包正委.协调发展 共同成长——2011高校教师发展国际研讨会会议综述[J].中国大学教学，2012(5):92-96.

教学能力由核心能力群和外生能力群两大部分构成。[①] 对不同类型的教师而言,其教学能力发展各有侧重。对于青年教师来说,尤其是研究型青年教师,教学能力包括语言表达,调动学生学习积极性和主动性,组织课堂、开阔学生视野、激发学生独立思考,教学个性化和与学生沟通,激发学生问题意识等五种能力[②];对于一般教师来说,应致力于转变观念,做到以理念引领实践变革,以实践变革促进理念贯彻[③];对群体来说,教学团队在提高教师专业自主发展的内驱力、提升教学实践能力、实现教师群体专业发展等方面具有十分重要的作用。基于教师教育教学发展的教学团队建设应从组织变革、制度创新、资源支持、文化构建等方面入手。[④]

从教学能力的来源来说,必须与课堂教学模式创新结合,在课堂教学模式创新中锻炼教师的从教能力。[⑤] 组建教学共同体是实施保障;实践性课程的拓展与开发是重要课程的支撑。[⑥] 因此,对于学校层面来说,需要完善监督评价体制和激励机制,建立交叉性培训体系,设计合理化培训方案,加强教学合作共同体建设,建立教学能力档案,把教学实践活动同教学学术结合,以教学驱动科研,以科研反哺教学。在现代信息技术环境下,信息化教学能力的提高,体现在职前职后一体化及其内外两个方面不断促进。

教师的职前准备成为不可忽视的环节。所以,教师教育成为关注的领域。其中,"反思性教学"和"反思型教师教育"现已是国际教师教育改革的

① 王沛,关文军,王阳.中小学教师教育教学能力的内涵与结构[J].课程·教材·教法,2010(6):92-96.

② 林金辉,潘赛.研究型大学青年教师教学能力结构的实证研究[J].江苏高教,2010(6):82-84.

③ 宋燕.我国大学教学专业化的问题反思与出路探寻[J].国家教育行政学院学报,2010(4):63-67.

④ 岳慧君,高协平.教师教育教学发展视角下的高校教学团队建设探讨[J].中国大学教学,2010(5):13-16.

⑤ 李贵安,李铁绳,党怀兴.高校教师教育教学能力发展与课堂教学模式创新——以陕西师范大学为例[J].中国大学教学,2012(6):26-28.

⑥ 周卫勇.构建以教育教学能力为目标取向的本科小学教育专业教学体系[J].课程·教材·教法,2010(8):88-92.

一个重要方向。[①] 师范生在教学设计能力、实施能力以及反思与矫正能力三个维度的水平存在差异，性别、曾就读重点高中类型、高师专业排名、专业以及实习的区域因素影响师范生的教学能力。提升师范生教学能力最主要通过拓展教育实践课程内容、课程实施中师范生个体群体差异，培育师范生的学习共同体以及加强教育教学实习指导三个方面展开。[②]

在教师教育领域，教师教育者的教学能力也是值得关注的领域。教师教育者的教学能力要素群以"研究发展教学的能力"为结构支撑，与"开展教学活动的能力"和"聚焦教学的影响能力"共同螺旋交织而成，是由低阶向高阶发展的连续统一体。示范、融通、交互、创新是教师教育者教学能力专业化特质之具体表现。[③]

此外，教师职业准备教育能够顺利且有效开展，也需要建构完备有效的支持系统予以配合。

(二)先验世界：从哪里来，到哪里去

如前所述，先验世界所涉猎的是教学实践活动"从哪里来、到哪里去"的问题域。教学实践活动孕育于教师与学生及其相互间的关系，反过来，这种关系也维持并推动着教学实践活动的存续与发展。在源源不断的发展中，教学实践活动实现了知识、信息与情感等各方面的交换与升华。在学科教学知识中，不仅要有如何教的知识，还要有如何学的知识。也就是说，教与学的知识是相辅相成的关系。在教与学的关系里，教师与学生流通的是知识、情感和信息。无论是知识，还是情感，抑或是信息，只要教与学的关系存在，这些流通的内容就存在。因此，教与学的关系和流通的内容是先验的，无须经验证明。

在教与学的关系中，师生关系是显性体现。关于师生关系，争论已久，

①　洪明.西方"反思性教学"的兴起与成因[J].上海教育科研,2002(6):13-15.

②　杨爱君.免费师范生教学能力研究[J].教师教育研究,2012(4):45-50,31.

③　刘鹂.论教师教育者教学能力要素、结构与特征[J].课程·教材·教法,2016(9):95-101.

但无论怎样争论,教师主导是这个关系中无法回避的事实,只是需要对"教师主导"有正确的理解。所谓"教师主导",即教师要力主指导、引导、疏导、劝导、诱导和启发,或者说教师主要应在"导"字上下功夫,因为教师的角色主要是"导"。"导"是为师者主体价值的真正体现。[①] 而学生是教师发挥"主导"作用的对象,没有学生这一教学对象,教师的"主导"意义与价值将无处体现。然而,教师的主导并不能作为学生学习或教学关系的决定性力量,教师与学生在教学实践中是充满张力的一对关系。教师要充分尊重学生的主体性、自主性与选择性,并据此做出教师教学上的适时调整与改变。比如,在高等教育内涵式发展背景下,学习者的研究性学习方式已成为重要方式。因此,有研究从英国教育社会学家巴兹尔·伯恩斯坦的教学实践理论出发,从分类和构架角度对研究性学习进行理论分析,并提出导师制是有效途径。[②] 再如,在现代信息技术革命条件下进行在线学习成为一种重要的学习方式,对于学生而言,其主体性、自主性与选择性愈加突出。为此,教师应鼓励学习者采用"按需选择、优势共享,分层选择、互补使用,个性选择、错位发展"的远程开放学习媒体选择策略,以便为远程学习者提供更多的教学媒体选择可能和学习方式选择可能。[③]

教与学的有效性离不开内外环境的支持。比如,从学校外部支持性来看,英国最新实施的"教学卓越框架"是英国唯一由政府主导的国家高等教育教学质量评估体系,其先进性在于5个首次,即首次将学生入学选择与就业质量相联系,首次以教学卓越作为质量评估的着力点,首次将教学质量评估的维度覆盖教学过程、学习环境和学习结果,首次将评估与奖励有机结

① 张博."教师主导"辨析——兼论幼儿教师在教育活动中的角色和作用[J].学前教育研究,2002(2):30-32.

② 刘丽玲.显性教学实践、隐性教学实践与研究性学习——一种教育社会学的分析[J].课程·教材·教法,2003(5):76-78.

③ 韩瑞婷.远程教育与互联网信息传播技术的教学实践生态文化融合[J].现代远距离教育,2013(6):29-34.

合，首次将教学经费政策与评估结果直接挂钩。[①] 国外这些教学评估经验，对我国教学评估发展带来了启发，也将对教与学的关系带来较为深远的影响。从学校内部支持来看，其主要来自教师教学发展机构的影响。近年来，教师教学发展中心成为理论与实践的关注领域。在美国，10 所精英文理学院中有 8 所学院专门建立了教师教学发展机构，且在学院管理体系中占据着重要地位。它们并非管理机构，而是为教师教学提供服务的支持性机构。在组织目标上，它们致力于将教师教学发展与学生学习发展相结合；在人员配备上，呈现以兼职为主、专职为辅的人力资源结构特征；在活动项目上，它们注重引导教师主动发展教学，积极促成教师之间的合作与互动。[②] 美国高校教师教学中心的成立与发展是应对公众对高等教育批评的方式之一，而中国高校教师教学发展中心的建设与发展则是教育部与大学加强高校教师队伍建设、提高教育教学质量的重要举措。[③]

外国教学发展组织经验对我国高校正在兴起的教学发展实践具有一定的借鉴意义。高校教师教学发展中心应以教学学术为理论范式，以学习共同体为组织目标，以发展性教学辅导为模式目标，以协同合作为路径目标展开建设。[④] 总之，教师教学发展组织应以支持教与学关系中的师生情感、知识和信息流通为价值追求。

(三)超验世界：从实践性知识到要素分析

教师教学发展在教学活动中得以实现，是因在教学实践中表现出的教学实践性知识是一种与教师知识不同类型的知识。虽然教师教学实践性知

---

① 崔军，汪霞，胡小芃.英国高等教育"教学卓越框架"：形成、实施及评价[J].教育研究，2018(7)：146-154.

② 王靖，雷洪德.美国精英文理学院教师教学发展的组织支持[J].高等工程教育研究，2016(5)：172-177.

③ 陆国栋，孙健，朱慧.教师教学发展的融合理念与现实探索[J].中国高等教育，2014(6)：32-34，46.

④ 胡锋吉.高校教师教学发展中心建设的理论思考与策略设计[J].中国大学教学，2013(3)：73-74，61.

识与一般意义上的教学知识有交叉,但这里的实践性知识主要是教师实践中所体现出的特殊倾向与态度,贯穿于教师的行为惯习中,具有默会性与超验性。

1.实践性知识:教师教学发展的新视角

柯兰迪宁是教师实践性知识研究的集大成者,教师喻像是其倡导的表述教师实践性知识的重要概念之一,具有独到的地位与内涵,它既是一种教育学隐喻,同时也是研究媒介,具有方法论的作用。[①] 因此,实践性知识是左右教师教育教学行为的关键性因素。教师实践性知识在静态层面由四个方面构成,分别是课程知识、教学知识、学科知识和指向自我的知识。其中,教学知识包含学生知识,学科知识包含学科内容知识和学科教学法知识,指向自我的知识包含自己所处环境的知识和自我知识。[②] 教师实践性知识的生成方式有两种,即教师面临教育困境—建构或调用已有实践性知识—以行动应对困境(试误)—强化实践性知识模块或重新建构实践性知识模块以成功解决问题;观察其他教师的成功授课—探究其成功背后的实践原则和意象—经由反思内化为自己的实践性知识。[③] 因此,实践性知识的形成需要问题情境、研究共同体和教师反思的介入。[④] 在实践性知识发展环境中,在现实环境中,教师通过行动研究不断改进教学实践,又不断提高对教学实践情境的理解水平[⑤];在虚拟环境中,作为一种教师专业学习的理想学习环境,教

---

① 魏宏聚.柯兰迪宁实践性知识观中的"教师喻像"内涵诠释[J].教师教育研究,2006(3):43-46.

② 潘丽芳.教师实践性知识构成的调查研究——以上海市小学教师为例[J].开放教育研究,2014(2):80-87.

③ 林一钢,潘国文.探析教师实践性知识及其生成机制[J].全球教育展望,2013(10):42-48.

④ 尹静,王笃勤.教育设计研究与教师实践性知识的构建[J].河北大学学报(哲学社会科学版),2013(2):65-68.

⑤ 宋秋前.开展行动研究,提高教学实践水平[J].中国教育学刊,1999(1):56-58.

师在线实践社区已成为实现教师实践性知识管理和创造的一条途径。① 正是因为实践性知识的存在，教师的"教"不可教，应采用广义的课程概念，应强化实践课程，应重建理论课程概念。② 总之，教师教学的实践性知识为教师教学发展提供了另一种知识的理解视角，这种视角力图把超验的惯习转化成一般意义上的教学知识，从而为教师教学发展提供一种深度启发。

教师教学的实践性知识本质上是教学学术知识化的一种路径。从 1990 年博耶提出教学学术至今，西方学者对教学学术的内涵、评价标准以及实践障碍、发展实施均做出了大量研究。③ 国外对教学学术概念的研究大致可分为教师作为一名教育者（1990—2000 年）和学习者（2001 年至今）两个阶段，后者是舒尔曼对博耶的教学学术概念重新界定，将其界定为"教与学的学术"，提出"学习者共同体"概念，将教学学术从宏观引向微观。④ 在这个过程中，有学术性教学与教学学术两种说法，学术性教学是教学学术的初级阶段，是教学学术发展的必经阶段。二者区别在于教学的最初驱动力、关注重点以及是否要依据学术的标准来研究。因此，如何从学术性教学转向教学学术是亟待解决的问题。而解决的重要思路或途径就是：改变高校教师评价体系的单一性，在推进教学学术的过程中充分发挥"支架"作用，组建以学科为背景的教学学术学习、探究及分享共同体，在研究生助教中推广教学学术，在高校开设心理学和教育学课程以普及有关常识⑤，尤其是构建教学学术共同体以提升高校教师教学学术能动性和高校教师专业化发展。

目前，实践性知识多存在于基础教育研究领域，教学学术多存在于高等

① 冯涛.教师在线实践社区中的知识共享系统框架与共享策略[J].中国电化教育，2012(6):56-62.

② 王加强."教"可教吗？——教师教育理论前提的哲学反思[J].教育学报，2012(5):37-43.

③ 宋燕."教学学术"国外研究述评[J].江苏高教，2010(2):67-70.

④ 王宝玺，朱超颖.国外"教学学术"概念发展脉络演进[J].全球教育展望，2018(4):64-73.

⑤ 王力娟，邱意弘，王竹筠.学术性教学向教学学术转化的途径及挑战[J].江苏高教，2017(3):54-59.

教育研究领域。但是,对二者关系的理解,仍需进一步加强。

2.情境性知识:主体性与艺术性的生成

教师教学实践性知识是一种情境性知识。教学是学校教育的基础,而教学环境是教学活动的前提条件,教学产生于教学活动过程之中,又影响和制约着教学活动的全过程,对学生的素质教育起着巨大的促进作用。[①] 可以说,教学环境离不开从教学回归的实践路径,教学环境与教学活动共同构成了学校的教学文化。

在教学情境中,教学活动的展开,教学目标的达成,最根本在于活动中的人,在于具有主体能动性的教师和学生。[②] 教师主体作用实现对传统教学模式——教师角色、教学大纲、教学实践——具有突破的作用。[③] 有研究显示,高校青年教师在教学发展和专业发展的各项需求内容上需求程度都较高,组织发展需求中良好的工作环境和组织氛围的需求较高,而个人发展的各项需求内容都相对较低。[④] 这说明教师的教学主体性意识自觉对良好的教学情境构建具有积极正向的支持作用。

教学艺术是教师主体性充分展现的又一个重要标志。教学活动,尤其是课堂教学,是一种特殊的艺术,比其他艺术更复杂,要求更高,传递的是付诸智力劳动的科学理论,因此相比一般艺术难以建立兴趣。[⑤] 教学艺术有别于教学科学、教学伦理,在本质上是对教学活动的感觉的、直觉的、整体的把握方式,是主体用内在的尺度(即审美尺度)创造性地把握的教学活动,具有鲜明的个性和情感性,具有科学实证与人文理解两种基本方式。要克服教

① 赵建中.校园文化与学生素质教育[J].青海师范大学学报(哲学社会科学版),1999(2):109-112.

② 和学新.师生主体性双向建构与基础教育课程改革[J].教育研究,2002(9):69-70.

③ 朱晓苑,费红艳.创新模式下英语教师的主体作用[J].中国大学教学,2007(5):84-86.

④ 郭丽君,吴庆华.地方高校青年教师发展需求探析[J].现代大学教育,2013(5):106-111.

⑤ 谢金祥,杨爱青.教学活动的情感性与艺术性[J].北方论丛,1999(3):174-175.

学艺术的技术化和"只可意会，不可言传"两种倾向。① 教学艺术论进入教学论体系是教学理论和实践发展的要求与必然。素质教育将会使教学论实现科学与艺术一体两面的统一。大面积教学艺术实践是教学论发展的主要养分。教学论和教学艺术论较高程度的实践化会大大增强它们的科学性和生命力。②

不同的教学环境，教师主体性和教学艺术与方式所呈现出的教学模式有所差异。教学模式是指教学的共性、规范性，是教学程序的提炼与固化；教学个性是指教学的风格、个体性，是教学模式的变式与活化；教学艺术是指教学的审美、趣味性，是教学个性的升华与美化。教学模式、教学个性、教学艺术是相互联系、不断创造的三个层次。③ 因此，教学模式是教学发展的初级阶段，教学追求的是个性和艺术。

3.教学性认知（教学信念）：反思性与策略性的驱动

教学信念是教师教学实践过程中所信奉的教学理念，是教师教学行为倾向和态度的根源所在。教师要想拥有自己的教学主张就必须具备自觉追求教学公正的专业气质和精神人格，努力重构专业发展的教学理论知识体系，扎根教学实践的丰厚土壤，把握实践创造和理论创新的契机，提高教学反思的水平和语言转化能力，为教学主张的生成提供必要的条件。④ 同时，加强教学活动评析，促使观念向行为转化。⑤ 无论是反思还是评析路径，都无法离开教学理论批判。教学理论批判有教学理论的批判、对教学理论的批判和教学理论的自我批判的三个维度。教学理论批判对于推动教学实践

　　① 潘洪建，徐继存.教学艺术研究方法论检讨[J].教育评论，2000(3)：41-42.
　　② 王升.关于教学艺术论与教学论发展轨迹的思考[J].教育理论与实践，1999(6)：35-39.
　　③ 吕渭源.教学模式·教学个性·教学艺术[J].中国教育学刊，2000(1)：29-32.
　　④ 李建军.教学主张：教师专业发展的内在维度[J].教育科学研究，2009(1)：68-71.
　　⑤ 毕润林，姚莉.加强教学活动评析 促使观念向行为转化[J].学前教育研究，1998(3)：44-45.

的发展和教学理论自身的建设都是不可或缺的。[1]

教学信念影响教学策略的选择。在教学实践活动中,一般倡导教师应基于"主导—主体"的教学活动框架,设计教学活动总体方案。比如,有教师基于设计思维方法构建了一种创客教育的实施模式,对于学习者知识技能、有效沟通、团队协作和认知能力等方面的提升有显著的作用,创客教育的内在价值得到了充分实现。[2] 再比如,在现代信息技术影响下,翻转课堂和MOOC是重要的教学策略选择。不同文化背景下的学习者及教育者在认知风格、思维方式、教育观念等方面都存在差异,这些差异将会影响翻转课堂教学效益的发挥。[3] 当然,翻转课堂不等同于学生完全自学,教师的参与程度远高于传统课堂。教师需培养学习者自主学习的能力,课前及课堂任务与活动安排需注重知识的应用、分析、评价与创新等高阶认知能力。[4] 为应对MOOC挑战,提升传统课堂吸引力,可借鉴顾客体验理论,从感官体验、情感体验、思考体验、知识体验和关联体验等方面优化学生的课堂学习体验,并通过学术研究、课下师生交流、运用互联网和MOOC辅助教学等方法提升、优化课堂学习体验的能力。[5] 如有研究以体验教学理论为基础,设计了"信息化教学"的体验感觉阶段、体验知觉阶段、体验内化阶段和体验应用阶段的课堂教学活动。[6]

---

[1]　徐继存.论教学理论的批判[J].教育评论,1999(2):41-44.

[2]　杨绪辉,沈书生.设计思维方法支持下的创客教育实践探究[J].电化教育研究,2018(2):74-79.

[3]　卢钰,徐碧波,焦宇.从文化差异角度反思翻转课堂在我国学校中的应用[J].中国电化教育,2015(8):110-116.

[4]　李颖.高校外语翻转课堂中的教师教学能力研究[J].中国外语,2015(6):19-26.

[5]　胡新华,周月.MOOC冲击下高校教师的因应策略:学习体验视角[J].现代教育技术,2014(12):19-25.

[6]　常咏梅.基于体验教学理论的教学活动设计研究——以师范生"信息化教学"公共课为例[J].电化教育研究,2012(3):88-90,95.

三、教师教学发展本体论研究趋势分析

（一）社会实践理论视野下的热点趋势分析

教师教学发展的本体论思想主要是探讨教师教学发展的本质存在，即本质意义上的一种实践活动。从哲学意义上来说，它有先验、经验与超验的三种存在形式，甚至有时候三者是相互交互的。基于社会实践理论的视角，通过文献计量学对高频热点文献进行提取，利用质性资料分析工具 NVIVO 11 进行编码分析发现，类属存在有三类。

一是教学资本类属，即教师教学发展所依赖的工具，分别由教学知识、学科教学知识、整合技术的学科教学知识和教学能力四个属性构成。整体来看，教学资本是基于经验世界的获取，主要是理论学习所得，这就是本体论的经验性存在。

二是教学场域类属，这是教师教学发展的实现场所，主要涵盖教学内部的教与学的关系、外部的教学评估以及教师教学发展机构三个属性，每一种属性都有其内涵张力。因为教学实践活动只要发生，就会有内外关系网络的存在，在关系网络中流通知识、信息与情感，从而形成一定的话语权、身份地位，这是一种先验的存在。

三是教学惯习类属，即教师行为态度和倾向系统，主要包含实践性知识、教学环境、教学策略、教学信念和教师主体性等属性。这里需要说明的是，在三类类属—属性—维度关系中，只是呈现了类属—属性的内容体系。在维度层面，每一种属性都是内涵丰富的，具体到每一种思想的存在就是一个维度，这些丰富的维度思想构成了属性内容体系，这也是学术共同体创新张力所在，彰显了丰富性与复杂性（见图 1-5）。

从教学发展热点思想的类属—属性分析来看，教学发展所依赖的工具备受关注，这也是从教学知识到教学能力不断丰富与发展的过程；教学场域相较而言，受关注度最低，这说明教与学的关系早已习以为常，很少探究作

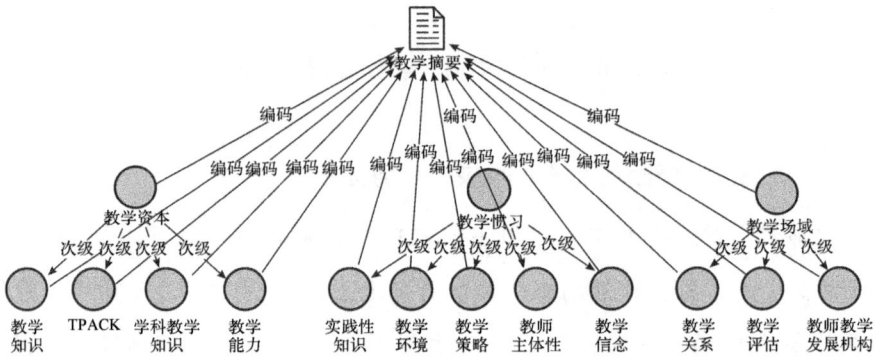

图 1-5　教学发展研究领域热点内容体系分布情况

为关系的教与学网络中流动的知识、信息和情感到底是怎样的,所形成的话语权力和身份地位又是如何变化的。就属性层面来说,整合技术的学科教学知识备受关注,这也是现代信息技术条件下对教师能力提出的挑战;教师主体性关注最少,这可能因为在高校现有评价机制下,教师在教学方面的主体性激励是一个难点也是一个痛点问题。类属—属性内容覆盖率分布情况如图 1-6 所示。

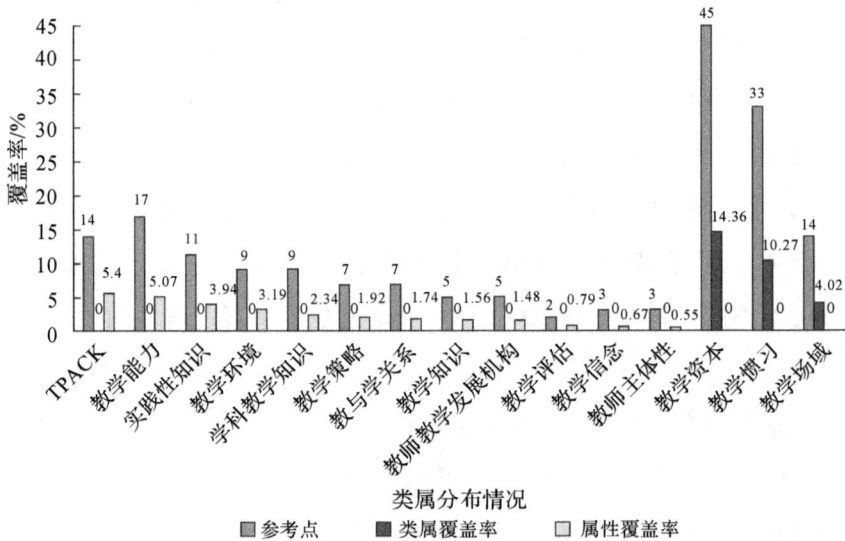

图 1-6　教学发展热点类属—属性分布情况

(二)从高被引文献看前沿思想趋势

1.实践性知识:从内涵到外延的延伸与拓展

教师实践性知识是教师教学发展的重要组成部分,分为理论性知识和实践性知识。[①] 因此,可以动态地了解实践性知识各部分间的关系,进而促进教师调整自己,加强理论知识的学习和实践性知识的理论化。[②] 对教师实践性知识要素的认识,主要包括主体、问题情境、行动中的反思和信念。[③] 但是,在不同的研究视野下,还存在差异。比如,不同群体的教师实践性知识发展也不同,也成为学界研究关注的焦点。无论如何,拥有实践性知识的教师具有"知识分子"的属性,他们在自己的教育教学工作中发挥着独特的"知识分子"的作用。[④] 从教师知识的呈现形态来看,对教师如何在行动中进行反思,进行描述与分析,并揭示出教师行动中的认知的一些关键特征,有助于探究教师的缄默行动中的认知,甚至进一步使教师的缄默知识部分显性化,这也为深入探索教师的实践性知识提供了一条路径。[⑤] 尽管已经开始探索教师实践性知识的生成过程,但这个过程极其复杂,其根源在于对实践性知识的认识还存在争论。所以,从内涵到生成过程,这是一个不断创新的过程。

教师实践性知识发展的路径来自现实和虚拟世界。从虚拟世界来看,教师在线实践社区对于区域教师整体实践性知识的提升具有促进作用,其中胜任教师的提升效果最为显著。由此,教师在线实践社区也为探索区域教师专

---

① 陈向明.实践性知识:教师专业发展的知识基础[J].北京大学教育评论,2003(1):104-112.

② 张立忠,熊梅.论教师实践性知识的内涵与结构[J].课程·教材·教法,2010(4):89-95.

③ 陈向明.对教师实践性知识构成要素的探讨[J].教育研究,2009(10):66-73.

④ 陈向明,王红艳.从实践性知识的角度看教师的知识分子属性[J].全球教育展望,2010(1):51-56,62.

⑤ 李莉春,孙海兰.教师实践性知识之生成过程:一项案例研究[J].全球教育展望,2010(3):63-70,26.

业发展提供了新思路和新模式。① 今后的教师实践性知识研究要厘清基本问题,加强本土化研究,理论研究旨趣指向实践,结合具体学科进行整合研究。② 综上可见,教师实践性知识将成为教师教学发展的未来研究趋势。

教学学术是对实践性知识的主体性的反思,如果没有教师教学身份的认同,实践性知识的价值和初衷将不复存在。自从美国卡内基促进教学基金会前主席博耶在 1990 年出版《学术的反思——教授的工作重点》的报告后,美国开始了长达 10 多年的对大学教学学术的大讨论,并形成了以卡内基促进教学基金会、美国高等教育协会及印第安纳大学布卢明顿校区为主导的大学学术运动。③ 目前,对教学学术的基本认识包括专业学术、教的学术和学的学术三个基本要素,同时还分为知识、反思、交流、观念四个维度。④ 提升教师教学水平,要从其要素和维度出发,尊重教学的学术价值,认同教学的学术地位。由于教学学术是组织发展的内在需求,这就离不开组织的政策支持。教学学术理念对教师教学发展产生了深远的影响,但在大学传统作用下,教学学术实践仍深陷困境,其根源在于制度建设的困境。因此,综合谋划、整体建构教学学术的培育制度、繁衍制度以及价值认可制度,是从制度设计层面促使教学学术"去蔽"进而达乎"无蔽"境界的必由之路。⑤ 有一些具体举措,比如签订周期性协议,预留教学学术发展的时间资源;充实教师评价内容,提升教学学术的学术地位;加强学科交叉研究,突出教学学术的特色;增拨教学专项经费,建设教学学术的培育机制等。⑥ 从更系统

---

① 马福贵,房彬.在线实践社区对区域教师实践性知识影响研究[J].现代教育技术,2015(5):72-77.

② 刘旭东,吴银银.我国教师实践性知识研究十年:回顾与反思[J].教师教育研究,2011(3):17-24.

③ 王玉衡.试论大学教学学术运动[J].外国教育研究,2005(12):24-29.

④ 徐萍.高校教学学术能力的构成及其发展研究[J].教师教育研究,2016(5):18-23.

⑤ 陈伟,易芬云.从遮蔽到去蔽:教学学术发展的制度分析[J].高教探索,2010(4):73-77.

⑥ 李宝斌.教学学术发展的阻滞与突破[J].高等教育研究,2015(6):80-86.

的视角来看,需要从学术理念、学术道路、学术制度、学术文化等多方面推动教学学术与学科学术的耦合发展,以进一步增强二者之间的逻辑一致性,这是提升教学学术含量、坐实教学学术地位的正确选择。[①]

大学教学学术的理论研究逐渐成熟,实践也全面展开。然而,教学学术依然存在诸多的理论争议和实践障碍。[②] 大学教学学术理念的争议需要实践成效的验证,因此,教学学术制度建设必将是今后努力的方向。同时,教学学术能力概念不但是评价大学教师的有力工具,也是评价大学核心竞争力的重要指标。作为一个复杂的政策概念,教学学术能力应成为大学战略中优先考虑的重点。[③] 所以,这需要更多的大学领导者和实践者予以关注。

2.学科教学知识:从能力到支持系统的构建

学科教学知识是教学能力提升的基础和前提。教师教学发展需要构建从教师教育到职后教师发展一体化的体制机制。因此,为了改变当前教师专业发展的实然困境,应当从学科教学知识的视角出发,构建实践型的师范教育,并通过职后培训的积极引导,帮助教师在反思建构中不断生成学科教学知识,获得专业成长和发展。[④] 对于职后教师发展,根据教师 PCK 特点,构建教师在线实践社区 PCK 知识发展研修活动设计模型,并提出针对教师 PCK 知识的复合测定法,进而实现对教师 PCK 知识发展活动的评价。[⑤] 在我国,为了促进教师专业成长,必须加强 PCK 研究,提高 PCK 创新能力,以

---

① 颜建勇,黄珊.大学教师教学学术与学科学术发展的逻辑一致性研究[J].现代大学教育,2018(4):10-15.

② 何晓雷,邓纯考,刘庆斌.美国大学教学学术研究 20 年:成绩、问题与展望[J].比较教育研究,2012(9):29-33.

③ 周光礼,马海泉.教学学术能力:大学教师发展与评价的新框架[J].教育研究,2013(8):37-47.

④ 唐泽静,陈旭远.学科教学知识视域中的教师专业发展[J].东北师大学报(哲学社会科学版),2010(5):172-177.

⑤ 杨卉.基于教师在线实践社区的教师 PCK 知识发展活动设计及评价研究[J].电化教育研究,2015(10):113-120.

实现教师专业成长与 PCK 发展的双赢,促进教学学术研究和教学质量提升。[①] 所以,教师学科教学知识实现路径探索成为关切的议题。

学科教学知识是教师教学发展的重要组成部分,通过教师教学能力得以体现。高校教师的教学能力,尤其以高校教师的教学监控能力标准为核心,是提高大学教学质量的重要体现。[②] 大学教学能力提升始终面临教学与科研关系的挑战。因此,科教融合是大学组织知识属性决定的大学理念的回归,也是大学组织功能的有效实现,推行这一理念的必要前提是对我国传统高等教育哲学观念进行批判性反思。[③] 这就需要对教学能力的概念和教师制度、教学文化的价值进行重新评估,在建构"教学力"概念、重构教学力培育机制和重塑教师教学学术自信意识的基础上,实现教师制度的创新和教学文化的重构。[④] 当然,破解教师教学发展的困境,需要建立教学中心地位的制度基础,重新调整外部的大学评价制度结构以切实解决教学与科研的矛盾,建构大学内部教学质量保障的制度支持系统、专业培训系统与教学实践系统,为增进教师专业化提供资源平台和智力支持。[⑤] 所以,大学教师教学能力的提升,离不开平台的构建。

教师教学发展组织在大学教师教学能力提升中扮演着越来越重要的角色。教师教学发展中心一般涉及教学改革基金与奖励、新教师与研究生助教入职培训、教师研讨会与工作坊、研究生助教研讨会与工作坊、教学咨询、教学评估六大类教师发展项目。[⑥] 但是,大学需要努力探索建立适合本校实

---

① 张茂林.教师专业成长与 PCK 的互动研究[J].教育研究与实验,2016(4):40-44.

② 孙艳霞.教学学术视角下的高校教师教学监控能力标准探析[J].河北大学学报(哲学社会科学版),2012(3):26-30.

③ 周详,杨斯喻.从"科教分立"到"科教融合":大学功能的结构、变迁与实现[J].首都师范大学学报(社会科学版),2017(3):153-159.

④ 樊小杰,吴庆宪.提升研究型大学青年教师教学能力:制度创新与文化重构并举[J].高等教育研究,2014(9):50-55.

⑤ 苏强,吕帆,林征.大学教师教学发展的理性思考与超越之维[J].教育研究,2015(12):52-58,72.

⑥ 屈廖健.美国大学教师发展中心教师发展项目研究——以密歇根大学学习与教学研究中心为例[J].国家教育行政学院学报,2016(5):90-95.

际、具有本校特色的教师教学发展中心运行机制，实现中心职能的重要保障。[①]然而，在现实中，大学教师教学发展中心面临行政化大学组织的钳制、科研化教师评价制度的阻抗、缄默化教学专业知识的制约、基层教研室式微的掣肘等困境。[②]在实践探索中，教师教学发展中心作为大学教学内部支持性组织机构，为适应信息化时代教师发展需要，应以学习为中心，推动大学组织变革；以教学文化为引导，提升教师教学学术能力；以支持性为基本原则，助力教师职业生涯发展；以学习效果为导向，关注学生发展。[③]这就需要明确基层教学组织建设的院系主体责任，营造尊重教师、尊重教学、尊重教学研究的重教氛围，联动基层教学组织与教师教学发展中心，建构柔性激励与评估考核相结合的目标管理机制[④]；要以生存机制、动力机制、合作机制和评估机制等为核心，实现整体突破，才能促使高校教师教学发展中心健康持续发展。[⑤]目前，我国高校教师发展中心不应只作为提供技术支持的教学辅助机构，而应基于分布式领导模式实现组织转型，进而推动我国大学教师教学发展的组织网络与相关制度建设。[⑥]同时，各大学教师教学发展中心之间的沟通、协作与相互配合尤为重要。所以，大学教师教学发展中心校本化建设始终是努力的方向。

①　朱继洲.建设具有本校特色的教师教学发展中心[J].高等工程教育研究,2014(4):89-93.

②　陈丽,赵刚.大学教师教学发展中心的生成逻辑与现实困境[J].教师教育研究,2016(4):20-25.

③　吴立保.学习范式下的教师发展:理论模式与组织建设[J].教育研究,2017(4):103-111.

④　陆国栋,张存如.基层教学组织建设的路径、策略与思考——基于浙江大学的实践与探索[J].高等工程教育研究,2018(3):130-136,141.

⑤　杨洁.我国高校教师教学发展中心:现状、问题与突破[J].教育发展研究,2018(9):23-27.

⑥　张熙.分布式领导视域下高校教师教学发展的组织建设[J].高校教育管理,2017(5):102-109.

第二章　教学现代性：社会实践理论下教师教学发展的理论意蕴

教师教学发展既是高等教育领域的热点，也是难点。在外部驱动的体制下，教学发展始终遵循组织逻辑，个人逻辑下的内在需求也只能望而却步。内需与外驱的矛盾冲突，使得教师教学发展举步维艰。这种倒逼式的教学发展格局，使得教学陷入困境的同时，也促使情境性因素愈来愈重要，尤其是技术现代性、智慧教室、课堂文化、知识生产及模式、教育制度、个体需求等系列现代性表征的出现，都预示着教学现代性的日益凸显。从物质到制度再到精神，物质的现代性与教学的现代性之间形成了难以弥合的鸿沟，这究竟是大学第三使命的现代性发展带来的不破不立的必然，还是第一使命的时代悖论？教学现代性究竟该如何发展？

教学现代性离不开教学发展，本质上离不开实践。教学实践活动的发生依靠什么？在哪里发生？发生的逻辑是什么？根据法国社会学家布尔迪厄的社会实践理论，从资本、场域和惯习的角度对教师教学实践予以审视，我们认为，教师教学发展的内容体系应该由教学资本、教学场域和教学惯习组成。① 教学资本是教师教学发展的基础，教学场域是教师教学发展的条件，教学惯习是教师教学发展的逻辑归宿。这三方面是如何体现教学现代性的？为此，本书系统梳理百年来国外相关教学现代性思想体系的构成，旨在为教师教学发展带来启示。

---

① 许国动.大学教师教学力发展研究[D].广州：华南师范大学，2015.

一、研究方法与宏观态势

本书根据不同分析需求，通过 CiteSpace 5.6R4 和 CiteSpace 5.6R1 两个版本分别对宏观态势和关键文献进行提取。其中，前者分析的文献数据是 1920—2020 年，计 14302 篇；后者分析的数据是 1900—2020 年，计 15579 篇。然后，运用 NVIVO 11 对提取的重要文献进行思想分析。

(一)文献选取

本书以"instructional development"及其相关主题[①]，以 2020 年 3 月 31 日在 WOS 数据库检索时间为 1900—2020 年的文献为依据，在对检索文献进行筛选和清理之后，共得到 15579 篇有效文献，文献年度分布情况见图 2-1。

从图中可知，百余年来，外文文献与年度发表拟合指数 R^1 仅为 0.4112，这在学术演进中实属常态，但近 20 年以来，年度与文献篇数拟合指数 R^2 值为 0.8440，这说明该研究领域关注度持续稳定，并且关注度很高。

(二)宏观态势：共现热点分布情况

利用可视化分析软件 Cite Space 5.6R3 对选取的外文文献进行关键词热点分析，分析结果的网络模块值（Q 值）为 0.2952，接近 0.3，意味着网络社团结构基本显著；平均 S 值 0.3379，大于 0.05，说明聚类分析具有较高信度。关键词主要分布在医学教育、PCK、自我效能、TPACK、批判教育学、教学质

[①]　检索主题：teaching development、development in teaching、instructional development、pedagogical content knowledge、pedagogy content knowledge、scholarship of teaching、practical knowledge、instructional practice、pedagogical practice、teaching practice activities、TPACK、teaching knowledge、pedagogical knowledge、educational knowledge、classroom knowledge、tutoring knowledge、teaching wisdom、teaching intelligence、teaching tact、teaching art、art of teaching、teaching skills、teaching ability、teaching capability、teaching competence、teaching evaluation、teaching assessment、teacher development center、faculty development center、the center for teaching and learning、teaching environment、teaching circumstances、instructional environment。检索时间：2020 年 3 月 31 日，Total Records Found：15579。

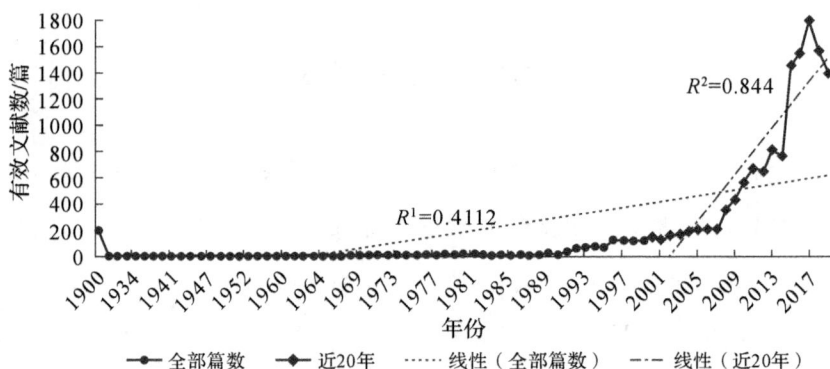

图 2-1　文献年度分布情况

量、评价模型、大学生和体育教育等九个主题热点领域。

以衡量关键词在文献知识图谱中重要地位的频次、突现值、度数、中心性、Σ 和重要性为统计维度，取各指标的前 10 位，共有 23 个关键热点（见表 2-1）。其中，中心性越大，说明该关键词在知识图谱中越重要，频次的高低则佐证其重要地位，突现值说明突现强度，度数说明相关关键词的数量，Σ 说明差异性。

表 2-1　百余年来外文文献关键词热点分布情况

频次	突现值	度数/度	中心性	Σ	重要性	关键词
1426	—	121	0.06	1.00	5.90	education
1188	—	105	0.02	1.00	4.43	pedagogical content knowledge
710	8.44	101	0.03	1.33	4.55	teacher
679	19.65	120	0.04	2.00	5.32	student
677	6.03	105	0.04	1.29	5.02	knowledge
499	—	74	0.01	1.00	3.21	professional development
440	—	79	0.02	1.00	3.61	science
408	—	50	0.01	1.00	2.17	tpack
395	—	97	0.02	1.00	4.08	belief
395	—	59	0.02	1.00	2.93	higher education
354	—	87	0.04	1.00	4.32	model

续 表

频次	突现值	度数	中心性	Σ	重要性	关键词
296	13.49	123	0.07	2.35	5.93	performance
289	17.67	127	0.04	2.13	5.52	instruction
251	12.39	86	0.04	1.57	4.33	skill
220	28.41	102	0.05	3.75	5.14	program
185	4.59	113	0.04	1.20	5.26	achievement
177	16.97	60	0.02	1.42	3.15	practical knowledge
171	—	102	0.02	1.00	4.30	preservice teacher
168	13.57	72	0.02	1.23	3.22	reform
158	9.53	96	0.05	1.56	4.93	children
119	11.39	106	0.04	1.63	5.14	care
83	14.17	73	0.01	1.22	3.39	resident
55	12.61	70	0.02	1.29	3.22	acquisition

在所有关键词热点中，项目、学生和教导等 25 个热点关键词在不同的年份表现出突现情况。尤其是主题知识、实践知识和教学技能在近 30 年成为突现热点领域，具体分布情况见图 2-2。

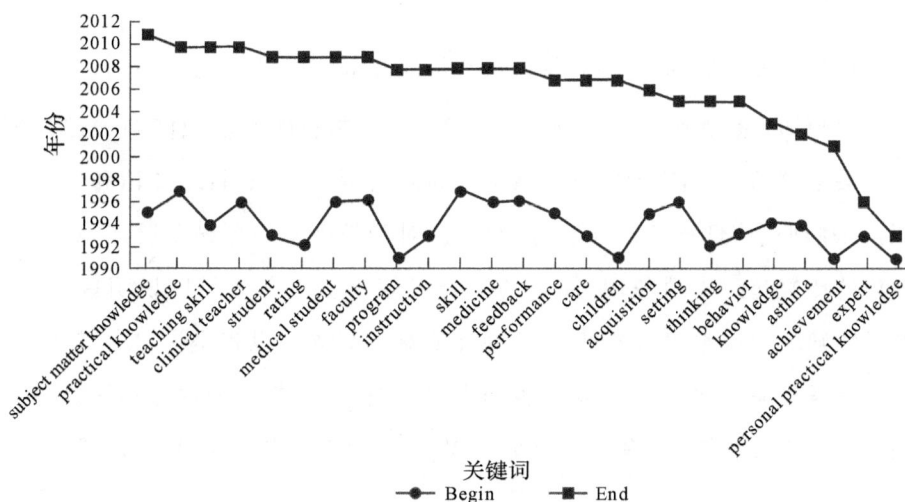

图 2-2 不同年份关键词突现分布情况

在不同的突现热点中,表现出的强度有差异,排在前三位的有项目、学生和教导,具体如图 2-3 所示。

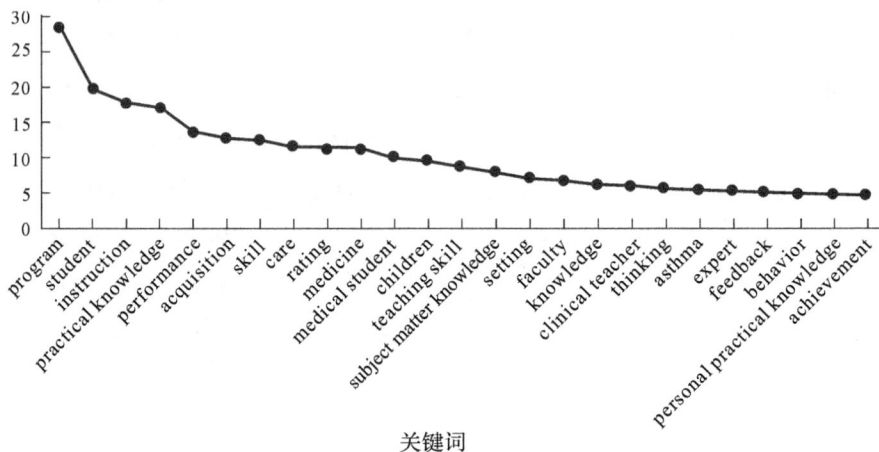

关键词

图 2-3　突现热点强度分布情况

二、教学现代性:社会实践理论的视角

(一)教学资本

1. 从教师知识到教学知识:视角与价值意蕴的深化

教师知识是教师教学发展的基础与保障,是影响教学效能的关键与核心。关于教师知识,有研究认为教师知识包含科学知识、技术知识和实践知识。[①] 在现代信息技术条件下,技术知识对于教师来说更显重要,它对科学知识的传授起到支撑作用,如今的混合式等线上教学便足以说明这一点。在科学知识和技术知识之间,二者并无明确的界限。也就是说,技术知识与科学知识是关系性的存在,但哪种知识更重要,不同集群的教师的评价存在差异。对于实践知识,有研究将教师知识视为教师与研究者的共同建构。

---

① Walsh R. What is good psychotherapy? [J]. Journal of Humanistic Psychology, 2004,44(4):455-467.

它侧重于在研究访谈的特定背景下，将叙事性话语作为表达知识的表征媒介。① 也有研究从教学知识的经验结构来看，教师知识是由 CK、PCK 和 TCK 构成的。教育学内容知识与课程知识高度相关。内容知识与教育学内容知识、课程知识之间的潜在相关为中等至低水平。②

当然，这些不同的认识都仅限于对教师知识的具体表现形态上的认识差异。随着教育理论的不断深入、教学实践的不断丰富，教师知识的概念框架也会随之而变。因此，教师知识是一个不断发展的概念，无论何种类型的知识，都会影响教师的教学实践。然而，唯一不变的是教师知识的生成逻辑，即教师知识的产生需要对外化输入的知识进行内在化理解，并将理解转化为教学实践，在转化的过程中，教师在多大程度上进行明确的反思性教学，这是生成教师知识的硬核所在。尽管如此，不可否认的是，学界对教师知识的生产方式研究得并不是很充分。

在教师知识的众多细分中，PCK 是最为本质与核心的，也是教师教育研究的一个主要焦点，因为 PCK 不仅与学生的学习成绩有关，而且与教学效果有关。PCK 是由舒尔曼在 1986 年提出的，指的是教师在考虑到可能的（错误）概念的情况下，用来将特定主题翻译给学生的知识。PCK 过去是，现在仍然是非常有影响力的教学和教师教育研究。③ 教学经验是 PCK 的主要来源，而充足的学科知识似乎是先决条件。④ PCK 分为教师策略和教师风格（PCK1）以及教师关于学生概念和学习困难的知识（PCK2）这两个核心要

①　Nespor J，Barylske J. Narrative discourseand teacher knowledge[J]. American Educational Research Journal，1991，28(4)：805-823.

②　Grossschedl J，Mahler D，Kleickmann T，et al. Content related knowledge of biology teachers from secondary schools：Structure and learning opportunities [J]. International Journal of Science Education，2014，36(14)：2335-2366.

③　Depaepe F，Verschaffel L，Kelchtermans G. Pedagogical content knowledge：A systematic review of the way in which the concept has pervaded mathematics educational research [J]. Teaching and Teacher Education，2013，34(1)：12-25.

④　Van D J H，Verloop N，de Vos W. Developing science teachers' pedagogical content knowledge[J]. Journal of Research in Science Teaching，1998，35(6)：673-695.

素,并且,PCK2 是 PCK1 的先决条件。[①] 所以,教学内容知识不是孤立存在,而是一种关系存在。PCK 的所有组成部分都是相互连贯地整合在一起的。教育辅导使用明确和共享的 PCK 语言,并由核心教学经验和同龄人的观察支持,这些是刺激教师发展的最有价值的方面。[②] 由此可见,一般情况下,教师的教学知识发展会受到不同语境因素的影响,要重视其同事的专业知识、知识流通和指导,这种支持通过核心设计过程和将核心转化为课堂教学而体现出来。[③] 然而,重要的 PCK 问题很少在同龄人的备课对话中得到解决(例如,处理学生的概念,反思课程过程和结果)。因此,发展 PCK 的同伴辅导方法的潜力可能是有限的。[④]

教学作为一种知识的存在,自然让分享和交流发生成为可能。于是,分享型教师便成为教学领导者。教学领导者作为一种教师有效性模式,此模式由教育学内容知识、教育鉴赏和教育批评以及对领导力情景的理解等要素构成。[⑤] 所以说,从教师知识到教学知识的过程,实质是一种从个体到群体卓越的追求过程。

2.整合技术的学科教学知识:从自发到规范的转向

在教师知识中,科学知识、技术知识和实践知识三种知识可以统合为学科知识和实践性知识。正是因为教学实践活动的存在,实践性知识才得以

① Timmerman G. Teaching skills and personal characteristics of sex education teachers[J]. Teaching and Teacher Education,2009,25(3):500-506.

② Aydin S,Demirdogen B,Tarkin A,et al. Providing a set of research-based practices to support preservice teachers' long-term professional development as learners of science teaching[J]. Science Education,2013,97(6):903-935.

③ Hume A,Berry A. Enhancing the practicum experience for preservice chemistry teachers through collaborative CoRe Design with mentor teachers[J]. Research in Science Education,2013,43(5):2107-2136.

④ Weitzel H,Blank R. Pedagogical content knowledge in peer dialogues between preservice biology teachers in the planning of science lessons:Results of an intervention study[J]. Journal of Science Teacher Education,2020,31(1):75-93.

⑤ Brazer S D,Bauer S C. Preparing instructional leaders:A model[J]. Educational Administration Quarterly,2013,49(4):645-684.

发生。因此，整合技术的 TPACK 的出现，实质是个体自发的教学经验向学科知识与实践性知识融合发展的转向。关于 TPACK，有研究对其进行了探索性因素分析后发现，其主要包括 CK、PK、PCK、TK、TPACK 和 TPCK 等①；也有研究认为，它包含 TK、PK、CK、TCK、TPK、PCK 以及 TPC7 个因素②；还有学者提出了 TPACK-in-Practice 框架，该框架确定了教师行为，这些行为表征了对成功的技术增强教学至关重要的教师知识，特别是 TCK-in-Practice、TPK-in-Practice 和 TPCK-in-Practice 的知识组成部分。③ TPACK结构是全面系统的理性模型，但对于教师知觉到的 TPACK，是由技术知识和教学知识的直接作用形成的。④ 而当教师的技术知识仅仅被定义为他们使用各种技术工具的能力时，平衡和集成的 TPACK 概况是不可能的。相反，能够清楚地表达他们对教学知识的理解和应用的教师更有可能证明TPACK 的整合。⑤ 由此可知，关于 TPACK 的构成较为复杂，并未有明确的定论。

TPACK 的影响因素是复杂的，受"教师的技术教学知识、教学经验、使用技术的信心、对技术在教育中的作用的信念以及对使用技术的好处和挑

---

① Liang J C, Chai C S, Koh J H L, et al. Surveying in-service preschool teachers' technological pedagogical content knowledge[J]. Australasian Journal of Educational Technology, 2013, 29(4):581-594.

② Lin T C, Tsai C C, Chai C S, et al. Identifying science teachers' perceptions of technological pedagogical and content knowledge (TPACK)[J]. Journal of Science Education and Technology, 2013, 22(3):325-336.

③ Jamani K J, Figg C. The TPACK-in-practice workshop approach: A shift from learning the tool to learning about technology-enhanced teaching[A]. The 8th International Conference on E-Learning, Cape Peninsula Univ Technol, Cape Town, South Africa[C]. 2013:215-223.

④ Koh J H L, Chai C S, Tsai C C. Examining practicing teachers' perceptions of technological pedagogical content knowledge (TPACK) pathways: A structural equation modeling approach[J]. Instructional Science, 2013, 41(4):793-809.

⑤ Benson S N K, Ward C L. Teaching with technology: Using TPACK to understand teaching expertise in online higher education[J]. Journal of Educational Computing Research, 2013, 48(2):153-172.

战的看法"①等因素的影响。感知技术知识、教师知识(不包括技术)和感知整合技术知识三个结构也会直接影响教师的技术整合。教师培训水平是影响其技术、教学和教学知识的最重要因素。② 在特定教育背景下的技术整合得益于内容、教学方法和技术的融合,因此,想要将技术整合到教学实践中的教师需要具备这三个领域的能力。

TPACK 对教师影响是深远的,是教师专业发展的未来趋势,教师们更坚信利用技术可以促进深入思考和学习的价值③,尤其是将信息通信技术整合到课程中,并将教师的教学方法转变为使学生能够更独立和更有反思性地工作的教学方法。④ TPACK 是重要的,但更为重要的是探寻提升教师TPACK 的途径或渠道。学科知识(SMK)和以学习者为中心的 PCK 的持续教学专业发展(CPD)被认为是一个可行的解决方案。然而,要使其具有相关性,CPD 必须不断地了解教师的需要和自我效能感。⑤ 另外,在(学生)教师中,积极参与(重新)设计和实施技术增强型课程是一种很有前途的发展

① Anderson S E, Putman R S. Special education teachers' experience, confidence, beliefs and knowledge about integrating technology[J]. Journal of Special Education Technology, 2020, 35(1):37-50.

② Abu J M, Shawareb A. Classroom teachers' technology pedagogical content knowledge in Jordan[A]. The 6th International Conference on Education, Research and Innovation, Seville, Spain[C]. 2013:1008-1014.

③ Saubern R, Urbach D, Koehler M, et al. Describing increasing proficiency in teachers' knowledge of the effective use of digital technology[J]. Computers & Education, 2020, 147:1-13.

④ Rogers L, Twidle J. A pedagogical framework for developing innovative science teachers with ICT[J]. Research in Science & Technological Education, 2013, 31(3):227-251.

⑤ Ndlovu M. Mathematics and science teachers' perceptions of their CTPD and the learner-centredness of their teaching practices: A case study of a professional development initiative in a South African province[A]. The 6th International Conference on Education, Research and Innovation, Seville, Spain[C]. 2013:3130-3138.

TPACK 的策略。① 对技术与教学知识的感知学习，可以有效促进这些知识领域的知识整合，提高教师对技术、教育学和学科认知知识之间复杂相互作用的认识。然而，从教师教育工作者那里提供有效的发展计划来支持这些教师的技能并不是一帆风顺的。因为通常的"一刀切"的策略似乎行不通，更多以教师为本的培训模式被认为是必要的，以吸引所有教师参与教育中的技术整合。②

到目前为止，教师在将信息和通信技术应用于教学实践的能力方面取得了积极成果。然而，令人遗憾的是，尽管教师对信息技术的使用有很高的信心，但在课堂实践中很少观察到有意义的技术整合和新文化实践。③ 此外，TPACK 框架仍有许多潜在的差距，可以用来促进教育的更深层次变革。特别是，在 TPACK 的基础上加强技术环境的开发和研究，用技术研究学生的学习观，将 TPACK 与其他与技术整合研究相关的理论框架相互交融。④但不管怎么说，TPACK 作为理解和培养教师知识以实现有效技术整合的框架，具有揭示新型知识和背离技术中心主义的价值。⑤

3. 教学能力：理论框架与实践策略的深入拓展

教学能力是影响教师教学质量的关键性因素。对于教学能力的内涵，

---

① Voogt J, Fisser P, Roblin N P, et al. Technological pedagogical content knowledge a review of the literature[J]. Journal of Computer Assisted Learning, 2013, 29 (2):109-121.

② Lau W F, Yuen A H K. Educational technology training workshops for mathematics teachers: An exploration of perception changes[J]. Australasian Journal of Educational Technology, 2013, 29(4):595-611.

③ Hsu H Y, Wang S K, Runco L. Middle school science teachers' confidence and pedagogical practice of new literacies[J]. Journal of Science Education and Technology, 2013, 22(3):314-324.

④ Chai C S, Koh J H L, Tsai C C. A review of technological pedagogical content knowledge[J]. Educational Technology & Society, 2013, 16(2):31-51.

⑤ Helena P H L, Salinas A B. Strengthening TPACK: A broader notion of context and the use of teacher's narratives to reveal knowledge construction[J]. Journal of Educational Computing Research, 2013, 48(2):223-244.

我们更多的是从微观操作层面进行理解,认为教学能力主要是指教师具备的教学知识和教学技能。在教学知识方面,除了传统意义上的可传授、交流、分享的物化形式知识之外,我们还要打破思维惯性,意识到对知识的自我知觉和教学能力之间也存在关联。从某种程度上讲,教师对知识的自我知觉水平是影响其教学能力的根本所在。自我知觉教学能力是由一系列整体性、综合性、内省性和外部性的维度构成的。具体来看,是由社会情感(共存、调停、振兴小组、情感投入、适应、交际敏感性、移情和自我效能)、交往关系(果断、情感领导、执行领导、冲突解决、非语言沟通和副语言交际)和交际关系(自信、情感领导、执行领导、冲突解决、非语言沟通和副语言交际)三维因素构成的。[①] 所以,必须高度重视教师的自我知觉水平。在教学技能方面,数字素养备受关注。所以,教师需具备信息和通信技术方面的技能,并为学生提供合适的技术工具,以建立教师知识和社区学习能力。[②] 数字能力包含通用数字能力、数字教学能力和一个新兴的专业数字能力概念的三种框架。[③] 此外,关于什么是必要技能,从侧重教授道德决策技能到确保受训者理解社区在某些研究关系中的重要性的感知重要性,不一而足。[④] 所以,对于教学技能的回答很广泛。

尽管我们对教师教学能力结构达成了一些共识,但国际研究表明,21 世纪的能力教学策略在实际教育实践中往往没有得到很好的实施。原因包括缺乏课程和评估能力的整合,教师培训不足,以及没有系统地大规模采用创

---

① Valdivieso J A, Carbonero M A, Martin A L J. Elementary school teachers' self-perceived instructional competence: A new questionnaire[J]. Revista de Psicodidactica, 2013, 18(1): 47-80.

② Xiomara Z C, Ulises Z C, Claudia M R, et al. Learning and technology in virtual environments with a constrcutionism theory[A]. The 6th International Conference on Education, Research and Innovation, Seville, Spain[C]. 2013: 6995-7001.

③ Starkey L. A review of research exploring teacher preparation for the digital age [J]. Cambridge Journal of Education, 2020, 50(1): 37-56.

④ Plemmons D K, Kalichman M W. Reported goals of instructors of responsible conduct of research for teaching of skills[J]. Journal of Empirical Research on Human Research Ethics, 2013, 8(2): 95-103.

新教学实践的战略。[①] 这里以培训为例，因为合作与分享是教学能力发展的重要原则，所以在实践中培训成了教学能力发展最常用的方式。

大多数教师培训都是采取研讨会和短期课程，以参与者满意度作为结果衡量标准，主要涵盖一般教学技能、教学特定内容领域、特定方法和特定环境的教学以及一般专业技能4个方面。[②] 其中，研讨会被认为与参与者的教学高度相关。尤其是在研讨会上采取的系列方法，如回顾录像互动、收到的反馈、与同事互动、小组跨学科性质以及研讨会实践重点得到了与会者的欣赏。因为这提供了一个高保真、低风险的模拟环境，教师可以在其中反思和体验新的教学行为。这样的接触可以提高教师发展计划的有效性和影响力。[③] 教师对这种做法的满意度也远远高于传统的专业发展途径。与此同时，越来越多的人认为较长期的干预措施，如系列研讨会、纵向计划等，将在学习、行为和组织文化方面产生更可持续的变化。[④] 其中，所谓的纵向计划是指将传统的教育要素（侧重于知识、技能和态度）与社区建设、自我意识和关系形成等非传统过程要素相结合，提高以学习者为中心的教学技能。[⑤] 这种与特定教学环境密切相关的教师发展计划是最有可能见效的。[⑥]

---

① Voogt J, Erstad O, Dede C, et al. Challenges to learning and schooling in the digital networked world of the 21st century[J]. Journal of Computer Assisted Learning, 2013, 29(5):403-413.

② Houston T K, Ferenchick G S, Clark J M, et al. Faculty development needs comparing community-based and hospital-based internal medicine teachers[J]. Journal of General Internal Medicine, 2004, 19(4):375-379.

③ Gelula M H, Yudkowsky R. Using standardised students in faculty development workshops to improve clinical teaching skills[J]. Medical Education, 2003, 37(7):621-629.

④ Goel A, Goel S. The surgeon as educator: Fundamentals of faculty training in surgical specialties[J]. BJU International, 2013, 111(5):256-266.

⑤ Pololi L H, Frankel R M. Humanising medical education through faculty development: Linking self-awareness and teaching skills[J]. Medical Education, 2005, 39(2):154-162.

⑥ Orlander J D, Gupta M, Fincke B G, et al. Co-teaching: A faculty development strategy[J]. Medical Education, 2000, 34(4):257-265.

当然,培训的成效也受到一些质疑,比如,从产出性技能和接受性技能来看,教学能力发展面临着不均衡性挑战。又如,教师培训的设计和参与者实现的学习是一个很强的迁移催化剂,特别是在教师综合发展各种教学技能的长期课程中。虽然教师没有发现转移阻力,但在直接工作环境中,存在个人和结构上的限制。培训转移的主要限制因素是教师的个人组织。教师很可能在计划将培训课程中学到的知识和技能转移之前,设定了其他优先事项,因此,所获得的知识和技能在教学实践中的应用和影响有限。[①] 此外,促进发展的培训影响因素,也在随着时间的推移而改变,学者们越来越不相信知识传播的好处。纪律和制度文化、时间投入和对就业能力的信念影响了培训留存率。[②]

总之,为教师提供机会,在职业生涯中整合科学知识、态度和教学技能方面的能力发展[③],这是必须要做的,但就培训而言,除了培训自身系统的支持外,也需要向外寻求支持,实现多维合作。重视教育行为者在培训过程中的中介作用,其在培训过程中所施加的影响可能是必不可少的,可将其影响与提高反思实践的频率、强调教学反思(教与学)和批判性反思结合起来,以实现超越教师培训的目的。[④]

---

① Feixas M,Fernandez A,Lagos P,et al. Factors conditioning university teachers' training transference: A study on teachers' transfer of competencies [J]. Infancia Y Aprendizaje,2013,36(3):401-416.

② Rienties B,Brouwer N,Lygo B S. The effects of online professional development on higher education teachers' beliefs and intentions towards learning facilitation and technology[J]. Teaching and Teacher Education,2013,29:122-131.

③ Alake T E,Biemans H J A,Tobi H,et al. Inquiry-based science teaching competence of primary school teachers: A Delphi study [J]. Teaching and Teacher Education,2013,35:13-24.

④ Zambrano M,Nelson R. Reflective practice in teachers training: The case of "Normal Superior" school from Pasto[J]. Revista Universidad Sociedad,2020,12(1):40-52.

（二）教学场域

1.教学场域关系形式的新表征：可持续性学习

教与学是教师与学生构成的学习情境性场所，共同构成了教与学活动的发生，形成了网络关系，传递知识、情感和信息。教是为了不教，学是为了会学。在"教会学习"的学习环境中，学生被介绍到一个"更扁平"的教学环境中，所有参与者都有学生和教师的双重角色，他们被嵌入一个协作的环境中，其中，所有人都共同学习彼此的经验，甚至是教师。[①] 因此，可持续性学习成了价值追求。可持续学习源于一种社会建构主义理论，该理论认为关系学习观建立在集体意义形成的基础上，通过反思、批判性反思和最终批判性自我反思来促进学习过程。学习不被认为依赖于教学技能或学术知识，而取决于促进者和学习者之间的个人关系中的态度品质。这种有助于学习迁移的可持续学习过程可以被称为"关系"或"人"变量，而不是结构性组织问题。[②] 在这种教与学的关系中，与课堂研究中经常报道的"教师主导"课堂活动是教师渴望社会控制的普遍观点相反，这种主导是一种协商的产物，而不是教师和学生相互行使权利的结果。只有在权利不是被概念化为主导的负面力量，而是同时约束和促进人类行动的生产力的情况下，这样的课堂实践才是可能的。如此一来，课堂现实就变成了一种共建，成为师生共同的"工程"。因此，改变这一现实的尝试必须包括教师和学生。[③] 可以说，这是一个集模式、参与、实践和权利于一体的矩阵框架，它展示了产生与参与者

---

① Siddique Z，Akasheh F，Okudan G E. Enhancing peer-learning using smart devices [A]. ASEE Annual Conference，Atlanta，GA，ASEE Annual Conference & Exposition [C]. 2013：1-12.

② Dixon C，Brandt C. Contrasting facilitation styles for sustainable learning[A]. The 10th International Technology，Education and Development Conference，Valencia，Spain，INTED Proceedings[C]. 2016：862-870.

③ Tabulawa R T. Geography students as constructors of classroom knowledge and practice：A case study from Botswana[J]. Journal of Curriculum Studies，2004，36（1）：53-73.

生活相关的知识的潜力,并创造了一个值得人类渴望的探究过程。[①]

在可持续性学习中,教师传递的核心内容是知识,虽然掌握—接近目标与积极的学习行为(例如更多的兴趣、毅力和自我调节)有关,但关于这些目标如何与教学相互作用影响知识转移的知之甚少。为了解决这些问题,通过对教学环境的两个方面,即任务结构和任务框架的研究发现,在操控学生掌握—接近目标采纳方面,结构比框架更有效。[②] 此外,在教与学关系中,同时传递的还有情感。教师和学生是构建教学情感文化的代理人,学校被定位为社会和情感的竞技场。[③] 事实上,教师有效性离不开教师情感的投入,教师情感是维系可持续性学习的重要保障。

在可持续性学习中,合作学习是重要的学习策略,但合作学习的使用者不同,效果也不同。这是因为,合作学习可能不适用于为成熟学生提供一个有许多学习者控制选项的教学环境的情况。[④] 现代学习环境下,个性化学习环境越来越重要。生活在同一栖息地的群体可以表现出与之相关的截然不同的行为、认知和社会关系。[⑤] 所以,个性化学习环境(PLE)被认为在满足不同背景学习者的个性化需求方面有很大的希望,而学习分析可以在为适

① Cowling W R. Pattern, participation, praxis and power in unitary appreciative inquiry[J]. Advances in Nursing Science,2004,27(3):202-214.

② Belenky D M, Nokes M, Timothy J. Mastery approach goals and knowledge transfer: An investigation into the effects of task structure and framing instructions[J]. Learning and Individual Differences,2004,36(1):53-73.

③ Kokina J. Integration of teachers' emotions in pedagogical practice of natural sciences[A]. International Scientific Conference on Society, Integration and Education, Rezekne, Lativa, Society, Integration, Education, VOL Ⅱ, Sabiedriba Integracija Izglitiba Society Integration Education[C]. 2011:228-235.

④ Crooks S M, Klein J D, Savenye W, et al. Effects of cooperative and individual learning during learnercontrolled computerbased instruction[J]. Journal of Experimental Education,1998,66(3):223-244.

⑤ Atran S, Medin D, Ross N. Evolution and devolution of knowledge: A tale of two biologies[J]. Journal of the Royal Anthropological Institute,2004,10(2):395-420.

应这种多样性的课程设计和开发提供信息方面发挥重要作用。①

在教学关系中，网络技术在知识传授和交流中的广泛应用，使得教与学的关系场域也发生了变革，从实体的教室走向虚拟的教室。因此，虚拟学习社区也成为重要的学习来源，在这个社区中可以讨论高层次的问题，这导致了专业和教学实践的变化。② 也正因如此，在现代信息技术环境下，教学场域中传统的教学关系实现了突破，相应地，可持续性学习的方式得到了进一步的延伸与拓展，因而，混合式学习应运而生。混合式学习成为一种更有效的教学实践，将传统教学方式与电子学习教学相结合。③ 使用混合教学来补充学习时，并非意味着是两种教学模式的简单叠加或是网络技术对传统教学的附加功能，而是需要教师和学习者有目的地计划和考虑，要想做到这一点，需要向学者提供适当的支持、知识和技能，以便更好地发展混合式学习体验。④ 这一系列学习表现呈现出现代学习的特征。

之所以在教学场域中出现了可持续性学习这样的教学关系形式新表征，一个很重要的原因就是对教学场域中的反馈要素的重视和强化。反馈的核心在于对教学质量的追求。从教师的专业能力对学生成绩的影响来说，教师的教学知识、教学热情和自我调节能力对教学质量呈正向影响，进而影响了学生的学习效果。相比之下，教师的一般学术能力并不影响他们

---

① Wood D. Personalizing the learning environment for students from diverse backgrounds[A]. The 5th International Conference on Education and New Learning Technologies，Barcelona，Spain[C]. 2013：3735-3744.

② Millard D E，Borthwick K，Howard Y，et al. The HumBox：Changing educational practice around a learning resource repository[J]. Computers& Education，2013(69)：287-302.

③ Wang Z L，Li D M. Study on application of blended learning in management teaching [A]. International Conference on Education Science and Management Engineering，Beijing，PRC，Vols 1-5[C]. 2011：2435-2438.

④ Doolan M A. The role of the tutor：Guiding learners through the process of collaborative learning driven by assessment[A]. 3rd International Conference on Education and New Learning Technologies，Barcelona，Spain[C]. 2011：3311-3319.

的教学。[①] 反过来,从学生的角度来评价,从领导学的角度来看[②],学生的满意度可能更多地与他们对教师的看法联系在一起,而不是与教师能提供的实实在在的利益联系在一起。教师评价是教学反馈的手段。然而,教师评价的特点在不同的教育环境和不同的学习者水平之间有所不同,这表明未来的研究应该利用更狭义的研究人群;同时,应该考虑各种验证方法,包括时间稳定性、评分者间的可靠性和收敛效度。[③]

2.教学场域规则系统的焦灼:重要与质疑并存

教学场域中的规则系统就是教学评估,教学评估是高等教育管理学研究的热点问题。高校教学督导评估机制的建立和不断完善是提高教学质量的关键因素。[④] 关于教学评估的实践,一直以来都是从各种条件出发,形成符合组织氛围和内在需求的评估体系。[⑤] 对于评估内容体系,大致使用的标准集中在六个基本方面:教学环境、智力挑战的程度、互动的程度、教学环节的逻辑结构、教学技能的质量、专业技能和态度的模范。[⑥] 当然,不同类型的高校,评估体系也存在差异,因为无论是从教师视角还是从学生角度,还是

---

① Kunter M,Klusmann U,Baumert J,et al. Professional competence of teachers: Effects on instructional quality and student development[J]. Journal of Educational Psychology,2013,105(3):805-820.

② Bogler R,Caspi A,Roccas S. Transformation and passive leadership:An initial investigation of university instructors as leaders in a virtual learning environment[J]. Educational Management Administration & Leadership,2013,41(3):372-392.

③ Beckman T J,Ghosh A K,Cook D A,et al. How reliable are assessments of clinical teaching? A review of the published instruments[A]. The 27th Annual Meeting of the Society of General Interal Medicine,Chicago,Journal of Genernal Internal Medicine[C]. 2004,19(9):971-977.

④ Luo Y P,Fang S K,Liu L N,et al. Research and application of teaching evaluation in university[A]. 2011 International Conference on Education and Education Management,Xiamen,PRC,Education and Education Management,Advances in Education Research[C]. 2011(2):591-595.

⑤ Gray D W R. A system of recognition for excellence in medical teaching[J]. Medical Teacher,1999,21(5):497-499.

⑥ Price D A,Mitchell C A. A model for clinical teaching and learning[J]. Medical Education,1993,27(1):62-68.

其他变量影响，这都是情境性和校本化的实践难题。大学吸引学生的努力和针对"成人学习者"的教学策略倾向于将学生消费者视为具有相似期望的同质群体。事实上，消费者群体并不是一致的。基于消费者类别的特点，不同的消费者期望对教学带来不同的影响①，所以在评估教学时需要考虑评估群体类型的影响。但这也出现了另一个问题，教学活动缺乏国际公认的评估方法，只有裁判的推荐，这是不可靠的。②

与此同时，虽然学生对导师教学能力的评价形式可能是可靠和有效的，但这种流行的评价形式并不能满足这种评价所要求的所有目的。③ 因此，所追求的有效性证据范围有限。④ 对教学的评价和学生的反馈为衡量质量提供了证据，因为它们可以用来支持提高教学质量的举措。尽管如此，由于量化工具的使用受到组织约束的影响，大学必须谨慎行事。⑤

尽管存在一系列问题，但不可否认的是教学评估是促进教师自身发展的有力支撑。教师发展计划在提高教学技能、促进职业发展以及加强与同事和导师的关系方面的重要性已经得到越来越多的认可。然而，令人遗憾的是，教学发展对教学行为的影响没有统计学意义。对定性数据的分析证

① Hall W A. Consumerism and consumer complexity: Implications for university teaching and teaching evaluation[J]. Nurse Education Today, 2013, 33(7): 720-723.

② Gray D W R. A system of recognition for excellence in medical teaching[J]. Medical Teacher, 1999, 21(5): 497-499.

③ Herrmann N. Supervisor evaluation from theory to implementation[J]. Academic Psychiatry, 1996, 20(4): 205-211.

④ Beckman T J, Cook D A, Mandrekar J N. What is the validity evidence for assessments of clinical teaching? [A]. Annual Scientific Meeting of the Association for the Study of Medical Education, Tyne, England, Journal of General Internal Medicine[C]. 2005(12): 1159-1164.

⑤ Malie S, Akir O, Eng T H. Is students' performance affected by teaching quality and student online feedback? [A]. The 4th International Conference of Education, Research and Innovation, Madrid, Spain[C]. 2011: 6139-6145.

实了这一结果。① 即使这样,持续的教学技能培训要继续取得进展,需要增加机构承诺、改进评估和提供充足的资源,特别是 FD 指导员和资金。② 在教师发展过程中,识别和解决教师实践中的紧张和担忧,对于最大限度地发挥互动的潜力,在共享的对话空间中加强学习互动至关重要。③ 如果要改进实践以最大限度地发挥技术增强型学习(TEL)的有效性,那么在大学教师中开发更具学术性的方法比提供技术培训更重要。④

(三)教学惯习

1.教师主体性:教师身份认同的前提

教学惯习首先要明确"是谁的惯习",这是主体性范畴讨论的问题。而对于主体性的确立,根本在于身份的认同。因此,身份认同是教师主体性的关键所在,也是教学实践的核心问题。认同是社会理论中最重要的问题之一,尤其是近几十年来。认同是在日常活动过程中形成的一种流动现象。不同的社会经济阶层经历不同的社会关系,经历不同的认同过程。⑤ 所以说,教师身份的发展和变化是由个人经历和专业知识与学校的教学环境、学生、学科和文化联系在一起的相互关系形成的,同时还需要更多地关注个人

---

① Stes A, Coertjens L, Van P P. Instructional development in higher education: Impact on teachers' teaching behaviour as perceived by students[J]. Instructional Science, 2013,41(6):1103-1126.

② Clark J M, Houston T K, Kolodner K, et al. Teaching the teachers national survey of faculty development in departments of medicine of US teaching hospitals[J]. Journal of General Internal Medicine,2004,19(3):205-214.

③ Sweeney T. Understanding the use of interactive white boards in primary science [J]. Australasian Journal of Educational Technology,2013,29(2):217-232.

④ Kirkwood A,Price L. Missing:Evidence of a scholarly approach to teaching and learning with technology in higher education[J]. Teaching in Higher Education,2013,18 (3):327-337.

⑤ Dezhamkhooy M. The interaction of body, things and the others in constituting feminine identity in lower socio-economic ranks of Bam, Iran[J]. Archaeol Journal of the World Archaeological Congress,2011,7(2):372-386.

和专业经验和看法①，特别是要非常重视专业发展，因为这对发展有意义的学科教师实践至关重要。教师身份认同的建构过程根源于教师实践。这种教师实践，既有教师主动发起的，也有教师被动受用的，从而建构起不同的教师身份认同模式。其中，为持有学位的教师提供机会，通过灵活的课程成为具备专业资格的教师，是十分重要的②，这是教师角色机会的赋予，但从积极的教师身份认同来说，这是一种卓越的追求体现，教师表现出出色的教师领导力。③　另外，学生的科学知识引起了教师对自己的教学知识的不满，并促使他们重新考虑自己的教学实践。学生的观念也起到了变革的作用，导致了教师对其角色和教学行为的看法的改变。④　这是教师身份在被动的实践环境中做出的改变。教师身份认同源于教育实践，反过来，也作用于教育实践。以教师为中心的系统改革模式（TCSR）认为，教学情境、教师特征、教师思维及其相互作用是实施课堂改革的影响因素。⑤　所以，集体课堂效能感是教学情景的重要体现，它是由教师以课堂社区组织者的角色发起和培养的。⑥　也就是说，教师身份认同是系统改革模式的重要衡量维度。

随着教学方式的不断变革，出现了新的教师角色，即在线教师。对于在

---

① Proweller A，Mitchener C P. Building teacher identity with urban youth：Voices of beginning middle school science teachers in an alternative certification program[J]. Journal of Research in Science Teaching，2004，41(10)：1044-1062.

② Bertram C，Mthiyane N，Mukeredzi T. It will make me a real teacher：Learning experiences of part time PGCE students in South Africa[J]. International Journal of Education Development，2013，33(5)：448-456.

③ Shanahan M C，Bechtel R. "We're taking their brilliant minds"：Science teacher expertize，meta-discourse，and the challenges of teacher scientist collaboration[J]. Science Education，2020，104(2)：354-387.

④ Jones M G，Carter G，Rua M J. Children's concepts：Tools for transforming science teachers' knowledge[J]. Science Education，1999，83(5)：545-557.

⑤ Gess N J，Southerland S A，Johnston A，et al. Educational reform，personal practical theories and dissatisfaction：The anatomy of change in college science teaching [J]. American Educational Research Journal，2003，40(3)：731-767.

⑥ Putney L A G，Broughton S H. Developing collective classroom efficacy：The teacher's role as community organizer[J]. Journal of Teacher Education，2011，62(1)：93-105.

线教师的身份认同,当教师描述成功实践时,经常将其在网络环境中角色的变化和"自我"的新表现联系在一起。对教师自我的描绘,既建立在过多的以前经验的基础上,又随着网络环境的负担和限制而改革,经历了一个不断挑战教师,让学生听到、了解和感受自己的过程。因此,倾听教师声音,让他们在创造和使用知识和经验的过程中发挥参与作用,以形成在线教师角色是至关重要的。

在教师身份认同过程中,各种变量可能与教师和教学效果有关。这些变量包括热情、学科知识、幽默、清晰度、关爱、友好、平易近人、教学技能和创新等特征。在文献中,学生视为有效教师的指标的属性是重叠的,这表明大多数学生同意有效教师的特征。然而,对于有效的教师或有效的教学并没有统一的定义。

2. 教学信仰:教学实践反思的升华

教学信仰是教学实践的功能性理念,却与教师的教学理念不同。虽然二者的"相互作用被认为是协同的,但它们仍然是独立的认识论思想,一种侧重于认知理解,另一种侧重于主观认识"[1]。对于教学信仰,教师的认识论框架是动态的变化过程,即对课堂上的知识和学习所发生的事情的时刻理解,推动了教师的大部分实践。[2] 因此,教学信仰的实践离不开环境。而对教学环境的理解,离不开教学反思。反思有助于教育者的个人成长,且对有效的教学很重要。基于教学反思基础上而建构的知识是深刻的、持久的,是极具专业性的,因为产生高水平的知识与反思性陈述的精确性之间存在一定的关系,所以可以认为,反思可以支持专业知识的构建,久而久之,这种知识逐渐发生升华和演绎,成了教师的教学信仰。在探究性教学实践过程中,

---

[1] Veal W R. Beliefs and knowledge in chemistry teacher development [J]. International Journal of Science Education, 2004, 26(3): 329-351.

[2] Russ R S, Luna M J. Inferring teacher epistemological framing from local patterns in teacher noticing[J]. Journal of Research in Science Teaching, 2013, 50(3): 284-314.

教师通过问题解决，"重新定义对问题解决的理解，反思自己的教学实践，并与同龄人进行对话"①。

教学实践是在不断的教学改革中的实践，改革之所以成功，是因为它强调学术机构、教育部和教师在内的三个利益攸关方之间的密切合作，以及明确一致的政策、纵向支持和实施进程。所以，教学信仰离不开教学改革的大环境。然而，值得注意的是，在这样的环境下，教学信仰并非总是有利于教学改革的实施，这需要改变文化以促进进步。

从认识论到信仰的建立需要教师在教学实践环境中进行不断反思。实习教师通过深思熟虑产生了三种主要类型的知识（评价、规则和人工制品）。研究发现，产生高水平的知识与反思性陈述的精确性之间存在一定的关系，并且认为反思可以支持专业知识的构建。

3.教学效能：教学策略成功实现的标志

对于教学效能，学术界更多的是研究其后果变量，也即教学效能的研究意义，重点探讨的是教学效能能够对哪些教育教学相关因素产生重要作用与影响：教学效能对学生学业的影响与教学效能对教师自身职业生涯、专业发展的影响。然而，随着对教学效能研究的深入，越来越多的研究者从教育策略有效性的角度进行了新的尝试性探究，因为教学策略是教学效能实现的关键所在。

对教师而言，为了达到特定的教学效果，教师会根据教学需要采取不同的教学策略。比如，将探究作为一种教学策略，以标准为基础的科学学习作为发展内容知识的手段，并将视频游戏作为技术知识进行创作②；运用教学

① Luft J A. Teachers' salient beliefs about a problem-solving demonstration classroom in-service program[J]. Journal of Research in Science Teaching,1999,36(2)：141-158.

② Annetta L A,Frazier W M,Folta E,et al. Science teacher efficacy and extrinsic factors toward professional development using video games in a design-based research model：The next generation of STEM learning[J]. Journal of Science Education and Technology,2013,22(1)：47-61.

技巧来提高学生的交际水平,增强角色扮演对教学方法和技能的重要影响①;商务游戏已成为高等教育教学的热门教学手段,商业游戏的目的是为学生提供边做边学的机会,让他们参与到真实世界的模拟体验中。② 各种教学策略的模式化就转化为教学模式,在不同的学科领域存在着不同的教学模式。

就学生而言,学习策略也是重要的影响因素。具有不同学习者特征的学生群体倾向于以不同的方式使用教学措施,从而更好地适应他们自己的学习习惯、思想和偏好。这清楚地表明,教学措施对学习过程不会产生直接影响。③ 合作学习是典型的学习策略,一直以来都受到极大的关注。合作学习是指学生通过小组合作来实现共同的目标,被广泛认为是一种促进学生从幼儿园到大学和不同学科领域的学习和社会化的教学策略。尤其是,评论集中在学生和教师之间产生的互动的类型,以及谈话在发展学生思维和学习方面所起的关键作用,尽管是通过表达不同的观点或构建共同的意义。④

无论是教师的教学策略还是学生的学习策略,教学效能都离不开教学创新,而教学创新是基于对复合型教学的认识和实践,"一种以饱和、情境、综合设计为特征的教学创新"⑤。

---

① Yoo S C. A model of teaching techniques of English role-plays through story telling for children[J]. Modern Studies in English Language and Literature,2005,49(1):173-196.

② Olivares L R B,Costa D L L B,Queiroz S L. Business games:Application to quality management in undergraduate chemistry teaching[J]. Química Nova,2011,34(10):1811-1817.

③ Vermetten Y J,Vermunt J D,Lodewijks H G. Powerful learning environments? How university students differ in their response to instructional measures[J]. Learning and Instruction,2002,12(3):263-284.

④ Gillies R M. Developments in cooperative learning:Review of research[J]. Anales de Psicología,2014,30(3):792-801.

⑤ Athanases S Z,Sanchez S L,Martin L M. Saturate,situate,synthesize:Fostering preservice teachers' conceptual and practical knowledge for learning to lead class discussion[J]. Teaching and Teacher Education,2020,88(1):1-16.

三、结 语

基于社会实践理论的视角，根据文献计量学提取的热点主题中的重要文献，运用质性文本分析资料工具 NVIVO 11 进行思想内容分析，可以将其归结为教学资本、教学惯习和教学场域三个类属领域。其中，TPACK、教学知识和教学能力共同构成了教学资本类属，教与学关系的存在和教学评估环境构成了教学场域类属，教师反思、教师主体性、教学策略、教学态度、教学效果、教学信仰、教学环境和实践性知识等属性共同构成了教学惯习，如图 2-4 所示。在这里仅仅显现类属—属性，并未呈现出富有思想张力的维度，即每篇文献的主题思想充分阐释了不同属性的内涵和价值。另外，三个类属之间存在特定的关系，从逻辑的角度来看，教学资本是教学场域得以存续的前提和基础，教学场域是教学惯习得以实现的环境条件和保障，当然，教学惯习的升华带来的是教学资本的积累，这就形成了三种类属的闭环反馈机制。

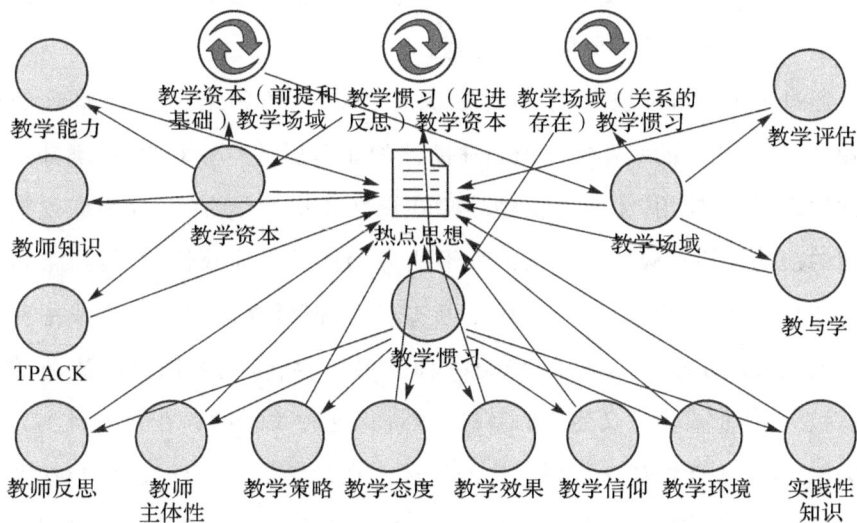

图 2-4 教师教学发展热点思想分析结果

通过教师教学发展研究热点主题思想的分析发现,三种类属领域关注度存在差异(见图 2-5)。其中,在类属关系中,教学资本关注度最高,教学场域最低。

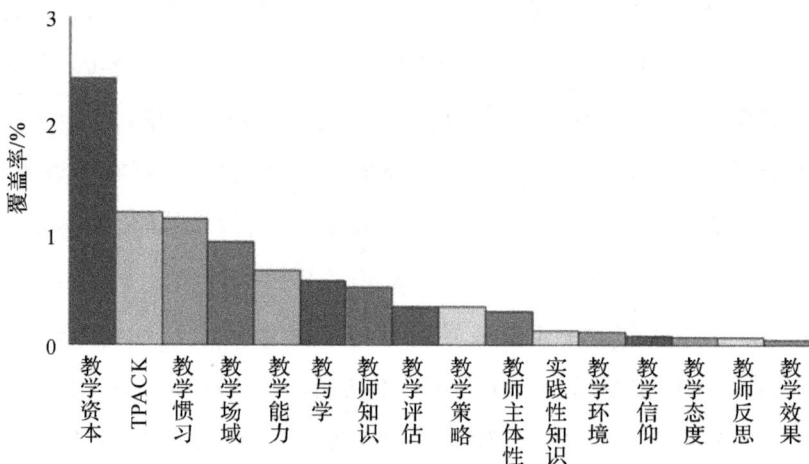

图 2-5　教师教学发展理论分布情况

在属性关系中,TPACK 关注度最高,这也是现代信息技术革命带来的影响的表现;教学效果受到的关注最少,这也反映出教学是一种过程,而效能衡量一直以来都是一个复杂的问题。

通过思想分析发现,对于教师知识的复杂性,可归结为三类,即所属的专业知识、教与学的实践性知识和辅助性的非所属的专业知识,三类知识的相互融合、创新应用,才能真正将教师知识转化成教学资本,成为衡量教学效能的前提条件。从教学知识到教学能力的提升是非线性过程,通常是通过未来教师计划和职后培训计划得以实现的,但最终还是要在实践中获得能力的成长。在教学场域中,作为一种关系的存在,关系网络中流通的知识、情感和信息成为意义建构的基础。然而,这种关系的存在并未得到充分的关注,教学现代性尚未得到完整的描述。在教学惯习实践过程中,涉及的属性广泛,但这些属性不是简单的相加,而是在教师主体性的理解过程中不断建构自我惯习,这种惯习通过积淀转化为教师知识。其中,在教学惯习中实践性知识是核心属性。这也引起了争论,有学者提出不要过分夸大实践性知识的作用，事实上，这又回到了教师知识的三种类型中，实践性知识仅仅是知识结构中的一种，所以，不会也没有必要夸大实践性知识的功能作用。

最后，值得思考的一个问题是，在教师教学发展过程中，教师存在的本质内涵是什么呢？可以理解为教学能力吗？显然，这是一种泛化的概念，内涵不足以理解教师教学能力发展的本质意义所在。我们可以发现，当三种类属关联在一起的时候，可以体现出一个教师的促进教学实践活动有效性提升的力量，这种力量可以理解成为基于专业权利的教学智慧。因此，教学能力是教师教学发展的本质意义所在。教学能力的力量来自教学资本，形成于教学场域，体现在教学惯习之中，更具有教师教学发展的本体论意义。

第三章　教学发展性：急剧变革背景下从个体专业精神走向群体职业使命

加快推进教育现代化是国家教育发展的战略选择，在高质量发展背景下教学现代化成为历史使命。通过文献计量学分析前沿思想趋势发现，在教学现代化进程中，教学主体性意识觉醒从自在到自为，从自发到自觉，这标志着教学生命的价值回归。在此基础上，经历百余年的教学现代化进程，尤其是 21 世纪以来，教学现代化进程积淀了丰富的思想财富，完成了教学资本的跨越式累积，教学场域中教与学的网络关系成为一个复杂的系统，教学惯习伴随教学实践成为教学艺术的结晶，推动智慧教学的发展。因此，教学发展在充满矛盾冲突的张力中体现了教学发展性，成为急剧变革背景下个体专业精神和群体职业使命的全面回应和未来期待。

一、教学发展性的研究缘起

大学在努力应对日益多样化和独具慧眼的学生群体、与标准和质量有关的问题、日益激烈的国际竞争等现实问题的同时,也面临着一个最为严峻的挑战,即学术文化的侵蚀。教学学术(Scholarship of Teaching and Learning,简称 SoTL)是对抗这种侵蚀的强大力量。它创建了一种替代性的学术团体,与高等教育中许多消极的力量形成对立,是一种对传统学术的颠覆活动,并在教学的学术与探究的学术之间的文化张力作用下重塑了核心价值观,重构了学术价值体系。教学学术价值的提出,比以往任何时代都表现出强劲的发展性。

教师教学发展的改变意味着教学作为情境性、内隐性和生成性的创生过程,其理论意蕴出现了转向,即从教师个体的专业精神追求走向群体职业使命的融合共生。正是这种从主体性走向主体间性过程中沟壑的跨越,彰显了教学发展的知识生成张力的意义所在。因此,从传统不可共享到现代共享,教学发展呈现知识生产的生态环境,创新成为教学发展的常态,教学发展呈现出现代性的本质,即发展性。教学发展性的实质是在急剧变革的学校竞争环境下,搭建共享机制,让发展性成为常态,这成为教学发展的终极价值追求所在。然而,要实现这一终极价值,必然要寻求教学发展性与探究学术性的共融共生,这是亟待解决的问题。

二、教学发展性:集积聚性、主体性和系统性于一体的功能表征

(一)教学资本的积聚性:教师知识与教师教学发展的双维度审视

1. 教师知识:结构、生成与获取

(1)教师知识的结构

教师的专业知识被认为是教学质量的最重要预测指标之一。舒尔曼认

为,这种专业知识包括内容知识、教学内容知识和教学知识。20 多年来,教师知识的三个组成部分备受关注。在认知起始阶段,这三种知识类型包括对学科的概念理解、教学内容知识、教学工作性质的信念和对这些学科的态度以及对学生的实际教学实践等方面。① 经过十余年的发展,在内容知识(CK)、教学内容知识(PCK)和教学知识(PK)的认知中,尽管关于 CK 和 PCK 的分析澄清和实证检验在不断增长,但关于 PK 的了解尚不充分。然而,这并非意味着 PK 不重要,相反,它在教师教育过程中具有重要的意义,它可以直接影响教学策略的选择。此外,最新研究表明,CK、PCK 和 PK 代表着不同类型的知识。但是,在专业教育的最初几年,PCK 与 PK 之间的联系更加紧密,而在后来的几年中,PCK 与 CK 之间的联系更加紧密②,因此,教师知识结构的内部关系伴随着知识的发展而发展,彰显了教师知识的发展性表征。

　　然而,需要注意的是,在教师知识中,首先需要探讨的是对科学本质的认识,这是内容知识的核心议题。但令人遗憾的是,教师的知识基础在各方面都存在不足。教师们对科学的本质持有一些幼稚的观点,没有表现出足够的知识和对其学科的结构、功能和发展的理解。此外,教师的知识基础与多年的教学经验、所教授的课程水平和教育水平没有关系。③ 可见,教师对科学本质的关注是有限的,教师的教学过程知识也准备不足,这为教师知识发展带来了矛盾的张力。

　　教师知识除了内部结构关系外,还与更大的系统相关联。有研究通过操作系统的概念来描述教师的知识和实践。根据复杂系统理论,操作系统

---

① Kennedy M M. Education reform and subject matter knowledge[J]. Journal of Research in Science Teaching,1998,35(3):249-263.

② Sorge S,Kroeger J,Petersen S,et al. Structure and development of preservice physics teachers' professional knowledge[J]. International Journal of Science Education,2019,41(7):862-889.

③ Abdek F,BouJaoude S. An exploratory study of the knowledge base for science teaching[J]. Journal of Research in Science Teaching,1997,34(7):673-699.

被定义为在一个课程学习周期内构成教师工作的知识和实践的网络。研究结果描述了一个个节点网络,教师在科学、写作和与学生合作方面的知识和实践,以及这些节点之间的具体联系,以确定操作系统。[①] 由于教师的知识在很大程度上决定了他们如何应对教育创新,因此创新者在实施教育变革时有必要考虑这种知识。这种类型的知识在 PCK 方面更加集成和扩展,这种知识类型的教师已经开发了一个连接新科学科目的各个课程领域的PCK。其中,PCK 与一般的教学知识是一致的。但是,主题知识都是相似的,并且与其他知识领域没有直接关系。[②]

综上可见,教师知识具有内在结构和外在网络关系,正是这种复杂的关系网络构成了教师知识发展性的内在动力。理论与实践的融合发展一直为教育工作者所推崇。从教师知识到使用知识的过程,就是从理论到实践的作用过程。在这个过程中,教师知识充满了张力,也就是具备了教师知识的发展性表征。

(2)教师知识的生成

从教师知识结构到教师知识形成的途径,都有比较明确的共识,然而,教师知识生成的过程一直以来都是难以琢磨的黑箱子。早在 20 世纪 90 年代就有研究认为,教师知识被视为教师和研究人员的共同建构。它着重叙述性话语,作为在研究访谈的特定环境中表达知识的代表媒介。[③] 作为教育的主体,教师的声音和观点被他人的目的所掩盖和压制。相比之下,作为一名教育传记作家,韦伯报道了六名教师的个人实践知识,而作为一名自传作家,特朗布尔讲述了自己教学发展的故事。越来越多的民族志学者采用后

---

① Dotger S, McQuitty V. Describing elementary teachers' operative systems a case study[J]. Elementary School Journal, 2014, 115(1): 73-96.

② Henze I, van D J H, Verloop N. Science teachers' knowledge about teaching models and modelling in the context of a new syllabus on public understanding of science [J]. Research in Science Education, 2007, 37(2): 99-122.

③ Nespor J, Barylske J. Narrative discourse and teacher knowledge[J]. American Educational Research Journal, 1991, 28(4): 805-823.

现代文学理论，寻求教师自己对教师知识的表述进行验证。然而，教师不仅需要让别人听到他们的声音，还需要能够用他们的声音说话。相反，韦伯和特朗布尔促进了很少被研究的教师强有力的声音的恢复和重建。虽然每位教师的解释立场是片面的、相对的，但它是可以更新的。① 总之，教师知识既是嵌入式的又是现象的，需要通过对话和协作来呈现。

21世纪，教师专业发展关注个人、人际关系、情境和情境因素如何随着时间影响教师。关注这些关键问题会带来理解的机会，从而导致对当前实践的理解、改进或转变。② 例如，尽管起初不愿在课堂上进行建模活动，但在行动研究中尝试进行这种活动后，学生在项目期间的回答使教师相信了这次建模活动的价值，并帮助了解了学生的具体观点。最后，无论是进行某些教学活动还是与同事合作，都激发了教师对未来的信念。③ 因此，在教师话语、叙事和行动研究中，教师知识不断得以生产。

（3）教师知识的获取

在教师知识获取途径方面，实习教师知识的变化是根据高级知识习得（即他们知识结构中的关系）来概念化的。实习教师根据对学习环境的影响做出管理决定；根据过去和将来的课程规划和课程内容，考虑学生先前的学习和与主题决定有关的技能，将语言和行动选择与学生的观点联系起来。然而，实习教师并没有培养在实际课堂上对学生做出教学反应的能力。其中，反思过程与实习教师发展密切联系。④ 所以，以学生为中心的学习、合作

---

① Diamond C T P. Accounting for our accounts-autoethnographic approaches to teacher voice and vision[J]. Curriculum Inquiry, 1992, 22(1):67-81.

② Olson M R, Craig C J. Opportunities and challenges in the development of teachers' knowledge: The development of narrative authority through knowledge communities[J]. Teaching and Teacher Education, 2001, 17(6):667-684.

③ Justi R, van D J. A case study of the development of a beginning chemistry teacher's knowledge about models and modelling[J]. Research in Science Education, 2005, 35(2-3):197-219.

④ Sebren A. Preservice teachers reflections and knowledge development in a field-based elementary physical education methods course[J]. Journal of Teaching in Physical Education, 1995, 14(3):262-283.

学习、一般性教学知识和教学内容知识,被纳入了初任教师的知识结构;采用程度与个人最重要的学习经验和学校情况等制约因素有关。[①] 有研究表明,在不同类型学校接受过学习的教师,其专业知识存在很大差异。而且,特别是教师的大学最终成绩与其内容知识和教学内容知识基本上呈正相关。[②] 对实习教师的观念、态度和以往的学习经历进行的研究表明,这些经历可以对实践产生影响,而这些影响相对而言不会受到其实习教师教育的干扰。[③] 相关的研究表明,具有更好的考试成绩的实习教师更加坚信应为教学做好充分的准备。然而,与预期相反,知识与自我评估之间的相关性很低。[④] 从中可以看出,教师知识的获取需要相应的学习经历的支持,但与自我效能感关系不大。同时,教师的学科内容和教学内容知识有限,制约了教学质量。[⑤] 因此,提供教师知识获得的途径,成为教学质量提升的重要任务。

2. PCK:教与学的双向引擎

(1)教学内容知识的理论架构

教学内容知识(PCK)的概念由舒尔曼在 1986 年提出,他认为,关于教学和教师教育的研究不应该忽视涉及所教课程内容的研究问题。舒尔曼努

---

① Adams P E,Krockover G H. Beginning science teacher cognition and its origins in the preservice secondary science teacher program[J]. Journal of Research in Science Teaching,1997,34(6):633-653.

② Brunner M,Kunter M,Krauss S,et al. How is the content specific professional knowledge of mathematics teachers related to their teacher education and in-service training? [J]. Zeitschrift fur Erziehungswissenschaft,2006,9(4):521-544.

③ Waldron F,Pike S,Varley J,et al. Student teachers' prior experiences of history, geography and science:Initial findings of an all-Ireland survey[J]. Irish Educational Studies,2007,26(2):177-194.

④ Koenig J,Kaiser G,Felbrich A. Is pedagogical knowledge reflected in the competence-related self-assessments of future teachers? On the interrelation between knowledge and beliefs after completing teacher training[J]. Zeitschrift fur Padagogik, 2012,58(4):476-491.

⑤ Reisman A,Fogo B. Contributions of educative document-based curricular materials to quality of historical instruction[J]. Teaching and Teacher Education,2016,59 (1):191-202.

力发展以实践为基础的 PCK 理论。随着此概念的不断发展，围绕其开展的理论推进、分析澄清和实证检验等研究相继开展。

PCK 是一个备受关注和研究的概念，这也是教学发展充满张力，使其具有发展性的根源所在。虽然科学知识开始作为科学 PCK 的主要分支，但它很快就被科学 PCK 的一般教学和互动知识分支所遮蔽；然而，综合起来，所有三个分支随着时间的推移，有助于形成一个健康的、成熟的科学树 PCK。[①] 有学者认为，PCK 至少两个可凭经验区分的子领域，以及教学工作所特有的"纯"内容知识的重要子领域，即专门的内容知识。这与教师和非教师所需要的通用内容知识不同。[②] 教师的 PCK 在理论和经验上都与 CK 有区别。高水平的内容知识（CK）是必要的，但不足以发展成为 PCK 的专家级教师的特殊知识库。随着教学经验的增加，特定主题的 PCK 不断发展，但在有限的教学经验下可以获得高水平的内容知识（CK）有限。这说明，CK 是 TSPCK 发生的必要条件。然而，CK 的熟练程度不一定与高水平的 TSPCK 相关。[③] 从 CK 到 PCK 是一个变化的过程，科学教学的专业知识会随着时间的推移而发展，并与现场专业经验相互影响。由此可以认为，学生如何学习、学生理解知识和教学策略与表征知识构成了 PCK 共同的模式，并与实施的可持续性相互作用。总之，PCK 模式就是如何教和如何学的知识。

教师的 PCK 作为教师专业知识的重要组成部分，在高质量教学和学生的学习中发挥着重要作用。PCK 是教师在促进学生学习的背景下对学科知识的理解和转化，为学生可访问和可理解的形式和结构，并且该过程是基于

---

①　Mulholland J, Wallace J. Growing the tree of teacher knowledge: Ten years of learning to teach elementary science[J]. Journal of Research in Science Teaching, 2005, 42(7): 767-790.

②　Ball D L, Thames M H, Phelps G. Content knowledge for teaching what makes it special? [J]. Journal of Teacher Education, 2008, 97(5): 389-407.

③　Davidowitz B, Potgieter M. Use of the Rasch measurement model to explore the relationship between content knowledge and topic specific pedagogical content knowledge for organic chemistry[J]. International Journal of Science Education, 2016, 38(9): 1483-1503.

教学推理(有时是直观的)的,它允许重新组织和转化专业知识[1],包含了对学生常见的学习困难和先入为主的理解。[2] PCK 对学生成绩的提高以及对学生情境兴趣和知觉能力具有积极的影响。[3] 反过来,对学生思维的理解可以使教师的 PCK 以及对主题、课程和教学法的知识具有连贯性,需要对课程开发和理论化进行探索。因此,理解学生的思维为教师更广泛地重新认识自己的知识提供了基础[4]。正是基于这样的工作机制,PCK 的增长被描述为两种话语之间的互动[5]:一种话语指的是学生对知识理解的特有方式,而另一种话语则是教师引导学生思维发展的独特方式。

(2)教学内容知识的实践架构

有效的干预措施对教师的 PCK 发展是有效的。反思、课程、与其他教师的接触和教育实践经验是有效干预的典型组成部分。干预成功地实现了两个主题中内容知识的教学转化,从而证明了所学能力的成功转移。通过教学转变能力的转移,一门学科的核心主题对 PCK 的发展具有启示作用。[6] 对于成熟教师来说,经验丰富的教师拥有独特的教学知识,其中包括相互关联的一组知识和信念,这些知识和信念为教师的行为提供指导和依据。教

---

[1] Jose L M, Beatriz J, Lorena C. Pedagogical Content Knowledge in Higher Education: A Multiple Case Study at the University of Barcelona[A]. 3rd International Conference of Education, Research and Innovation, Madrid, Spain[C]. 2010:1143-1155.

[2] Van D J H, Verloop N, de Vos W. Developing science teachers' pedagogical content knowledge[J]. Journal of Research in Science Teaching, 1998, 35(6):673-695.

[3] Lange K, Kleickmann T, Troebst S, et al. Subject-related didactic knowledge of teachers and multiple objectives in lessons on natural sciences [J]. Zeitschrift fur Erziehungswissenschaft, 2012, 15(1):55-75.

[4] Carpenter T P, Fennema E, Franke M L. Cognitively guided instruction: A knowledge base for reform in primary mathematics instruction[J]. Elementary School Journal, 1996, 97(1):3-20.

[5] Seymour J R, Lehrer R. Tracing the evolution of pedagogical content knowledge as the development of interanimated discourses[J]. Journal of the Learning Sciences, 2006, 15(4):549-582.

[6] Mavhunga E. Transfer of the pedagogical transformation competence across chemistry topics[J]. Chemistry Education Research and Practice, 2016, 17(4):1081-1097.

师的经验、需求和知识设计及实施新的教学材料会提供强大的功能以扩展 PCK。专业发展计划的设计师注意每位教师所拥有的独特 PCK，以促进每位教师有意义的职业发展。总之，过去的经验、实地经验、教师培训、书面材料、导师、学校环境和主题性质是影响 PCK 发展的因素。

3.技术教学内容知识（TPACK）：知识交叉与实践融合的复合体

现代信息技术革命的出现，使教育教学形态发生了巨大的改变。在教师教学发展领域，教师知识也从 PCK 走向更加整合的技术教学内容知识（TPACK），这也彰显了教师知识创生过程具有强大的开放性，表现出教师知识的发展性特征。TPACK 是研究人员广泛采用的指导理论概念之一，目的是研究和发展将技术整合到教学中的教师知识。TPACK 已经成为研究人员了解学习与教学中技术集成的清晰而有用的结构。TPACK 的第一代工作致力于解释结构，而 TPACK 现在进入了第二代，其重点是在研究和开发项目中使用该结构。①

（1）理论框架：多样性与复杂性兼具的有机系统

研究已经从单纯强调技术、技能转变为将教学和内容与技术相结合——Mishra 和 Koehler（2005）称之为 TPACK。技术的普遍存在为其在教育领域的整合提供了好处。但是，关于教师决定将技术整合到教学活动中的理论依据仍未得到充分研究。② TPACK 作为教师有效利用技术进行教学所需要的知识库的概念框架，是专门针对技术、教学法和 21 世纪学习选定维度的内容的交集，已被宣布为教师将技术有效地纳入学习的理论背景，即技术在学习中的集成需要平衡内容、教学和技术。教师在进行 TPACK 学习

---

① Baran E，Chuang H H，Thompson A. TPACK：An emerging research and development tool for teacher educators［J］. Turkish Online Journal of Educational Technology，2011，9（4）：370-377.

② Dewi F，Lengkanawati N S，Purnawarman P. Teachers' consideration in technology integrated lesson design：A case of indonesian EFL teachers［J］. International Journal of Emerging Technologies in Learning，2019，14（18）：92-107.

的过程中,表现出了主动、建设性、真实、有意和合作①等五个重要特征。拥有较高 TPACK 水平的教师比低水平的教师更坚信使用技术促进深度思考和学习的价值,并且更有信心用技术在课程范围内和跨课程领域支持和促进深度思考和学习。然而,现实却是,教师认为自己在内容知识方面最胜任,但在 TPACK 中则最不胜任②。因此,TPACK 对于数字时代的高等教育改革与发展、对教师专业发展均具有至关重要的作用,对其开展相关研究是极有必要的。

TPACK 框架是 TCK 的延伸。目前关于 TPACK 的结构有这样几种解说:①三因素说,有研究发现,TPACK 在实践中的体现方式表现为三种结构即感知的技术知识,教师的知识(不包括技术)和感知的技术集成知识,从而直接影响了教师教育者技术的整合;②四因素说,该说法认为影响 TPACK 的因素主要有设计、努力、道德和熟练程度③;③五因素说,包含 TK、CK、PK、TPK 和批判性反思知识④;④六因素说,包括 PK、TK、CK、PCK、TPK 和 TPACK。TCK 是 TPACK 构造中唯一没有指明先验的维度。⑤ 近年来,研究者致力于如何以建构主义为导向,通过 TPACK 中项目的情境化进行自我指导和协作学习,从而提高其建构效度。这种设计可以成功识别出七个

① Koh J H L. A rubric for assessing teachers' lesson activities with respect to TPACK for meaningful learning with ICT [J]. Australasian Journal of Educational Technology,2013,29(6):887-900.

② Chai C S,Chin C K,Koh J H L,et al. Exploring Singaporean Chinese language teachers' technological pedagogical content knowledge and its relationship to the teachers' pedagogical beliefs[J]. Asia-Pacific Education Researcher,2013,22(4):657-666.

③ Yurdakul I K,Odabasi H F,Kilicer K,et al. The development, validity and reliability of TPACK-deep: A technological pedagogical content knowledge scale[J]. Computers & Education,2012,58(3):964-977.

④ Koh J H L,Chai C S,Tsai C C. Examining the technological pedagogical content knowledge of Singapore preservice teachers with a large-scale survey[J]. Journal of Computer Assisted Learning,2010,26(6):563-573.

⑤ Lux N J,Bangert A W,Whittier D B. The development of an instrument to assess preservice teacher's technological pedagogical content knowledge [J]. Journal of Educational Computing Research,2011,45(4):415-431.

理论结构[①]，主要涉及 TK、PK、CK、TCK、TPK、PCK、技术综合知识（TPC）。[②] 尽管如此，对这些结构之间的相互关系了解甚少，尤其是这些关系与教师 TPACK 之间的关系，该框架的理论——实践联系仍然薄弱。

　　TPACK 结构及其关系的探索并非意味着结构要素的简单组合，每一个域都不是分开的。在这些因素中，TK、PK 和 CK 都是 TPACK 的重要预测指标，而 PK 的影响最大。[③] 在课程中，随着教师将 TK 与 PK 联系起来以形成 TPK，教学知识与 TPACK 之间的直接关系变得微不足道，而随着教学知识与技术教学知识之间的关系得到加强，技术教学知识与 TPACK 之间的关系也得到了加强，内容知识与 TPACK 之间的关系从无意义变为显著。[④] TPACK 作为数据收集和结果解释过程中的理论框架，拥有更多 TK 的将在教学和内容方面拥有更多知识。同样，PK 似乎是唯一与 TPACK 模型中呈现的所有变量都显著相关的变量，因此 PK 是 TPACK 的核心知识。TK 和 CK 领域间接影响 TPACK。[⑤] 反过来，技术教学知识和技术内容知识的发展也有助于 TPACK 的完善。近年来，发展教师在技术整合中的能力的方法已经从过分强调 TK 转向 TPACK 之间的基本联系。现有的许多研究已经

① Chai C S, Koh J H L, Tsai C C. Exploring the factor structure of the constructs of technological, pedagogical, content knowledge (TPACK)[J]. Asia-Pacific Education Researcher, 2011, 20(3): 595-603.

② Lin T C, Tsai C C, Chai C S, et al. Identifying science teachers' perceptions of technological pedagogical content knowledge (TPACK)[J]. Journal of Science Education and Technology, 2013, 22(3): 325-336.

③ Chai C S, Koh J H L, Tsai C C. Facilitating preservice teachers' development of technological, pedagogical and content knowledge (TPACK)[J]. Educational Technology & Society, 2010, 13(4): 63-73.

④ Chai C S, Koh J H L, Tsai C C, et al. Modeling primary school preservice teachers' technological pedagogical content knowledge (TPACK) for meaningful learning with information and communication technology (ICT)[J]. Computers & Education, 2011, 57(1): 1184-1193.

⑤ Celik I, Sahin I, Akturk A O. Analysis of the relations among the components of technological pedagogical and content knowledge(TPACK): A structural equation model [J]. Journal of Educational Computing Research, 2014, 51(1): 1-22.

建立了 TPACK 框架的构造效度。TPK 是与技术与教学整合相关的教师知识结构。然而,这一理论概念在实践中是否存在仍然有争议。研究发现,尽管教师明显表现出对 PCK 的倾向,而不是基于技术的知识,但与 TPK 无关。教师关注学生的先验知识和注意力持续时间较短则被视为以学生为中心的情境因素。这些研究结果提供了深入了解如何通过设计思维,使教师克服背景问题的个人 TPACK 子域。[①] 总之,TPACK 不同的要素关联也预示着结构关系的发展性。

(2)发展路径:理论与实践的协同发展

TPACK 是一个新兴的研究领域,在教育研究人员中越来越受欢迎。其整合路径的探索极其复杂,是该领域始终面临的难题和挑战。除了影响教师个体的发展路径因素以外,从组织支持的角度来说,尽管在整个课程中将技术纳入教师教育中,但很少有人关注教师教育者的技术能力和行为。[②] 为此,可以尝试从以下方面对其进行探索与发展。

首先,TPACK 框架正在被全世界对技术集成相关问题感兴趣的教育技术研究人员所使用。但是,如果要进行 TPACK 研究以凝聚和建设性地加强教育技术领域,则需要做大量的理论工作。[③] 所以,TPACK 框架的实践需要整合理论问题的探索,这是理论发展性的源头所在。其次,TPACK 与有关教学法和技术的信念相互交织,两者都决定了教师是否使用技术教学。但是,关于教师 TPACK 与教师信仰之间关系的研究却很缺乏。与此同时,教师知识的获得与自身的学习方式有关。通过改进自我提问方法,接触元认

---

① Tseng J J,Cheng Y S,Yeh H N. How preservice English teachers enact TPACK in the context of web-conferencing teaching:A design thinking approach[J]. Computers & Education,2019(128):171-182.

② Nelson M J,Voithofer R,Cheng S L. Mediating factors that influence the technology integration practices of teacher educators[J]. Computers & Education,2019(128):330-344.

③ Graham C R. Theoretical considerations for understanding technological pedagogical content knowledge (TPACK)[J]. Computers & Education,2011,57(3):1953-1960.

知支持，可以提高职前教师反思和调节学习过程的能力。[①] 具体而言，以学生为中心的教学法和反思学生学习的职前教师才显示出 TPK 的更高级发展。[②] 发展 PCK 是整体技术集成的重要因素。在整合技术之前，教师必须优先考虑获得 PCK。[③] 再次，TPACK 支持未来与技术相关的教学决策。这些知识是在整个教学生涯中发展起来的，技术入门计划可以支持 TPACK 的持续发展。[④] 积极参与（重新）设计和实施技术，增强型课程是（学生）教师开发 TPACK 的有希望的策略。[⑤] 以突出基于实践的教师知识和采取行动进行技术增强课程的教学方法、以内容为中心的教学法——将课程设计重点放在特定的内容学习成果上，而不是技术技能上——促进了学生的参与。[⑥] 另外，伴随着现代网络技术的发展，线上教学成为未来学校的常态机制。教育技术领域的研究声称，网络技术推动了在线教学法的发展，以至于教师需要知道如何使用网络技术来辅助教学。教师技术教学内容知识网络

---

① Kramarski B, Michalsky T. Preparing preservice teachers for self-regulated learning in the context of technological pedagogical content knowledge[J]. Learning and Instruction,2010,20(5):434-447.

② Gao P, Chee T S, Wang L L, et al. Self reflection and preservice teachers' technological pedagogical content knowledge: Promoting earlier adoption of student-centred pedagogies[J]. Australian Journal of Educational Technology,2011,27(6):997-1013.

③ Pamuk S. Understanding preservice teachers' technology use through TPACK framework[J]. Journal of Computer Assisted Learning,2012,28(5):425-439.

④ Hughes J E. Descriptive indicators of future teachers' technology integration in the PK-12 classroom:Trends from a lap top-infused teacher education program[J]. Journal of Educational Computing Research,2013,48(4):491-516.

⑤ Voogt J, Fisser P, Roblin N P, et al. Technological pedagogical content knowledge:A review of the literature[J]. Journal of Computer Assisted Learning,2013,29(2):109-121.

⑥ Figg C, Jamani K J. Exploring teacher knowledge and actions supporting technology enhanced teaching in elementary schools:Two approaches by preservice teachers[J]. Australasian Journal of Educational Technology,2011,27(7):1227-1246.

(TPCK-W)为将网络技术整合到教学实践中提供了一个框架。① TPACK框架考虑了技术在教学中的作用,尽管是基于情景的,但仍有策略可循。用于准备技术教师 TPACK 的策略包括:以教师教育者为榜样;反思技术在教育中的作用;通过一些方法学习如何使用技术设计;与同行协作;搭建真实的技术经验以及提供持续的反馈。② 此外,教师个人和情境因素之间的相互作用阻碍了所设计的 TPACK 的成功实施。对于这种情况下的教学,需要更具感知性和协同性的组织设计思想来支持初任教师 TPACK 的发展。③ 这些有效性的策略可以促进教育的更深层次的变化。最后,基于 TPACK 的技术环境进行更多的开发和研究;研究学生的学习观念与技术;将 TPACK 和其他与技术整合相关的理论框架进行交叉实施。④ 专业学习社区在建立教师教育改革能力方面的重要性日益得到认可。但是,对通过多个专业学习社区的 TPACK 的知识发展周期的研究尚未深入。可以说,TPACK 的未来发展趋势必将引起教师知识的跨界融合发展,挑战与期待共存,这将彰显教师知识库的无限发展性。因此,教育机构应为跨学科的教师教育者提供有针对性的支持,并应为其课程采用一致的技术框架。

4.教师教学发展:过程性与系统性的耦合

知识是外显的,能力是内隐的,教师发展就是从外显走向内隐,从而内化成教学实践智慧,即教师惯习(实践性知识)具有默会性。在现代信息技

① Lee M H, Tsai C C. Exploring teachers' perceived self efficacy and technological pedagogical content knowledge with respect to educational use of the World Wide Web [J]. Instructional Science, 2010, 38(1):1-21.

② Tondeur J, Scherer R, Siddiq F, et al. Enhancing preservice teachers' technological pedagogical content knowledge (TPACK): A mixed-method study [J]. Educational Technology Research and Development, 2020, 68(1):319-343.

③ Cheah Y H, Chai C S, Toh Y. Traversing the context of professional learning communities: Development and implementation of technological pedagogical content knowledge of a primary science teacher [J]. Research in Science & Technological Education, 2019, 37(2):147-167.

④ Chai C S, Koh J H L, Tsai C C. A review of technological pedagogical content knowledge[J]. Educational Technology & Society, 2013, 16(2):31-51.

术背景下,教师教学能力内涵在传统能力结构的基础上,增加了信息技术知识能力,而且更加强调专业视野能力。教师教学能力提升涉及多元化的发展路径及其有效性。现阶段,教师技术知识能力面临着极大的挑战,这是教师教学能力提升的核心和关键。近年来,教师专业视野作为教师专业能力的应用导向,已成为大学教师教育课程中学生理论—实践—整合知识获取的既定指标。① 因此,教师专业视野是教师教学发展的前提。

（1）教师教学发展的情景性生成

教学过程是教师教学发展的核心。对这一过程了解得越多,就越能影响其发展和方向。传统上,试图更好地理解教学过程的尝试主要由行为主义和实证主义研究范式主导。通过检查那些直接和间接参与教学过程的人（即教师和学生）的思维和行为方式,可以增进对教学过程的深入了解与探究。此外,与内容深化的 PD 计划相比,实践分析 PD 计划显著影响了教师的知识和实践。教学实践与学生学习之间有着密切的关系②,这同样也是对教师教学过程深入探究的方式之一。反之,从实践维度探究教学过程意味着要将教学视为动态的、不断变化的有机体,可借助"参照物""他物"来探究教学。在理论界与实践界普遍拓展教师多元化发展路径的今天,不可否认的是,无论如何选择,培训都是最为传统的教师发展路径。培训为参与的教师提供了机会,以解决他们与问题解决有关的教学需求,教师在解决问题背景下开阔学生的视野,重新定义对问题的理解和解决问题,反思自己的教学实践,并与同伴进行指导性对话。③ 在教师专业知识的形成上,教师培训彰

① Stuermer K, Seidel T, Kunina H O. Knowledge-based classroom observation—Differences between trainee teachers at the start of their professional career and explanatory factors[J]. Zeitschrift fur Padagogik,2015,61(3):345-360.

② Roth K J, Wilson C D, Taylor J A, et al. Comparing the effects of analysis of practice and content based professional development on teacher and student outcomes in science[J]. American Educational Research Journal,2019,56(4):1217-1253.

③ Luft J A. Teachers' salient beliefs about a problem-solving demonstration classroom in-service program[J]. Journal of Research in Science Teaching,1999,36(2):141-158.

显了其有效性。有研究证实,通过培训,教师在学生中运用了新教学技能,他们对教师更有信心,学生也从教师培训中受益。[①] 培训不仅使教师在教学技能与教学信心方面得以显著提高,更重要的是,它已经促使教师变得更加注重反思,从关注一般性和描述性问题到对基于问题的教学内容知识的反思,并且变得越来越关键[②]。总之,教学过程是个性化情景生成的过程,这也体现出教学发展性。

（2）促进教师教学发展的内隐性力量

为了支持学生的学习和兴趣发展,教师需要深刻的专业知识和各自的动机取向。因此,在教师中发展专业知识和动机导向是教师教育的主要挑战。先前的研究集中在 CK 和 PCK 的发展上,但是诸如自我概念和兴趣之类的动机导向的作用在大多数研究领域中都被忽略。当个人发展出现针对特定领域的动机取向时,他们会将自己在外部框架中的成就与同龄人的成就进行比较,并且将自己在跨领域的内部框架中的成就进行比较。在教师教育研究中应更多地考虑专业知识与动机取向之间的相互依赖关系,并且在教师教育中也应更明确地解决它们。[③] 此外,文化也是推动教师教学发展的另一个重要的内隐性因素。教师之间的文化、教师与学生之间的文化等都会影响教师的教学发展。同样,将学生社会系统扩展为一个社会任务系统,该系统具有三个维度:师生关系、学生关系和学校的社会气候。[④] 在此基

---

① Dennick R. Long-term retention of teaching skills after attending the teaching improvement project: A longitudinal, self-evaluation study[J]. Medical Teacher, 2003, 25 (3): 314-318.

② Ibrahim N H, Surif J, Arshad M Y, et al. Self Reflection Focusing on Pedagogical Content Knowledge[A]. International Conference on Teaching and Learning in Higher Education in Conjunction with Regional Conference on Engineering Education and Research in Higher Education, Procedia Social and Behavioral Sciences[C]. 2012, 56: 474-482.

③ Sorge S, Keller M M, Neumann K, et al. Investigating the relationship between preservice physics teachers' professional knowledge, self-concept and interest[J]. Journal of Research in Science Teaching, 2019, 56(7): 937-955.

④ McCaughtry N, Tischler A, Flory S B. The ecology of the gym: Reconceptualized and extended[J]. Quest, 2008, 60(2): 268-289.

础上，有学者提出创建有效的知识构建环境（KBE）以帮助学习者发展知识社会的基本技能已逐渐被认为是教育的重要目标，然而，发展 KBE 尚待研究。回顾文献发现，建构主义的教学信念（CTB）和技术集成知识（TIK）将证明教师发展 KBE 潜力的重要决定因素。可见，教师教学发展的内隐性力量仍待探究，教师教学发展性充满未知力量。

（3）促进教师教学发展的外显性支撑

教师发展的完成是一个蜕变与转型，这需要内外两种力量的共同支持。就外部支撑条件而言，主要涉及教学策略、教师发展社区、教师发展计划等。

就教学策略而言，在过去的 30 年中，改进的教学策略受到了流行的学习理论和教学理论的影响。对这些策略的研究表明，研讨会、学生对教学的评价、咨询是改变教师行为的有效策略。全面的教师发展计划应建立在专业发展（新教师应面向大学及其各种教师角色）、教学发展（所有教职员工应参加教学改进研讨会、同伴指导、指导和/或咨询）、领导力发展（学术计划取决于有效的领导者和精心设计的课程；这些领导者应培养技能，以有效评估和推进教育教学）和组织发展（赋予教职员工卓越的教育者角色，需要鼓励和奖励教学和持续学习的组织政策和程序）之上。[①] 就教师发展社区而言，全面的教师发展比以往任何时候都更为重要，它使教师具有出色的教育能力，并创建了充满活力的重视教学和学习的学术社区。同龄人依靠彼此的专业知识和支持来采用创新做法。在实践社区中，教师相互负责学习和发展，相互交流是否可以提供一种有效的手段来支持专业学习。以互惠互动为特征的协作式学徒模式促进职业发展，鼓励同伴教师充当旨在改善教学的策略和思想的建模者和指导者。协作式学徒制旨在通过四个发展阶段帮助教师学习和实施新的教学技能和策略，从实施最佳实践（从导师到自己的发展）

① Wilkerson L, Irby D M. Strategies For Improving Teaching Practices: A Comprehensive Approach to Faculty Development[A]. The 7th Ottawa International Conference on Medical Education and Assessment, Maastricht, Netherlands, Academic Medicine[C]. 1998(4):387-396.

开始。反过来,教师则在教学环境中提出新的想法,并成为未来的导师,以维持整个教师社区的技能和策略。除了模型之外,情感、信念、环境、文化、认知和个性相关的各种影响表征了互惠互动的性质。[①] 就教师发展计划而言,有效的教师发展有助于提高效率,包括体验式学习的使用、反馈的提供、有效的同伴和同事关系、遵循教学原则精心设计的干预措施以及在单个干预措施中使用的多种教育方法。[②] 所以,任何课程(包括教师课程)的有效教学设计都必须首先理解和预测学习者的需求。只有在明确了要学习的知识和构成学习证据的概念基础之后,设计周期才能有效地检查和测试特定的课程功能,例如课程内容、结构(如范围和顺序)和过程(例如沟通和评估)。[③] 此外,值得注意的是,在过去的十年中,出现了越来越多的研究人员和教师进行合作的呼吁。一小部分正在增长的文献已经开始研究协作过程。两个主要主题抓住了协作研究过程的含义:共享特权和共享授权。[④]

总之,从教学策略发展到教学发展社区和教学发展计划,共享与协作成为教学发展性的支持性表征所在。

(二)教学场域的主体性:从知识的理解到探究的追求

1.教与学的知识:默会性与实践性的适配

(1)内涵的拓展与延伸

教师进入教与学场域中需要具备各种各样的知识,这些知识构成了教

① Glazer E M, Hannafin M J. The collaborative apprenticeship model: Situated professional development within school settings[J]. Teaching and Teacher Education, 2006,22(2):179-193.

② Steinert Y, Mann K, Centeno A, et al. A systematic review of faculty development initiatives designed to improve teaching effectiveness in medical education: BEME guide No. 8[J]. Medical Teacher,2006,28(6):497-526.

③ Jackson B, Hauk S, Tsay J J, et al. Professional development for mathematics teacher educators: Need and design[J]. Mathematics Enthusiast,2020,17(2-3):537-582.

④ Rovegno I, Bandhauer D. A study of the collaborative research process: Shared privilege and shared empowerment[J]. Journal of Teaching in Physical Education,1998,17(3):357-375.

师教学知识库。教学知识库具有教学活动所需的所有知识，其中包括教学内容知识，其主要功能是整合学生的知识、内容知识、教学知识和情景知识，旨在将内容知识转化为可教的知识，学生可理解的知识。教师生活经历和教师教育环境包括教师教育者、同事、不同的培训策略、实现职业现实的方法，以及实践经验等要素，它们的相互作用构成了教学的知识基础结构，并建构了教师的教学内容知识。所以，发展教师教学知识是教师教学发展的重要组成部分。随着教学实践的发展，两种经验在教学知识的发展中起着重要的作用。[①] 因此，教师的教学知识库及其生成成为教学发展性的重要基础。

从学校层面看，当前学校对知识的重视以及工作场所认识论价值观在教育界得到的相应重视基于学校和工作的话语融合。即使工作场所倾向于对基于实践的知识进行抽象理解，学校也被推向相反的方向。这种发酵的结果消除了这些知识之间的传统障碍，通识教育知识有可能服务于工具性目的。[②] 在教与学场域中，学校领导者的作用长期受到关注。增加对领导者做什么以及如何影响教师的教学行为的知识，将有助于更好地理解如何提高学生的成就。[③] 有关研究表明，校长和系主任均有助于创造教师在实践社区学习的机会。此外，研究结果表明，校长与教师的教学问题已完全脱离，系主任可能会减缓教学变化的速度。因此，学校领导和教师在其实践社区中的社会学习之间的联系引起了教师社区研究者的关注。研究人员、从业人员和政策制定者想知道学校领导者是否可以对教师如何看待他们的工作以及课堂教学质量产生影响。调查结果提供了对领导力与学生成就之间因

---

① Seung E, Bryan L A. Graduate teaching assistants' knowledge development for teaching a novel physics curriculum[J]. Research in Science Education, 2010, 40(5): 675-698.

② Lewis T. At the interface of school and work[J]. Journal of Philosophy of Education, 2005, 39(3): 421-441.

③ Wahlstrom K L, Louis K S. How teachers experience principal leadership: The roles of professional community, trust, efficacy and shared responsibility[J]. Educational Administration Quarterly, 2008, 44(4): 458-495.

果链中重要链接的深刻见解。^① 这些发现为教师与校长、教师与教师之间的互动提供了更清晰的图景,并使其更接近于澄清领导力与学习之间的联系。

教师知识的输入是为了教学实践。因此,从教师教学知识到教师教学语言再到教学内容意义的解释,是有效教学的过程,是有效课堂教学的核心。然而,我们却不能过分地将注意力集中在教师教育本身的知识获取上,而掩盖最终影响课堂实践的与学科相关的教学知识的关键问题。因此,学科知识和与学科相关的教学法知识的发展至关重要。^② 这也即意味着,教学法知识必须适切于教学实践,有益于教学实践。然而,在某些条件下,教学知识对实际的教学实践影响并不大。这并非因为教学知识本身的问题,相反,而是因为有益于教学知识应用的大学教学实践应提供明确的解释和示例、实践的证明,以及在学生进行实习的环境中指导教学策略的实践机会。此外,教学法知识也与组织环境相关,比如,学术环境影响教师的动机信念以及课堂实践。

(2)教学策略与学习策略

教与学的知识最终通过教的策略和学的策略得以体现。教学策略就是教师在教学过程中的选择。策略是前瞻性研究和减少问题的策略,前者占主导地位。^③ 所以,教学策略是有准备的计划活动。学习策略就是学生学习过程中的应对选择。其中,教的策略与学的策略具有内在的匹配性要求。教学品位与教师的教学干预之间的匹配策略提供了最好的教育前提。^④ 并

---

① Printy S M. Leadership for teacher learning:A community of practice perspective[J]. Educational Administration Quarterly,2008,44(2):187-226.

② Parker J. The synthesis of subject and pedagogy for effective learning and teaching in primary science education[J]. British Educational Research Journal,2004,30(6):819-839.

③ Roskos K,Nenman S B. Beginning kindergarten teachers planning for integrated literacy instruction[J]. Elementary School Journal,1995,31(2):195-215.

④ Struyven K,Dochy F,Janssens S. Students' likes and dislikes regarding student-activating and lecture-based educational settings:Consequences for students' perceptions of the learning environment,student learning and performance[J]. European Journal of Psychology of Education,2008,23(3):295-317.

非所有的教师都以最大化学生成果的方式实施主动学习策略。主动学习效果变化的一种可能解释是教师汲取的教学知识的变化,这些知识要求学生产生自己的理解(即生成式指导),主动学习则主要侧重于活动和回忆(即主动指导)。使用生成式教学的教师吸取了教学知识,设计了针对学生进行推理的课程;整合教学内容知识和教学知识,以针对难度较大的课程,并创造了在教学过程中开发新的教学内容知识的机会。[①] 这项工作产生了有效、生成性主动学习指导所必需的教学知识。因此,这些双重互惠学习方法需要适当考虑学习者的个性、学习游戏的规则以及教室设置,所有这些对于确定学习者参与学习活动和积极参与学习至关重要。[②] 所以,教学策略与学习策略不仅是适配的过程,也是相互建构的过程,这是教学行为的发展性表征所在。

2. 教与学的学术:概念化与实践化的推进

竞争激烈的知识市场正在推动高等教育领域的差异化,即研究集中在精英大学,而教学构成了更多高等教育提供者的核心任务。教学学术最初由博耶倡导,随后由卡内基教学学术研究院(CASTL)发展成为主要议程,成为高等教育部门摆脱教学与研究之争的有希望的第三条道路。它试图通过倡导教学、整合(例如编写教科书)和服务,以及发现通常公认的常规研究的学术来整合教学和研究。[③] 自此之后,人们提出了多种大学教学学术模式,其核心价值概念多种多样,如反思、交流、教学内容知识、学术活动和教学研究,倾向

---

① Andrews T C, Auerbach A J J, Grant E F. Exploring the relationship between teacher knowledge and active-learning implementation in large college biology courses[J]. CBE-LIFE Sciences Education, 2019, 18(4): 48.

② Kay Y K. Enacting viewing skills with apps to promote collaborative mathematics learning[J]. Educational Technology & Society, 2016, 19(2): 378-390.

③ Sahraoui S. Revitalizing research in gulf universities through the scholarship of teaching and learning[A]. International Conference on Higher Education in the 21st, Ahlia Univ, Manama, Bahrain: Issues and Challenges[C]. 2008: 129-137.

于以学术层面而不是教学层面为切入点来思考和研究教学活动。① 教学学术在高等教育领域受到了相当大的关注,甚至在其形成阶段,教学学术仍吸引着跨学科和跨类型的教育机构的学者的关注和兴趣,如许多社会学家正在思考如何在学科内塑造学术方面的教学成果②,许多学术机构成员都试图扩大学术的结构,包括调查教学法和学生学习③等。

教学学术运动研究最重要的目的之一是让人们更清楚地看到教师为使学习发生所做的努力。④ 然而,"最重要"并不意味着"全部",教学学术的内涵不仅仅是教师"教"的学术,而且也是学生"学"的学术,是教与学的学术的统一,这才是教学学术的全部价值指涉。在教学学术中,既有教师的教学学术模式,也有学生的教学学术模式。教师的教学学术模式是将教学学术"概念化为大学和大学教师为促进学生朝着重要的教育目标发展所做的智力、实践和批判性工作"⑤。教师在教学学术模式的作用下,既要对教学不断地学习,又要关注教学知识的展示。学生的教学学术模式是将教学学术表现为一种让学生和教师共同参与学习的反思性和知情行为。尽管关于教学学术的讨论很多,并且已经开发了一些模型来理解其范围,但是尚不清楚从事教学学术的学者对学生学习的影响。研究表明,教学学术与学生课程经历之间存在关系,并证明了激励学生学习的制度策略的有效性。⑥ 可见,教学

---

① Trigwell K, Shale S. Student learning and the scholarship of university teaching [J]. Studies in Higher Education, 2004, 29(4): 523-536.

② Weiss G L. A pedagogical boomerang: From Hans Mauksch to medicine to the teaching and learning of sociology[J]. Teaching Sociology, 2007, 35(1): 1-16.

③ Gurung R A R, Ansburg P I, Alexander P A, et al. The state of the scholarship of teaching and learning in psychology[J]. Teaching of Psychology, 2008, 35(4): 249-261.

④ Kinchin I M, Lygo B S, Hay D B. Universities as centres of non-learning[J]. Studies in Higher Education, 2008, 33(3): 89-103.

⑤ Kreber C. Charting a critical course on the scholarship of university teaching movement[J]. Studies in Higher Education, 2005, 30(4): 389-405.

⑥ Brew A, Ginns P. The relationship between engagement in the scholarship of teaching and learning and students' course experiences[J]. Assessment & Evaluation in Higher Education, 2008, 33(5): 535-545.

学术是教与学的学问，具有复杂的发展性张力。

教学学术作为一种新的教学模式，目前正在逐步向实践转化，一个突出的表现是将教学学术进一步融入大学和大学文化。尽管已经提出了许多有用的策略来协助完成这项任务，但特别适合的建议是发展有组织的、经制度认可的学术机构。许多国家的高等教育机构都建立了此类中心或单位，但是目前很少公开发表有关这些机构的设计或附属机构的经验的信息。[①] 此外，研究和文献中提出的支持教学学术的一般策略涉及教育和组织发展的重要性。未来的调查可能会检查机构风气、工作分布和气氛因素及其与促进不同类型高等教育机构中的教学学术的关系。[②] 总之，尽管有关教学学术的文献在稳步增长，但有关教学学术目的的重要问题仍未得到充分解决，从教学学术概念化到实践探索，依然面临诸多未知的答案。教学学术运动的潜力尚未得到充分认识，它将成为高等教育改革的催化剂。

(三)教学惯习的系统性：实践性知识的转化

教学惯习主要通过教师教学实践性知识得以表达。[③] 教师实践性知识是教师教学实践的行动逻辑，是未来教师可以使用的与教学有关的信息资源中的一种。教师的实践性知识被概念化为行动导向型和人本型。它是教师在工作环境中建构的，集经验性知识、形式性知识和个人信念于一体。[④] 它不仅包括使用工具所需的技能，还包括个人和专业对技术如何与特定教

---

① Marquis E. Developing through organized scholarship institutes[J]. Teaching & Learning Inquiry：The ISSOTL Journal，2015，3(2)：19-36.

② Lueddeke G R. Professionalising teaching practice in higher education：A study of disciplinary variation and teaching-scholarship'[J]. Studies in Higher Education，2003，28(2)：213-228.

③ Dochy F，Alexander P A. Mapping prior knowledge frame work for discussion among researchers[J]. European Journal of Psychology of Education，1995，10(3)：225-242.

④ Van D J H，Beijaard D，Verloop N. Professional development and reform in science education：The role of teachers' practical knowledge[J]. Journal of Research in Science Teaching，2001，38(2)：137-158.

学环境相关的理解,以及发展促进自身和学生学习使用新工具的能力。① 因此,教师实践知识被视为多维概念。要获取这种复杂类型的知识,多方法设计是必要的;而要实现教师实践性知识的持久变革,需要长期的专业发展计划,特别是在网络中学习、同行辅导、合作行动研究、案例的使用。② 教师实践知识的一部分是共享知识,可以区分主题、学生知识、学生学习与综合理解和学习的目的。虽然教师之间存在知识共享,但存在很大差异。③ 它的多样性如此之大,以至于必须发展一种实践知识的类型学,而不是定义共享知识。④

1. 教师主体性

教学惯习是教师在教学实践过程中表现出来的行为倾向系统,是教学实践的行动逻辑。既然是倾向系统,那必然会彰显出一定的主体性,由此可以认为,教学惯习是教师主体性的表征,教学惯习渗透着教师主体性的思想。所以说,对教师主体性的研究有助于对教学惯习的理解。

在教学实践过程中,专业认同是教师主体性的重要体现。影响教学身份的机制模型告诉我们,独立的教学经验、教学专业发展和教学导师、被同行认可等因素影响着教师的专业认同。然而,影响教师专业认同的关键或本质核心在于教师自身是否将教学视为其作为专业人士身份的重要组成部分。在未来的教师专业认同研究中,需要更多地关注"自我"与"认同"等相

① Haines K. Expanding the knowledge base of teachers' use of communication tools for language learning[J]. System,2016,62:102-112.

② Van D J H, Beijaard D, Verloop N. Professional development and reform in science education:The role of teachers' practical knowledge[J]. Journal of Research in Science Teaching,2001,38(2):137-158.

③ Meijer P C, Verloop N, Beijaard D. Similarities and differences in teachers' practical knowledge about teaching reading comprehension[J]. Journal of Educational Research,2001,94(3):171-184.

④ Meijer P C, Verloop N, Beijaard D. Exploring language teachers' practical knowledge about teaching reading comprehension[J]. Teaching and Teacher Education,1999,15(1):59-84.

关概念之间的关系、情境在专业认同形成中的作用、专业认同中的"专业"定义以及认知研究以外的其他研究视角,这些在教师专业认同的设计研究中发挥作用。①

教学反思是教师主体性的关键与核心。教学行为的本质是一种实践活动。我们对教师实践的审视"提供了一种理解教师当前实践并在朝着预期的改革发展的背景下查看其实践的方法"②。教师实践或教师行为的重要成长方式是反思。反思在教学知识构建中具有重要作用。③ 有效的自我反省是出色教学的关键组成部分。④ 教师实践过程中的反思目的是实现教师改变。教师改变不仅意味着教师课堂行为的改变,而且也意味着教师个人特征以及他们对教学和学生的信念的改变。对于教师改变,除了反思这一因素外,自适应学习策略的选择也是很重要的。在过去的十年中,尽管对自我调节学习的研究也在不断增加,但在高等教育环境中,只有极少数的研究将自我调节学习的概念应用于教学。它有助于理解自我调节学习在教师成长中的作用,参加某些教育发展活动以及学科联系与自我调节的学习过程有关。⑤ 所以,教师教学发展的自我主导式成长彰显了教学发展性根源性路径所在。

教师发声也是教师主体性的一种新兴体现。教师的主体性除了受教学环境、学生、学科和学校文化相关的专业知识之间的相互关系等因素影响之外,还受到教师发声的影响。教师教学主体性的另一种表达是教师角色。对于教师角色的认识,可以从教师与学生两个角度来理解。专家教师比新

① Beijaard D, Meijer P C, Verloop N. Reconsidering research on teachers' professional identity[J]. Teaching and Teacher Education,2004,20(2):107-128.

② Simon M A,Tzur R. Explicating the teacher's perspective from the researchers' perspectives:Generating accounts of mathematics teachers' practice [J]. Journal for Research in Mathematics Education,1999,30(3):252-264.

③ McAlpine L, Weston C. Reflection:Issues related to improving professors' teaching and students' learning[J]. Instructional Science,2000,28(5-6):363-385.

④ Bell A,Mladenovic R,Segara R. Supporting the reflective practice of tutors:What do tutors reflect on? [J]. Teaching in Higher Education,2010,15(1):57-70.

⑤ Kreber C,Castleden H,Erfani N,et al. Self-regulated learning about university teaching:An exploratory study[J]. Teaching in Higher Education,2005,10(1):75-97.

手教师更有可能促进学生的自我调节和对动作质量的批判性思考,以链接新的学习内容,给学生先前的知识和新兴的关联性,并指导学生进行社交互动。与专家教师一样,新手教师也鼓励学生参与,阐述和分享有关多样化任务的想法。[1] 学生也充当变革的推动者,使教师对其角色和教学行为的看法发生变化。[2] 教师角色的形成与自我效能感密切相关。所以,自我效能感也是响应教师主体性的一个重要因素。自我效能感是教学过程中的一个重要变量,它如何反映在教学中是近来关注的焦点。有些研究同意以学生为中心的方法更适合学生,尤其是在教学过程方面。但是,在实践中对此有不同的反应。与预期相反,自我效能感高的教师在某些情况下可能会降低教学实践,而自我效能感低的教师可能会更有效地执行教学实践。[3] 此外,教师自我效能感在教师教育过程中如何发展,以及自我效能感与未来教师的一般教学知识之间的关系[4],这一系列问题值得关注。总之,教师角色功能既是自身感知的结果,也是师生与学校互动的关系反映。

2.教学信念

教学信念是教师教学实践过程中逐渐形成的,它是教学惯习的动力根源所在。教学信念是特殊的性情倾向系统,是一种情感劳动。研究发现,教师愿意做一些涉及痛苦的情感工作,因为情感回报是令人满意的。[5] 情感具

① Chen W Y, Rovegno I. Examination of expert and novice teachers' constructivist oriented teaching practices using a movement approach to elementary physical education [J]. Research Quarterly for Exercise and Sport, 2000, 71(4):357-372.

② Jones M G, Carter G, Rua M J. Children's concepts: Tools for transforming science teachers' knowledge[J]. Science Education, 1999, 83(5):545-557.

③ Saka M, Bayram H, Kabapinar F. The teaching processes of prospective science teachers with different levels of science-teaching self-efficacy belief [J]. Educational Sciences theory & Practice, 2016, 16(3):915-942.

④ Schulte K, Boegeholz S, Watermann R. Teacher self-efficacy and general pedagogical knowledge during teacher education[J]. Zeitschrift fur Erziehungswissenschaft, 2008, 11(2):268-287.

⑤ Zembylas M. Emotion metaphors and emotional labor in science teaching[J]. Science Education, 2004, 88(3):301-324.

有在教学中创造启发性情感文化的功能，而教师和学生正是构建这种文化的主体。与此同时，教学信念和价值观在教师决策中具有关键的作用，这已经被课程理论家认识到。而这种信念和价值观更多的是来自在培训中输入的基于实践经验。然而，需要认识到的是，这种源自实践所形成的教学信念与价值观虽然"具有确定的价值轮廓，但这些轮廓不稳定"①。此外，教师的教学信念还源于其自身所进行的教学反思。有研究显示，对于教师教育工作者来说，进入教师教育计划时检查有关教师教与学的预期信念，并跟踪这些信念的发展是一项至关重要的任务。有研究将隐喻建构作为一种工具，通过结合整合学术和实地经验的反思性活动，来获取和促进未来教师的信念的发展。②　对于教师教学信念的形成还有一种新的视角，可以作为今后的参考和借鉴。这种观点更多的是就未来的教师而言的，未来教师对教育的包容性是支持、归属感、敏感性和公平性的相互联系的组成部分。对包容性的投入有助于改变态度和提高理解。但是，在包容领域需要更多的实践性知识。③　可见，教学信念的生成具有复杂的过程，这是教学发展性的逻辑基础。

3. 教学策略

教学策略是教师在教学实践活动过程中所采取的不同的行为方式。关于教学策略，出现了以内容为中心的策略和以学生为中心的策略两种主导模式，其中以学生为中心的教学策略是目前比较流行的教学策略。根据社会认知动机理论，动机与教学学习过程中整个周期相互作用，以学生为中心

①　Solmon M A，Ashy M H. Value orientations of preservice teachers[J]. Research Quarterly for Exercise and Sport，1995，66(3)：219-230.

②　Leavy A M，McSorley F A，Bote L A. An examination of what metaphor construction reveals about the evolution of preservice teachers' beliefs about teaching and learning[J]. Teaching and Teacher Education，2007，23(7)：1217-1233.

③　Sosu E M，Mtika P，Colucci G L. Does initial teacher education make a difference? The impact of teacher preparation on student teachers' attitudes towards educational inclusion[J]. Journal of Education for Teaching，2010，36(4)：389-405.

的学习所隐含的更高层次的认知能力的发展必须将诸如目标取向、意志、兴趣和归因等动机结构整合到教学实践中。① 在以学生为中心的教学策略中，产生了一系列与之相关的教学方式，如探究式教学是一种研究性教学策略选择，这种方法与问题导向学习关系紧密。采用课堂行动研究作为探索问题导向学习（PBL）的策略，主要侧重于教学内容知识（教学主题的概念、学生理解的知识、课程知识、教学与评价知识）和课堂实践等多方面的转化过程。② 以学生为中心的教学策略并非专属于深度学习的教学策略，也存在于浅层学习需要中，如体验式教学。体验式教学强调教学过程的感染性和认知性③；案例教学有助于教师反思实践并探索教学中的重要问题。④ 总之，以学生为中心的教学策略的选择既有深度学习的需要，也有浅层学习的需要，关键是教师如何做到自适应性调节，从而实现有效教学的需要。

教学策略是教师实践性知识的一种表征，受到教师实践性知识的影响，但同时它也是一种理论选择的产物。建构主义就是教学策略的一种理论基础，这为具体的教学策略选择提供了框架。建构主义强调基于经验的自我意义的生成过程，是一种基于问题的建构主义学习方法。⑤ 建构主义教学策略所有的努力都在于鼓励学生参与到教学实践过程中，为学生在课堂上进行有意义和严谨的智力参与创造条件，帮助教师了解哪些策略和方法可以更好地用于培养学生的素养，更好地理解教师的教学实践与学生成绩之间

---

① Maclellan E. The significance of motivation in student-centred learning: A reflective case study[J]. Teaching in Higher Education, 2008, 13(4): 411-421.

② Goodnough K. Enhancing pedagogical content knowledge through self-study: An exploration of problem-based learning[J]. Teaching in Higher Education, 2006, 11(3): 301-318.

③ Ratsoy G R. The role of faculty in connecting Canadian undergraduate arts and humanities students to scholarly inquiries into teaching: A case for purposeful experiential learning[J]. Canadian Journal for the Scholarship of Teaching and Learning, 2016, 7(1): 2.

④ Moje E B, Wade S E. What case discussions reveal about teacher thinking[J]. Teaching and Teacher Education, 1997, 13(7): 691-712.

⑤ Sudzina M R. Case study as a constructivist pedagogy for teaching educational psychology[J]. Educational Psychology Review, 1997, 9(2): 199-218.

的关系，可以为教师提供有关让学生参与有意义学习的有益信息。[①] 尤其是在当前信息技术的背景下，在教学策略的创生和选择上，"信息通信技术特别适合建构主义的教育范式，在尝试实施信息通信技术时必须始终牢记文化考虑"[②]。

三、结论与启示

基于社会实践理论的视角，根据文献计量学提取的前沿主题中的重要文献，运用质性文本分析资料工具 NVIVO 11 进行思想内容分析，可以将其归结为教学资本、教学惯习和教学场域三个类属领域。其中，教师知识、PCK、TPACK、教师能力和教师发展共同构成了教学资本类属；教与学的学术和教与学的知识构成了教学场域类属；主体性、实践性知识、教学信念、教学策略和教学效果等属性共同构成了教学惯习类属（见图 3-1）。

通过教师教学发展研究前沿主题思想的分析发现，三种类属领域关注度存在差异。其中，在类属关系中，教学资本关注度最高，教学场域最低；在属性关系中，TPACK 关注度最高，这也是现代信息技术革命下带来的影响的体现，PCK 概念内涵和主体性探讨最少，具体分布见图 3-2。

通过前沿思想分析发现，教学实践活动是一项过程性、情境性和生成性活动，因此，具有内在矛盾张力所形成的发展性。在现代教育变革常态化背景下，在教学资本的知识结构中，教师知识根源于经验、阅历和专业发展，同

① Mikeska J N, Shattuck T, Holtzman S, et al. Understanding science teaching effectiveness: Examining how science-specific and generic instructional practices relate to student achievement in secondary science classrooms[J]. International Journal of Science Education, 2017, 39(18): 2594-2623.

② Wang T J. Rethinking teaching with information and communication technologies (ICTs) in architectural education[J]. Teaching and Teacher Education, 2009, 25(8): 1132-1140.

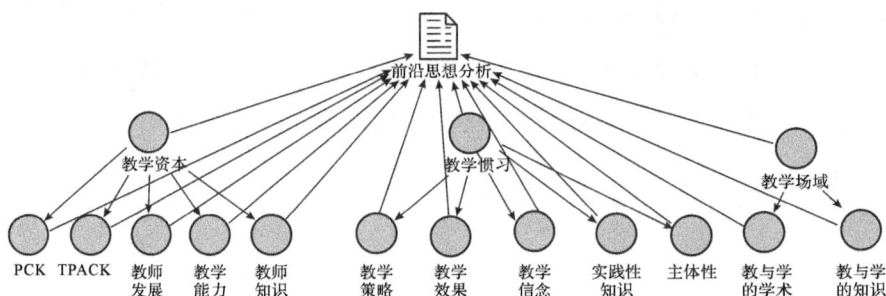

图 3-1　教学发展性类属关系

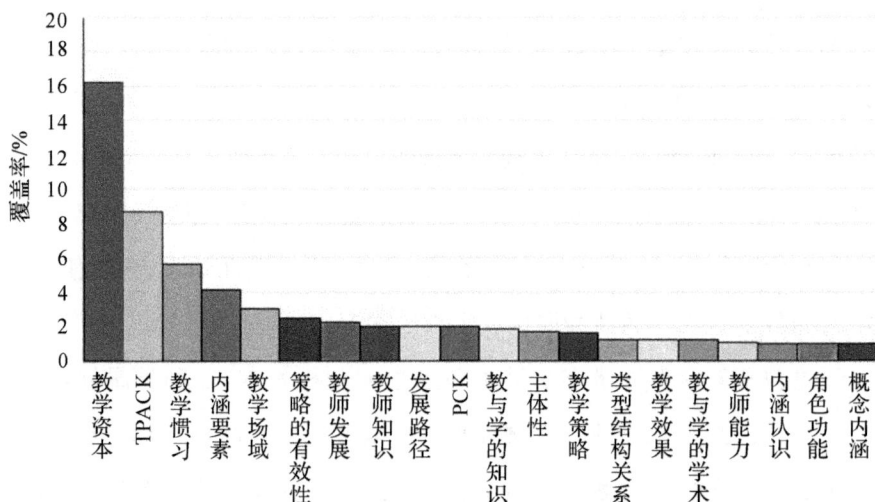

图 3-2　教学发展性研究主题分布情况

时,不仅彰显出 PCK 个性化特征下的内涵的发展性,而且伴随着时代进步,TPACK 的出现和发展彰显出知识结构不断丰富的发展性;在教学场域中,师生主体性通过教与学知识的获取、探究,使教学走向学术探究,不断地丰富教与学的适配性,从而使教学学术价值不断地彰显,群体教学实践智慧不断发展;在教学惯习中,教学实践活动过程中所体现出的主体性、教学信念、教学策略和教学效果等要素所构成的教师实践性知识是彰显教师教学发展性的根本逻辑所在。总之,教学发展性使教学实践活动成为教学学术的合法性基础和根源性所在。

第四章　教师教学发展的理论反思与实践困境

第一节　大学教师教学发展的本质

《国际教育百科全书》（第四卷）指出，大学教师发展（或称开发）广义上指发生在大学教师身上的总体变化，这些变化源于学校环境中各种因素的影响。狭义上指为改进大学教师的教学或更多职务上的成效而设计的一些发展项目。教师发展包括四个层次和维度：教学发展（改进课程的设计、改进教学技能和对学生学习的评价）、专业发展（改善专门技能或学科研究）、管理发展（提高管理职能方面的成绩）、个人发展（改进大学教师对自身的理解，改善他们的社会和组织环境以及对自身工作的态度）。[①] 这与 1991 年美国国家教育协会（NEA）给出的较全面、系统的界定基本一致，差异仅在"管理发展"与"组织发展"的称谓上，但内涵是一致的。可以说，该内涵极大地推动了对大学教师发展的共识的达成。然而，此内涵从要素角度提出，更多的是操作层面的界定，难以反映内涵本质，这就导致了教师发展内涵要素的人为割裂，虽然增进了研究领域的知识的积累，但失去了理论与实践相结合的魅力，忽视了教师发展要素之间的内在关系，教师教学发展陷入了研究范式困境和路径依赖。因此，在明确教学发展诸如教学能力等一般属性基础上，还要从四要素整体角度探讨其本质属性，这种属性不仅反映教学发展的特性，而且能与其他要素形成整体的一致性，避免要素分裂带来教师教学发

---

① 胡森.国际教育百科全书（第四卷）[M].贵阳：贵州教育出版社，1990：421.

展的陷阱。

一、大学教师教学发展的困境及反思

（一）要素割裂：大学教师教学发展的困境

高校教师发展被定义为高校教师的全面发展，即高校教师作为一个人、一种职业、学术界的一个成员的发展[①]，是旨在提高高校教师教学、科研、服务能力的有关活动、实践和策略的总称，其重点是提升高校教师教学能力和水平的发展。所以，教学发展同时也是大学教师发展的逻辑起点。[②] 然而，教师发展要素论的割裂不仅破坏其整体性，也导致教师教学发展难以成为逻辑的起点。在这种割裂视阈下的教学发展项目往往忽视教师个体的内在动力诉求，只能停留在外在驱力下，以致日趋式微，难以弥补传统教师培训的弊端。根据721学习法则，"70％的学习"来自真实生活经验、工作经验、工作任务与问题解决；"20％的学习"来自反馈和与其他角色榜样一起工作并观察、学习该榜样；"10％的学习"来自正规培训。[③] 正如Easton所言，"'被别人发展'是不够的，教育者必须能够自我发展"[④]。所以，教学发展的外在驱力固然仍需加强，但如何与教学发展的内在动力相结合，才是大学教师教学发展中亟待解决的问题。

目前，教学发展关注的是教师如何发展，所以较为侧重发展的内容和效果。虽然强调了发展的主体性，但无法改变教师被动性发展的现实。教学

---

① Crow M L. Faculty Development Centers in Southern Universities[M]. Atlanta, GA：Southern Region Education Board，1976：3.

② Alestete J W. Post-tenure Faculty Development：Building a System for Faculty Development and Appreciation[M]. Francisco：Jossey-Bass，2000：50.

③ 吴振利.论自我指导性大学教师教学发展——以"721"学习法则和自我指导性学习过程为基础[J].黑龙江高教研究，2012(9)：5-8.

④ Easton L B. From professional development to professional learning[J]. Phi-Delta Kappan，2008：755-761.

发展需要从根本上解决"为什么""是什么"的发展。从根源上来说，不能脱离教师个体生活史，这就需要融入教师成长的过程中，实现从自发到自觉、从自在到自为的转变，否则停留在自发和自在阶段，主体性缺失难以持续。从历史进程来看，教学发展涉及的领域和概念范畴极其广泛，不仅涉及时空的发展性，也存在社会结构与行为的现代性，以及社会与个体内在角色需求的主体性等方面，既关涉到教师的专业发展，也影响到职业发展乃至自我实现。所以，教学发展的本质属性亟待反思，这是困境突破、范式转型和路径创新的逻辑前提。

(二)从认知到创新：大学教师教学发展之思

1.大学教师教学发展的认知反思

教学发展是高等教育发展的阶段性问题，也是历史发展性问题。从美国大学教师教学发展的成功历程来看，美国经历了专业发展、教学发展和科教融合式的发展。有研究表明，大学教学与科研分为五个阶段，即教学的形式、教学与科研的受制、小科研大教学、科研的确立和教学科研。[①] 科教融合式发展的实质就是把研究、教育、学习三者协调统一起来，这是大学组织的命题，也是教师发展的最终目标。因此，我国大学教师教学发展所处阶段是各种发展项目设计的关键所在，也是高等教育发展面临的挑战。教学与科研是大学教师必备的两把钥匙，缺一不可。每一位教学工作者都要坚持以科研提升教学，以教学促进科研，坚持"在教学中研究，在研究中教学"的原则，把科研和教学紧密地结合起来，实现科研与教学的双向互动。[②] 这虽是教学与科研的辩证关系，但二者的实践关系极其复杂，以至成为一个基本理论问题，科教融合路径成为新的诠释，给大学教师教学发展带来了新的视角。从大学的使命来看，无论大学如何发展，人才培养始终是大学的第一要

---

① 张湘韵.从大学教学与科研的关系看大学文化的嬗变[J].高校教育管理,2015(2):34-37.

② 李林凤.新形势下高校教师教学发展路径探讨[J].学理论,2013(12):255-256,265.

务,脱离人才培养的科研发展,将因急功近利而摧残科研的可持续性发展。所以,教师教学发展离不开人才培养目标的达成。从教师教学发展效能来看,教学发展离不开师生群体之间的交互作用,因此,教学发展不仅是教师个体自身的事情,而且是国家、大学、教师和学生主体性交互作用的结果。因此,对四者主体性知识的累积效应才是教学发展的根本性问题,教师教学发展属于历史发展性范畴,而不仅仅是阶段性任务。

教学发展是专业化、职业化抑或是生命叙事式主体性问题。专业发展的内涵是学科发展的内在追求,职业化发展需要加大外在驱力,这两种发展取向合力促进科教融合的实现才是初衷所在,这里凸显了教师作为人的重要命题。当今人本思想已成为社会发展的根本理念,教学发展更需要把整个人的发展提升到"本质"和"核心"的高度,由此渐显人本化教学的端倪。[①] 典型的如人本主义心理学主张探讨完整的人(the whole person),而不是把人割裂开来加以分析。[②] 这就呈现了生命化的发展取向。目前,高校教师发展已作为一项制度在世界范围推广,越来越多的研究者强调这是一个全面、综合、系统的活动和过程。[③]

不同历史阶段的教学发展模式呈现出现代性差异。任何事物都是从自发到自觉,从自在到自为,这是由事物发展的生命周期规律所决定的。大学教师教学发展的潜在问题日益走向显性问题,各级各类制度化的确立说明我国的教学发展正从自发向自觉转型,但真正实现过渡和转型,扭转教师割裂性发展以及主体性冲突,是目前所面临的挑战,这种挑战是长期忽视教学和学生质量下降造成的。在这种背景下,因教学学术理念的提出,教学工作得到了更合理、有创造性的认识,也使得大学教师的"实践智慧"得到了应有

---

① 张广君,曾华英.论走向人本化的教学[J].天津师范大学学报(社会科学版),2007(3):72-76.

② 施良方.学习论[M].北京:人民教育出版社,2001:382.

③ 徐延宇,李政云.美国高校教师发展:概念、变迁与理论探析[J].黑龙江高教研究,2010(12):50-53.

的承认和支持。① 因此，教师知识结构从单一到跨学科，不仅要有所属专业领域的知识，还要有非所属专业领域的教育学学科知识和现代信息与技术的辅助学科知识，这些学科共同构成了教学的知识基础；在教学情景下，教学实践活动是一种关系的存在，在共同参与中促进意义的生成；在教学实践过程中实现主体性生成的过程，从而形成主观能动性的自我机制。因此，从发展阶段到理念提升再到多学科融合的知识基础，这一教学现代性进程彰显着教师生命意义的生成过程。所以，教师教学发展是现代性进程的重要体现。

2.大学教师教学发展的本质反思

大学教师教学发展是当今高等教育内涵式发展的主旋律，也是人才培养模式创新和质量保障的现实诉求。在传统的研究路径中，教学能力研究成为当今教学发展的追求。近年来，有关教学能力研究成果十分丰富，一方面说明其重要，另一方面应该反思教学能力泛在性。教学能力显示教师达到教学目标、取得教学成效所具有的潜在的可能性，它反映出教师个体顺利完成教学任务的直接有效的心理特征。② 因此，教学能力是一种心理特征，尽管学者提出了不同的能力模型，也提出了各种发展路径，但能力的抽象性和难以评估的特性使教学能力提升成为一种理念而披上了神秘化的色彩，割裂了教师教学的"心理—行为"二分法的统一性，这实质是一种教师个体内在与外在割裂，二者的统一才是其本质属性，教师教学发展的本质属性成为亟待解决的难题。所以，教学发展呈现出了严重的内化性，导致教学发展效标模糊，天赋论成为共识。于是，教学发展成为现实需求而又缺乏衡量尺度，更成为一种难以逾越的神话。相反，专业发展的清晰性和可复制性，客观上导致了教学发展与专业发展陷入恶性循环，个人发展与组织发展成为悖论，这种对立导致高等教育内涵式发展陷入困境；微观上教师作为行动者，追求人生自我完美实现的期待和个体自由发展的实现都成为难以触及的理

---

① 王玉衡.美国大学教学学术运动[J].清华大学教育研究,2006(2):84-90.

② 周川.简明高等教育学[M].南京:河海大学出版社,2006:197.

想,教师生涯成为生命的真空地带,缺乏生命观照的教学发展自然难以为继。

教学发展原本是组织发展的立命之本,如何让组织提供足够的环境支持,这就需要祛除教学发展的神秘性和模糊性的外衣。因此,教学发展的内化泛滥走向外化共享,教学过程从默会走向交流,从隐性知识走向显性知识,从艺术走向策略等一系列转型成为亟待解决的问题。然而,教学发展的外化式微导致这一切都无法实现,教学发展成为改革的口号和标签,实质成为高等教育说教式的理念,信奉理论与使用理论出现裂痕。布尔迪厄的社会实践理论中的惯习内涵,既体现了个体内在心理特征的性情倾向系统,也阐释了外化行为的策略选择。布尔迪厄的惯习概念消灭了主观和客观、主体和客体、结构和功能等二元对立的传统理论观念,实现了内外统一,这就为教学发展找到了合适的理论基础,使教学发展的内在和外化统一成为可能。因此,教学发展需要从教学能力的内隐性心理特征走向能力与行为的统一,这成为教师教学发展的本质内涵所在。

3.大学教师教学发展理论创新的反思

教学发展涉及丰富的内容,大多停留在特质论、素质论、能力论、知识论等方面,这些内容范畴都视教师是教学活动过程中的工具,忽视了教师也是教学发展的目的。也就是说,在教学发展中,教师既是工具又是目的,这才能凸显教学的魅力,才能将教学发展从自发转为自觉,从被动转为主动,从组织转化为个体,从外在转化为内在。之所以存在这样的困境,主要在于现有的教学发展内容都是基础属性,教学发展的本质属性尚未得到充分的讨论。因此,教师教学发展面临着范式转换的命题,包括方法论、理论视角和具体方法的转型。但不管采取何种途径,根本原则就在于,将教师职业、专业和生命融为一体,教学发展才真正具备内在的驱力和动力,或者说,教师才能从教学中获得生成,从而实现既是工具又是目的的教学发展,二者融合路径需要克服教学发展的二元对立,实现宏观和微观的结合,这是未来教师教学发展理论创新的努力方向。

二、大学教师教学发展的本质及内涵

(一)大学教师教学力的提出：作用于对象并存在于关系

大学教师教学发展的理论研究滞后于实践诉求，目前的研究大多基于实践层面的发展"良方"，所以，难以破解实践中的困境，教学发展只是一种理念，实践成效不尽如人意。在外部评价机制下，科研发展依然是主导，至少与教学的冲突在经验层面已有所验证。伴随高校扩招带来教师队伍规模的急剧扩大，高学历者日益增多，但他们对学科教学知识的缺失导致教学发展受阻，这样的难题期望以传统的教师培训，无论是经验还是历史，以外部主导式的培训模式来解决，都成效甚微。目前，各级各类教师教学发展中心都处于制度建设层面，效果依然不理想。

教学学术理念的出现为现实困境带来了期待。教学学术一方面是教学的学术底蕴，将探究的学术和整合的学术及时转化为教学内容；另一方面是对教学的传播方式的重视，关注如何教的问题，即传统的教学论。同时，无论是专业发展还是教学发展，教学学术都给出了平等对待的方式。从中可以看出，科教融合成为可能。在现有制度环境下，专业发展就意味着个人卓越的实现，教学发展就是组织发展的核心使命，所以，教师发展的四个方面聚焦于教学发展和专业发展，其根源在于教师职业的逻辑归宿，即个体自我生命的卓越追求以及所带来的社会影响和人才培养。因此，从教师主体性来看，教师个体改变及其作用于客体所拥有的力量，便成了教师教学发展的本质意义所在，这种力量是教学力量。教学力量就是从教师职业人生自我实现的角度，将教师作为职业实践的行动者，将职业对象看作一种关系状态，它是改变关系状态的能量表述。这里的职业对象是指科学研究、教学、社会服务和文化传承。通过教师改变职业对象力量的表述，教师发展从割裂化走向统一化，从要素论走向关系论，从静态走向动态，从而关注关系存在的状态及其所处的情景。

在布尔迪厄的社会实践理论中,实践活动的个体都是独立的行动者,它不仅关注个体,也关注整体,既研究行动者的主观性,也探索所在场域的客观性。事实上,教学实践活动实质是一种资源的传递和流通,在这种传递和流通的场域中,涉及的每一个行动者都存在着特定的可获得资源的位置和扮演着一定的角色,表现出特定的行为。行动者在教学活动中的位置和角色的决定性因素是各自所拥有的文化资本的数量和结构,与参与进教学活动中的其他行动者发生着力量的对比,改变着各自场域中的位置,传递和流通着不同的教学资本。从社会结构的角度来看,规则和资源是结构的主要因素。[①] 从这种意义上来说,教师教学力量是教师教学发展的本质特征,简称教学力。当然,教学场域中的资本流通和获得体现着行动者的权力和地位,也可以将教学力理解成教师的教学权力地位。所以,教学发展的本质是一种教学力的发展。

教学力的提出使科教融合成为可能,它使教师职业成为真正的专业,回归大学教师的本质即学术人生或学术生命。学术生命是创新力,它是改造世界和建构世界的本质体现。所以,这也赋予了教学力具有创新力的价值,创新力成为教师教学实践的可行能力,即可行力,在实质自由和工具自由的双重作用下,可行力转化为教学力,这就构成了教师教学力发展的主观态度和组织制度双重因素。同时,教学力效能由教学对象所决定,以学生学业成就来衡量教学发展水平已成为趋势。教师教学力改变对象及其关系的过程,实质是教学影响力的实现过程,领导力的本质是影响力,因此,教师教学力可以通过教学领导力得以实现。领导力评价可以根据追随者的追随力来衡量,所以,与教师教学力直接相对的是学生的追随力。教师的教学实践活动获得了学生的追随,也就解决了学生学习的兴趣、内在动力不足的问题。可以说,学生的追随力是学生获得学业成就的决定性条件。没有追随力的存在,教学力效能就无法衡量,学生学习力就无法得以实现。可见,教学力

---

① 林聚任.社会网络分析:理论、方法与应用[M].北京:北京师范大学出版社,2009:54.

的理论意蕴就是一种关系的存在，它是师生主体间性的建构。大学教师教学力发展要素关系如图 4-1 所示。

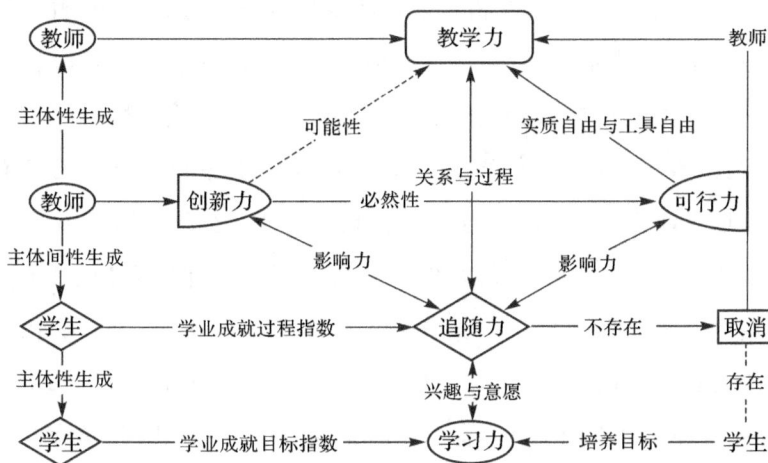

图 4-1 大学教师教学力发展要素关系结构

（二）大学教师教学力的内涵

教学力是从静态能力属性到动态关系本质的转变。所谓的静态和动态是相对的，能力作为基本心理特征，是相对静止且结构相对稳定的状态；关系则随着行动者在其实践场域中发生，由于传递和获得资源力量有差异，就会发生资源传递与获得的不平衡，从而不断地改变着关系结构，反过来，关系结构具备的规则又使行动者关系不会发生剧烈的变动，从而维持关系网络的平衡。教学力的实质是从关注整体属性到关注关系生成，这是一种研究范式的转型，而不仅是一种方法、一种理论；教学力的表象是教学能力高低问题，事实上，教学力既具有性情倾向系统的内在性，也有外化的教学策略的选择及行为表现，体现出二者内外整合的统一性，使其具有概念抽象性；教学力是从复杂和多元的系统看待教学发展，而不是根据单一要素进行探讨。教学力是从教学发展的心理特质到追求完满人的实现，这是教学发展的终极目标和意义所在。

从教学力发展要素关系结构可以看出，大学教师教学力是集创新力、可行力、追随力于一身的生成性、关系性抽象概念，它是学术内涵扩大后在教学学术理念下实现科教融合的本质反映，是基于学生学习力提升的目标追求，也是教学过程行动参与者相互影响而发生变化的过程，更是教师教学领导力实现凸显、追求卓越的结果。这样的概念引领既体现了教学过程中关系影响力这一共性指标，也体现了教学过程中可行力这一根基性的个性化指标。因此，教学力内涵不仅整合了相关参与者及其过程和结果，也整合了实质理论与形式理论。另外，学科创新力是教师生命的全部诠释，这赋予教师职业发展的可行力，而可行力转化成教学力，这是可行力自身需要的实质自由和工具自由的双重属性所决定的，这种双重属性既需要教师具备以自由看待发展的人之发展的价值理念，也需要政治自由、经济条件、社会机会、透明性保障、防护性保障等外在的工具性自由所给予的保障。[①] 因此，教学力既体现了内生式自我发展的活力和动力，也需要外在政策制度的驱动力推动。

在教学力关系结构中，学科创新力发生两种变化，一种直接转化成教学力，这是简单的教学与科研关系，但这仅仅是可能而非必然；另一种是教师学科创新力必然赋予教师自身的可行能力发展，这就是教师的教学可行力，是一种潜在的内在能力，即心理特征。这三个概念形成了教师自身发展变化的循环结构。在内涵关系结构中，教师的学科创新力和教学可行力都对学生追随力产生潜移默化的影响，影响的实现程度需要根据学生追随力指数来衡量，同时，这种影响是在教学关系网络过程中的，行动着的师生是交互影响的，从而获得促使参与者获得各自的自我实现，达到工具和目的的双重实现。学生追随力通过学生的意愿态度和兴趣程度得以反映，这是学生学习力得以实现的前提和基础，反之，学习力的实现又体现着学生学习过程的意愿态度和兴趣程度。因此，二者的关系是双向互动的，教师教学力与学生追随力是双向交互影响的过程，同时，教学力通过追随力这一调节变量实现教学力与学习力的交互作用。所以，教师创新力、可行力与学生追随力形

---

① 马龙海，许国动，熊文渊. 现代大学学术秩序的伦理目标：一个调和的视角[J]. 高教探索，2015(4)：23-27.

成了过程关系成长结构，教学力与学习力形成了正向的师生关系成长结构。

从理论品质上来说，长期以来，个体主义和整体主义方法论存在严重的冲突，微观研究和宏观研究严重割裂。20世纪80年代以后，对立的观点趋向缓和，寻找综合性的理论趋势加强，表现在微观分析和宏观分析的综合。而社会网络分析法就达到了这样的目的。[①] 社会网络分析法从个体主义视角进行微观研究，适当延伸至宏观，在方法论上体现混合方法论，在理论的品质上，也关注微观和宏观的结合。教学力具有集成生成性、过程关系性、内涵抽象性、问题导向性、影响交互性、生命卓越性等六种特征，还实现了理论与实践的结合、形式与实质的整合、外在与内在的统一等三种理论功能以及教师主体性生成、学生主体性生成和师生主体间性生成这三个生成过程。基于此认识，教学力是教师在生命场域变化过程中获得各种资源作为教学资本，从而具备教学可行力，在教学关系场域中通过教学惯习的内在性情倾向系统所决定的外在教的策略与学的行动者交互作用，实现教学影响力，激发学生追随力，提升学生学习力的力量。因此，教学力生成于科学关系场域，实现在教学关系场域，其基础是依靠个体资本所具备的教学可行力，完成主体性生成过程；其外在表现则是教师内在倾向系统所决定的教学策略，这是教学过程实现的手段，其效标是学生的追随力，逻辑归宿是学生学习力的提升，完成学生主体性生成过程；从整体上来看，教学力本质特征是一种作用力量和关系存在，完成主体性及其主体间性的生成。

三、大学教师教学力发展的嬗变路径

行动者各种创造财富的活动都属于劳动，资本是积累起来的劳动，可能是

---

① 林聚任.社会网络分析：理论、方法与应用[M].北京：北京师范大学出版社，2009：54.

物质化的,也可能是身体化的。① 教师的教学实践活动也是一种创造财富的劳动,只不过这种财富不仅仅是物质的,而且是一种身体化的或者说是一种精神财富;反过来说,教师不仅创造了物质资本,而且也创造了自身的资本,所以,这里就产生了教师资本的概念逻辑。资本之所以为资本,是因为具有产生利润和复制自身的潜在能力,因此,教师的资本同样具有这样的功能。

(一)教学力根源于教学资本的结构与规则

在布尔迪厄的社会实践理论中,资本相当于社会物理学中的物质的能量,行动者排他性地拥有资本,就可以占有物化的或活的劳动形式的社会能量。资本需要用时间去积累,需要以客观化的形式或身体化的形式去积累,资本是以同一的形式或扩大的形式去获取生产利润的潜在能力,也是以这些形式去进行自身再生产的潜在能力,因此资本包含了一种坚持其自身存在的意向,它是一种被铭刻在事物客观性之中的力量,所以,在特定的时刻,资本的不同形式的分布结构,体现了社会世界的内在结构。② 从实践活动角度来看,教师通过实现资本的积累从而具备了教师实践活动的力量。教学过程就是利用自身的资本进行实践活动,实质是利用自身的资本产生的能量,实现教学效能的力量,或者说是影响教学对象即学习者自身获取资本的力量。正如经验调查显示,这些基本权力(这里指的是力量)是各种不同形式的经济资本、文化资本(信息资本)、社会资本(基于关系和身份的资源)和象征资本,一旦它们被理解为或被认为是合法的时候它们所采取的形式。这就是力量与资本的关系。换言之,就是教师在教学实践活动过程中,通过教与学的力量的变化,教与学得以实现。因此,教师教学发展的本质属性是

---

① 宫留记.资本:社会实践工具——布尔迪厄的资本理论[M].开封:河南大学出版社,2010:118.

② 宫留记.资本:社会实践工具——布尔迪厄的资本理论[M].开封:河南大学出版社,2010:118.

一种力量，是一种获得教师资本①并且利用其自身的各种资本进行教学实践的力量。所以，目前教学发展研究仅从能力论等方面进行探讨，实质是割裂了教师的教学力与学生的学习力②的对立统一性，教学力在影响学生的学习力的过程中起着直接的作用，因为教师的教学资本总量和结构比学生的多。③

从布尔迪厄的社会实践理论的资本、场域与惯习的三个核心概念可以看出，三者是一个有机的整体，在教学发展中，离不开这三个方面，它们相互作用的结果是行动者之间权力或力量的较量。因此，教学力就是在教学发展过程中，教师在特定的场域利用积累的资本，通过自身惯习发挥其作用所表现出来的力量，这种力量既是获取的力量，也是实现的力量。所以，教学力是教学资本、教学场域和教学惯习三者的有机结合的抽象概括和体现。教学力的本质是一种关系，是在场域的力量较量中形成的一种动态的社会关系网络，所以，教学力离不开场域，力量对比的工具是资本，流通的也是资本。所以，资本决定着行动者在网络关系中的位置。

(二)学术资本主义背景下学科创新力与职业教学力日趋分化

今天，整所大学都参与到商业化浪潮之中，都在追求源于智力工作的赚钱机会。④ 不管以什么名义、由谁实施或者发生在机构的哪个部分，总之大

---

① 这里涉及本书的一个基本假设，即教师的一切财富（即资本）是进行教学实践活动的前提和基础。教师资本的缺失将影响到教师教学效能的实现程度，在后面的研究中会深入探究二者的关系，即教师资本结构与教学效能的结构有何关系，这里的效能结构主要是指教学力量影响学生学习所获得的优势项目。

② 学生的学习力是指学生在教学活动中所具有的领悟能力、理解能力、知识掌握和应用能力、自主学习能力、独立思考能力等要素整合而成的学习力量（参阅：马必学，刘晓欢. 提升学校教学力 促进高职院校内涵建设[J]. 中国高等教育，2008(21)：44-46）。教学力与学习力是对立统一的关系。

③ 这里的假设是行动者的资本是与个体的经历和阅历有着密不可分的原则，所以，教师的资本要优于学生的资本，在教学力与学习力的相互影响过程中，教学力的作用要大些。

④ Bok D. Universities in the Marketplace：The Commercialization of Higher Education[M]. Princeton：Princeton University Press，2003：3.

学正在进入市场中①,大学正在利用它特有的资本(大学教师和知识)去争取更多的收入来源,表现出学术资本主义的趋向。② 高等院校已变得更加有企业性③,学术商业化已经成为全球范围内势不可挡的趋势。2014 年 10 月 21日,瑞典隆德大学奥洛夫・埃杰莫教授在北大—斯坦福论坛上,详细阐述了瑞典的学术商业化趋势,对不同的学术商业化模式和类型进行了系统总结。瑞典将高校系统的教学科研与研究者参与商业活动结合起来,高校科研成果要为产业发展所用,并与商业公司产生互动。埃杰莫教授收集并分析了从 1995 年到 2011 年超过五万人次学者的商业化信息,将专利、个人商业资金收入、非学术工作和学术创业等作为衡量学术商业化指标。通过对这些指标的回归分析,埃杰莫教授对瑞典科研人员的商业化情况和活跃程度进行了系统分析,发现年龄、职称等成为影响该国高校科研人员学术商业化行为的重要因素。这些有关学术商业化的论述充分说明了现在的学术资本主义不仅存在,而且是伴随社会现代化进程必然出现的一种社会存在。"学术商业化"又被称为"学术资本主义"④,这是目前西方大学在经济全球化的大环境下发生的最重要的变化,其实质是社会服务功能日益加剧的集中表现,它是高等教育学者日益关注的话题。⑤ 狭义上的"学术资本主义"是指一种

---

① Krachenberg A R. Bringing the concept of marketing to higher education[J]. Journal of Higher Education,1972,43(5):369-380.

② 潘发勤. 全球知识经济背景下的学术资本主义——《学术资本主义》读后[J]. 北京大学教育评论,2009(4):180-186.

③ The state of higher education in the world today[EB/OL]. http://portal.unesco.org/en/2009-07-24.

④ 广义的"学术资本主义"是指一种理念或意识形态,即在全球经济化条件下,新经济主义的意识形态对大学理想、使命、功能、性质和相关大学的政策制定等的渗透,使之或多或少都带上创造财富和营利的色彩。具体地说,又可分为"科研资本主义"和"教学资本主义"(或称"教学创业主义")。前者是就学术研究的市场化而言,后者是指教学,主要就本科生的教学市场化而言。参阅:张静宁. 美国本科教育中的"教学资本主义"述评[J]. 现代大学教育,2013(5):87-91,111.

⑤ 张静宁. 美国本科教育中的"教学资本主义"述评[J]. 现代大学教育,2013(5):87-91,111.

现象或行为，包括大学、大学里的集体或个人的"市场或类似市场的行为"①，即以营利为目的的商业行为。大学本身作为行为者参与市场的形式多种多样，如大学投资公司，持有股份；大学以资金形式支持实验室里的研究走向市场，使之成为商业产品（专利）的开发者和所有人；大学以合伙人的身份将员工的活动、知识和产品卖给私人企业，与之签订商业合同②等。大学里的集体或个人"或为自己，或为学校赚钱"的现象也很多见，在理工科主要表现为与企业合作，包括"科研成果转化，开公司，拿专利，开办研究园，提供咨询"等③；在人文和社会科学则表现为教师参与校内外的各种"自由职业"，如办培训班、兼课、提供咨询等。在"学术资本主义"条件下，大学在实践其传统功能，如教学、科研、社会服务方面发生了深刻、迅捷而又悄然无声的变化。

所以，"科研资本主义"和"教学资本主义"的出现冲击着大学功能，尤其是"教学资本主义"对大学内部权力结构重组的冲击最大。研究发现，国家政策推进学术资本主义，大学教师和院校日渐失去自治。不能把教师为追逐研究而耽误教学简单地归结为职业道德问题，应更多地思考政策的导向作用。④ 可以说，"科研资本主义"生存的肥沃土壤，使二者发生了严重的倾斜。"教学资本主义"已经发展到令人忧虑的地步，学校所说的招聘新成员实际上是一种委婉的广告，经济资助是明码标价，而伤筋动骨的课程修订只是在做产品开发。⑤ 其实，"学术资本主义"与"教学资本主义"不仅带来了二

---

① Slaughter S，Rhoades G. Academic Capitalism and the New Economy：Markets，State and Higher Education[M]. Baltimore：The John Hopkins University Press，2004：6.

② Slaughter S，Leslie L L. Academic Capitalism：Policies and the Entrepreneurial University[M]. Baltimore：The John Hopkins University Press，1997：13.

③ Anderson M S. The complex relations between the academy and industry：Views from the literature[J]. The Journal of Higher Education，2000，72(2)：227.

④ 潘发勤. 全球知识经济背景下的学术资本主义——《学术资本主义》读后[J]. 北京大学教育评论，2009(4)：180-186.

⑤ 大卫·科伯. 高等教育市场化的底线[M]. 晓征，译. 北京：北京大学出版社，2008：1.

者之间的冲突,也使学术自由受到知识资本化过程中"企业主义"的挑战。[①]在尚未形成良好的现代学术秩序的情况下,教学更容易受到"学术资本主义"的冲击,可以说,我国的大学面临双重的考验。

"教学资本主义"给本科生教育带来的最直接的冲击就是本科教育进一步地边缘化、商品化、职业化以及教师地位相对行政人员地位的弱化,这也是大学去行政化呼声愈高的原因之一。"科研资本主义"主要体现在教师的创新力方面,科研与教学二者的根本冲突出现了创新力与教学力的冲突,二者原本是相辅相成的,因为创新力的过分倾斜,致使其与教学力割裂。可以这样理解,如果科研与教学在常态下发展,二者是相互依赖的关系,或者说是相互促进的关系。也就是说,创新力的提升是教学力实现的前提和基础,教学力又反哺创新力的提升。然而,在二者割裂的状态下,创新力的提升变成了教学力的可行力,只有具备了态度意愿和制度设计,才能够将可行力转化成教学力。因此,教师教学发展需要这种整体审视下的本质属性探究,而不是教学发展中单一属性的发展。

四、教学力现状分析

(一)宏观态势分析

1. 文献来源与分布情况

本书从中国学术期刊网络出版总库(CNKI)中获取研究样本,截止时间为 2020 年 9 月 1 日,检索关键词为"教学力"和"教学力量",共检索有效文献 146 篇,筛选有效文献为 142 篇,年份分布情况见图 4-2。

从年度文献分布拟合指数 R^2 来看,关于教学力(量)的研究并未得到充分的关注,而且目前尚未形成认知共识。

---

① Altbach P G. Academic freedom：International realities and challenges［J］. Higher Education,2001(41)：205-219.

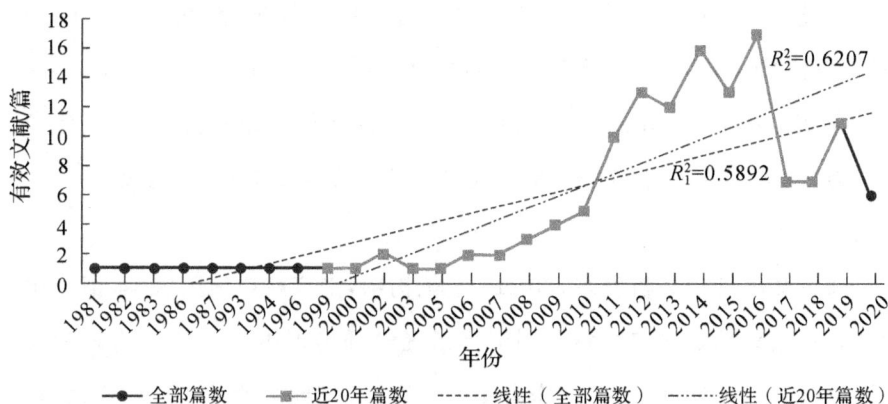

图 4-2　教学力(量)年度文献分布情况

2.热点主题、机构与作者分布情况分析

通过文献计量软件 Cite Space 5.7R1 对选取文献进行关键词分析，在该研究领域中，涉及的关键词共有 361 个，在衡量关键词在文献知识图谱中重要地位的指标中，只有频次、度数和中心性表现出差异性，取各指标的前 11 位，共有 17 个重要关键词，其分布情况见表 4-1。

表 4-1　高频关键词分布情况

频次	度数/度	中心性	关键词	频次	度数/度	中心性	关键词
79	63	0.59	教学力	3	7	0.05	教师成长
17	30	0.16	教学力量	7	10	0.03	学习力
3	3	0.16	幸福教育	2	9	0.03	教学策略
2	8	0.1	面积计算	4	9	0.02	大学教师
4	9	0.09	教学	4	5	0.02	数学教师
3	13	0.06	创新型教师	4	3	0.01	内涵建设
2	14	0.05	反思力	1	9	0	"双基"
2	12	0.05	思维过程	1	9	0	代数思维
6	7	0.05	教学反思				

注：中心性越大，说明该关键词在知识图谱中越重要，频次的高低则佐证其重要地位，度数说明相关关键词的数量。

通过选取文献进行关键词热点聚类分析结果发现,分析结果的网络模块值(Q值)为 0.8793,大于 0.3,意味着网络结构显著;平均 S 值为 0.4702,大于 0.05,说明聚类分析具有较高信度。关键词聚类分析发现,主要分布在教学力、教学力量、综合练习、教学、教学行为、教学资本和三级教研网络 7 个主题热点领域。

通过文献计量分析发现,在 116 个机构中,南京航空航天大学、浙江师范大学教师教育学院和广东省深圳市福田区教师培训中心 3 个机构较为关注该研究领域。另外,在 162 位作者中,朱德江、孙建锋、姜馥村、谭长存、董旺森、石丽和肖勇 7 人共现频次为 2 次及以上。

(二)教学力思想体系:从单一内涵走向多元内涵

教学力一词在英语里没有相应的词汇,因此,根据国内研究内容侧重的不同,教学力可以翻译为"instructional/teaching power/strength/force"。这里将教学力看作是教学发展的本质特征,因为它不仅是内在心理特征,更是外化的表现,是内隐性心理特征与外显性行为表现相结合,消除二元对立的认识,实现内外整合的深度探究,丰富教学发展的理论研究,观照教学实践行动,消解教学评价无法操作的困境。目前,国内有关教学力的直接研究较少,但其概念内涵多归属教学能力范畴,没有将教学力作为教学发展的本质看待,国外研究内容尚未找到,但相关思想体现在"instructional/teaching development/improvement"等研究之中。

教学力分为学校层面和教师层面,如何提升高职院校的教学力,是高职院校内涵建设的中心任务,也是内涵建设的突破口。[①] 但近年来教师层面的教学力成为焦点。教师教学力是高职院校教学力的要素之一,它是学校竞争力的核心要素。[②] 独特的教学力和学习力,对我国发展职业教育、创新人

---

① 安然. 特色学科教学建设是高职院校教育内涵发展的必然要求[J]. 职业技术,2009(9):73-74.

② 马必学,石芬芳. 论高职院校教师教学力的提升[J]. 当代教育论坛,2009(6):95-97.

才培养模式具有重要的意义和作用。[①] 教学力建设是高职院校内涵建设的关键，教学力包含教与学两个方面，是师生合力的结果。[②] 这是师生关系说，更多人提出能力说[③]，但构成的能力要素有差异[④]，在能力要素下提出高校教师教学力模型[⑤]；也有素质说[⑥]，认为教学力是教学能力的核心要素，是一种职业素质[⑦]；还有力量说，认为教学力与学习力相对[⑧]。可见，国内教学力研究多集中在素质说、能力说和关系说。素质说和能力说显示一种心理特征，属于个体的潜在属性。因此，教学力的外化属性，也就是显性属性尚未涉及。这样的结果不仅使教学发展目标模糊，教学发展无法从理论的神坛走向实践的诉求，而且导致教学发展的效能面临严重的挑战，教学发展评价停留在理念层面，从而影响教学发展探究的实践和应用价值。关系说更多强调师生关系的相互作用，而忽视了教师个体内在默会性知识，二者都存在着内在与外在割裂的陷阱。

伴随着教学力研究的深入，教学力日益从能力说、素质说和关系说等单一视角走向了更加复杂的多元视角。教学力是指与教学成果（表现为人才）、教学质量（表现为人才能力）直接相关的因素，即教力、教学工具及手

---

① 王洪海，韩树安.职教教学力和学习力的创新探讨[J].科技创新导报，2011(15):151.

② 郑武，吴枫，邓欣.浅谈高职院校内涵建设中的教与学[J].科教导刊（中旬刊），2014(9):182-183.

③ 马必学，刘晓欢.提升学校教学力 促进高职院校内涵建设[J].中国高等教育，2008(21):44-46;石芬芳.略论工学结合环境下高职教师教学力的提升[J].职教论坛，2008(24):20-23.

④ 张漾滨.关于提高高校青年教师教学力的若干思考[J].湖南社会科学，2009(4):160-162.

⑤ 孙彩云，庄国波，翟建军.基于教学力（Teaching Ability）提升的高校教师教学评价模式研究[A].南昌工程学院经济贸易学院，2012管理创新、智能科技与经济发展研讨会论文集[C].南昌工程学院经济贸易学院，2012:4.

⑥ 卢静.教学力：素质教育视阈下高校教师的必备素质[J].天中学刊，2012(5):118-119.

⑦ 陈娟.基于学生学习力的中学音乐教师教学力的提升[J].考试周刊，2013(33):178-179.

⑧ 王洪海，韩树安.职教教学力和学习力的创新探讨[J].科技创新导报，2011(15):151.

段、学力①，属于教学要素综合说。高效课堂是师生双方借助一定媒介共同打造的，在这个过程中既需要教师教学力的投入，更需要学生学习力的参与。教学力由备课能力、教案设计能力、课堂组织实施和管理调控能力等要素构成，而学习力则由学习动力、学习毅力和学习能力等要素构成，两者在课堂教学中是共生共长的关系。② 该说既重视关系，也重视能力，所以，属于能力关系说。也有人认为教师教学力是教师的过硬本领和从教魅力③，这属于能力天赋论。教学力指教师在从教过程中展现出来的涵盖教学、管理、组织等方面的一种综合力量。具体表现为自主学习、课程开发、学科教学、技术操作与服务等行动能力，以及上述能力与教师从事的教育、教学、科研等实践活动有机结合、相互促进、共同形成的综合实力，受一个人的性格特征、思想境界、教育理念等要素的制约。④ 这种认识既强调教师自身综合能力，也强调作用客体，并指出其实力根源于教师生命，因此，属于抽象力量说。

　　教学力提升路径研究也是该研究领域的重要内容。有学者利用学校教研网络对农村中小学教师的教学力进行深入研究。⑤ 以教研促进教学力提升是重要的路径选择。教研力主要指教学的思想力，而教学力是相对于教研力而提出的教学行动力。教研力乃教研发展水平的总和，教学力则是教学的综合实力。中小学教师提升教学力至少要在三"力"上下功夫。⑥ 当然，教学力如何产生，这是一个复杂的理论难题，就目前的探索来说，仅从教研与教学的关系进一步延伸，而教学力的产生根源还有待进一步深入探索。

---

　　① 王静巍.论教学力[J].教书育人,2002(4):7-8.

　　② 黄自团,袁顶国.教学力与学习力:要素、共生与培养路径[J].教育理论与实践,2014(14):3-5.

　　③ 于凤梅.论教师的专业品位[J].现代教育科学(中学教师),2014(4):40-41,15.

　　④ 刘俊,廖毕文.教师如何提高教学力[J].考试周刊,2015(61):162.

　　⑤ 曾祥尤.利用三级教研网络提升农村中小学教师教学力的研究[J].天津教育,2019(21):43,45.

　　⑥ 过福堂.中小学提升教学力初探[J].江西教育,2019(4):38-41.

(三)教学力研究范式转型与探索路径

大学教师教学发展与科研发展相伴而生，交替发展，矛盾冲突或潜藏或凸显，但始终无法理顺二者的关系。教学与科研关系的变化从某种角度来说反映了大学文化的发展变化过程，这标志着大学文化经历着文化的建立、文化的霸权、文化的重立、文化的消解和文化的认同。[1] 在这个过程中，教学发展也经历着教学的形成、教学的游离、教学中心和融合的发展趋势。目前，大学以教学为中心的共识已经达成，尤其是研究领域引领着实践的发展。教学发展应包括更新课程和教学模式、准备学习材料等方面的内容[2]，这是目前较为权威的对教学发展的界定，但依然是按照教师发展的逻辑方式进行要素论的界定方式；更为具体的界定也涉及一些旨在提高教学技能的活动，内容包括对学生学习差异的理解、课程的组织和设计、教学方法的改进、课堂中教育技术的运用、学生的评价程序等[3]，这些内涵始终没有突破要素论视野。教学发展从中心走向质量提升的后大众化阶段，科教融合发展已经成为未来趋势，概念创新成为亟待解决的问题，因此，从本质属性的角度提出教学力，这是进行深入探索的选择。

1.融合范式取向

帕莫拉·埃德姆斯提出了教师发展的三种范式：理性主义、行为主义和建构主义。[4] 共同建构是知识创生与意义理解的最有效途径，共同调查、合作决议、共同案例分析、集体问题解决、反思与分享是建构的有效方式。这是影响较大的发展范式。但是，这种单一范式下的发展方式，主要

---

① 张湘韵.从大学教学与科研的关系看大学文化的嬗变[J].高校教育管理，2015(2):34-37.

② Bledsoe G B. Faculty development in higher education. enhancing a national Resource[R]. Washington,D. C. :National Education Association,1991:11-12.

③ 林杰,李玲.美国大学教师教学发展的背景与实践[J].中国大学教学,2007(9):87-90.

④ Pamela A. The role of scholarship of teaching in faculty development:Exploring an inquiry-based model[J]. International Journal of the Scholarship of Teaching and Learning,2009,3(1):1-24.

表现在两个方面,一是基本上都属于内化(哲学)范式,从个体主义视角审视,强调主观主义,主要关注如教学能力、教学情感、教学动力、教学理想、教学信念等个体内生式的发展模式;二是外化(科学)范式,从宏观视阈下,强调客观主义,关注如教学行为、教学模式、教学策略、教学方法等外在外推式的发展模式。但无论哪种范式,都存在着某种割裂或者理想化的倾向,可能陷入某种实践困境。因此,本书提出一种新的融合(实践)发展范式,这种范式是在实践哲学思想下,从整体主义视角,追求主客观统一、宏观微观结合的发展模式,实现个体内外统一,整合外推式与内生式,组织与个体协同发展的范式。

2.融合路径选择

大学教师教学发展是指通过教学设计、教学诊断和教学评价等旨在改善大学教学质量的,以大学青年教师为主要受众群体的一系列发展性活动[①];教师教学发展即狭义上的教师发展,主要包括教师职业知识、教育知识和教学能力三方面的发展。[②] 教学发展主要指通过改善教学条件,提升教师的教学技能和教学能力,提高教学质量,其目标是使教学变得更为成功和令人满意。高校教师发展更多地强调高校教师作为教学者的教学能力的发展和提高。[③]教师教学发展除了正常的培训工作以外,主要针对高校教师的职业倦怠现象,为教师的教学生涯提供一种发展性服务平台,变教师的"被动培训"为"主动发展"。[④] 大学教师教学发展是以推动大学教师个人教学质量提高,促进学生学习与实现大学教师所在组织之教学改进为目的,以教学发展为内容,以个人发展与组织发展为根本方式和以准大学教师与大学教师为发展主体的一系列教学发展行为。此定义同样强调了发展的目的是推动

---

① 叶伟敏.美国大学青年教师教学发展研究[D].福州:福建师范大学,2013:3.
② 潘懋元.大学教师发展与教育质量提升——在第四届高等教育质量国际学术研讨会上的发言[J].深圳大学学报(人文社会科学版),2007(1):23-26.
③ 潘懋元,罗丹.高校教师发展简论[J].中国大学教学,2007(1):7-8.
④ 张容,陈培玲,陈磊.构建"教师教学发展"体系 提升本科教学质量[J].中国高校师资研究,2012(2):51-53.

教学质量提高、促进学生学习与实现大学教师所在组织的教学改进;内容是发展教学;根本方式是个人发展和组织发展;主体是准大学教师与大学教师,即任职前的教学发展也属于大学教师教学发展;属性是一系列发展行为。[①] 从这些内涵认识上来说,大多为具体描述性定义,停留在操作性概念层面。大学教师教学发展的本质属性需要提升到抽象概括层面,这是概念丰富发展的努力方向。同时,这些概念停留在静态层面,主要是关注教师这一教学实践活动的行动者,而对学生(也是教学实践活动的行动者)关注不足,二者关系处于二元状态。学生是教师教学发展的首要力源,这一力源激发反思并支撑起三足鼎立的教学发展路径——教师自主发展、师生学习共同体、教师专业共同体,特别是教师的自主性。[②]

因此,这引发出了大学教师教学发展的"本质是什么"这一根本问题,从而解决其本质属性问题。基于这样的认识,将大学教师发展的不同阶段(职前发展、新教师和职中发展等融合一体)看作动态发展的过程,而非人为地划分。同时,大学教师教学发展的逻辑归宿需要观照学生这一行动者,这就需要从关系思维的角度来思考,关系存在于哪里?关系何以存在?关系的外化形式是什么?这一系列思考,催生了大学教师教学力这一本质特征的提出。

大学教师教学发展是整体、多维与和谐的,需要系统与持续的努力,仅仅开展一次或几次短时间的训练,其效果往往比较差,短暂的努力虽然能增加知识,却难以改变态度与行为。教师教学发展已经由早期强调教师发展转变为强调学生发展以及社区与组织教学文化发展,由重视个人教学发展转变为重视集体公共教学发展。[③] 如果说专业化发展是单一发展,教学发展就是综合性的发展。教学发展离不开专业基础,更离不开组织和个人的发

①　吴振利.美国大学教师教学发展研究[D].长春:东北师范大学,2010:34-35.

②　严金波.英语教师教学发展的思考——学生访谈的叙事分析[J].内蒙古师范大学学报(教育科学版),2012(12):47-51.

③　吴振利.新世纪美国大学教学特色分析[J].国家教育行政学院学报,2014(11):91-94.

展,只有组织和个人得以发展,教学才能够真正得到可持续性发展。因此,教学发展是一个综合性的发展路径选择。所以,教学力是教师发展的本质所在。

从大学教师教学发展的途径、发展方式、发展层次、发展目标、发展内容以及发展的结果来看,已经有相当丰富的成果。首先,大学教师教学发展是从国家、社会到学校及院系赋予的本体意义的期待,使得教师教学发展具备了强大的外在驱力,这是组织结构的功能。其次,教学学术的提出使得教学提高到学术层面,消解了科研与教学一直以来难以消解的悖论,实现了科教融合的目的,这就是教师作为行动者个体意义上的需求,使得教师具备强烈的内在动力,从而使教师专业化发展具有了更加丰富的内涵。在组织结构推动下,在强大的外在驱力及个体强烈的内在动力合力作用下,大学教师教学发展的教师职业,从更加宏大的场域中审视,教师职业不再产生倦怠,而是具有自我实现的职业人生。于是,大学教师教学发展不仅是教学学术的发展,更是职业人生的卓越追求,大学教师教学发展的融合式的职业路径成为不可忽视的路径选择。三者关系如图 4-3 所示。

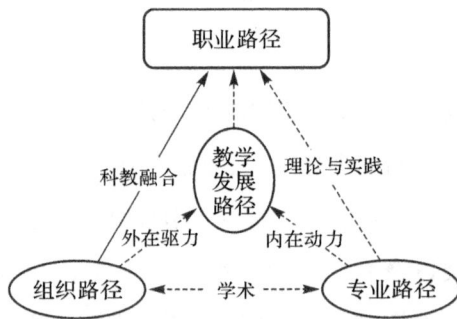

图 4-3　大学教师教学发展的路径关系

从路径关系图中可以看出,专业路径是职业路径的理论根基,也是根深蒂固的内在动力,组织路径是外在驱力的集中体现,这符合科教融合理论与实践的必然趋势,这种融合式的职业发展路径凸显理论情怀,是实践的根源所在。实现教学发展既是发展的手段也是发展的目的。

第二节　大学教师的教学实践发展：从理想模型看现实困境

伴随着学术与教师发展的内涵的多元化，教学与科研的外在冲突日益凸显其内在悖论。大学教师教学发展的理想模型由多元化知识、多元化角色以及多元化教育功能构成。理想模型的实现离不开教师成长，这些体现在年龄和职称方面，从而提出了大学教师成长的时间序列模型。实证分析表明，在传统的评价机制下，大学教师晋升压力大，科研投入占用了大学教师的主要精力，教师的教学实践投入与态度都会受到影响。大学教师教学实践发展面临困境，影响深远，甚至有系统变革性的影响。因此，大学教师教学实践的发展需要从理念走向体制，从现实困境走向理想模型，从而实现大学教师的卓越追求。

一、科教融合的内在冲突

长期以来，科研与教学的割裂成为大学教师教学发展难以逾越的鸿沟。博耶的多元学术观令科教融合成为可能，教师的发展转化为全面的学术发展，教学与科研具有了同一性。同时，多元学术观促进了教师发展的四个维度的提出，即教学发展、专业发展、组织发展和个人发展。然而，从现实角度来看，教学学术地位仍未达成共识，狭义的科研至上主义导致个人发展与专业发展相关联，教学发展只是组织发展的需要，从而导致教师发展逻辑与组织发展逻辑出现了内在冲突。从教师教学发展内在机制与现实教师发展要素的关系可以看出大学教师教学实践发展的状况。本书基于1984—2012年《中国教育统计年鉴》数据，从高校教师学历、职称和年龄变化的特征以及未来走向等方面，分析其是否从显性层面预示着教师发展的内在压力，从内隐层面蕴含着极具挑战的科教融合的内在悖论。

二、理论基础：多元化机制的理想模型

目前，学界关于教师发展的研究成果很丰富，但关于教师专业发展与教学发展的关系的研究却鲜有。无论是 21 世纪"学术资本主义"的来袭，还是"教学资本主义"的初现端倪，大学教师的身份认同更多的是学科专家。很多大学教师往往把学科专家或社会效益作为自己的职业理想和追求目标，忽视了自己最本源的职业身份——教师。[①] 大学组织对大学教师角色的期待与个人现实中的身份认同出现了错位，教师的功能、角色和知识等出现了冲突，教师的科教融合发展成为难以逾越的困境。

一直以来，我国大学教师专注于学科专业范畴的研究，教学研究因困难重重而难以实现。因此，学科教学知识未受到充分的关注。随着高等教育内涵式发展，博耶的学术观以及教师发展的四要素成为我国大学教师教学发展的重要思想基础。教师作为教育教学的行动者，逐渐从单一追求走向多元追求，伴随着知识结构、角色及身份认同和功能走向多元化。所以，从知识结构来看，单一知识结构已经无法满足教师教学发展。从学科教学知识的产生方式来看，教师教学发展除需要学科知识外，还需要结合自身教学经历或经验，以正式或非正式的方式，通过创造性地解决各种实际问题获得学科教学的知识。[②] 教学传播的学术实质是一种实践性知识，从实践性知识获得的四要素[③]，即主体、问题情景、行动中反思和教学信念可知，教师学科教学知识只能从实践中来，并且发挥教师主体性作用，这就需要给教师成长的时空条件，这里的时空主要是指时间维度和文化环境。

大学教师多元知识结构根源于多元角色，从时空条件来看，反映出的是

① 崔军. 大学教师教学发展若干问题的思考[J]. 煤炭高等教育, 2010(4):71-73.

② 张会杰. 成为自己教学的研究者：高校教师教学发展的重要途径——兼论高校教师教学发展中心对教师教学研究的促进[J]. 现代大学教育, 2014(5):93-99,113.

③ 陈向明. 对教师实践性知识构成要素的探讨[J]. 教育研究, 2009(10):66-73.

教师自我建构的成长之路，伴随着自身时空情景条件而发展。不同的教学生涯阶段会有不同的需求。经验研究表明，身份建构是一个持续动态的过程。[①] 大学教师多元化角色根源于大学功能的多元，大学教师教学发展多元化机制模型如图 4-4 所示。

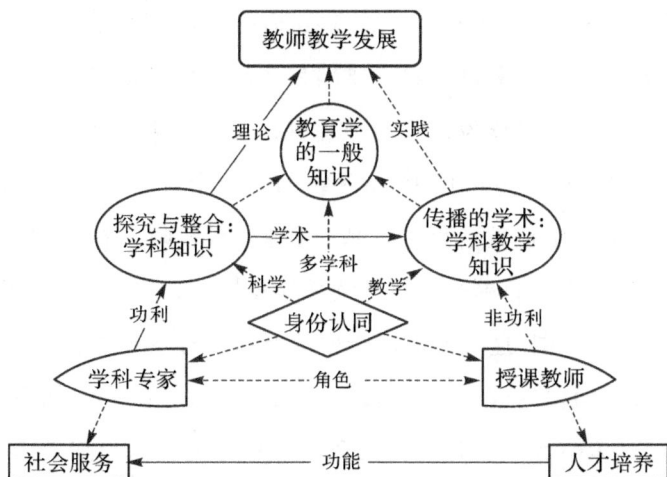

图 4-4　大学教师教学发展多元化机制模型

　　从图中可以看出，大学教师教学发展不是单单谈教学的问题，而是在整体视野下实现教学发展，这也符合大学教师身份自我建构的路径，而虚线指向都是一种阶段性的成长路径或理想定位，而现实环境难以提供可持续性发展机制。因此，大学教师教学发展的多元化机制是一种理想构型。由此可知，教师教学发展是教师发展的最高境界，是指教师自身实现科教融合，用科研提升教学的学术性，用教学促进科研的可持续性发展，正如芬兰的教学发展理念，即科研本位教学（research-based teaching）。

　　基于教师教学发展的理想模型，可以从教师教学实践发展的构成要素，即年龄、学历和职称三个方面进行教师教学实践发展的现状分析，并对未来发展趋势做出基本的预测。

---

　　① 张银霞.情境学习理论视角下高校初任教师的教学发展与创新——基于国内两所高校的质性分析[J].中国人民大学教育学刊,2014(3):127-138.

三、教师教学实践发展:时间序列模型的要素分析

(一)年龄维度

从时空发生来看,教师教学发展具有历时性和共时性。经验研究表明,年龄维度是教师教学水平差异的重要因素。教师的年龄越大,其教学理念、教学行为越好[①],但对教学发展没有显著性影响。教龄是教学行为的重要影响因素,但当教龄达到 20 年以上,就不再与前一个阶段产生显著差异。[②] 无论从教师专业发展还是教学发展的成长阶段论,教师是在时空条件下获得不断成长的过程,不是简单的线性持续发展模式,教师的教学发展是非线性的,并且速度有所不同,这主要取决于教师所处的时空条件。

通过成长周期理论可以看出,教师的成长是从学科专业知识开始,然后走向教学技能、策略直至走向二者融合的自我实现。作为高学历新手教师,他们所完成的是第一阶段的学科专业知识,而走向第二阶段的教学技能与策略以及自我实现,则是通过实践发展教学智慧,直至实现科教融合,才能够寻找到自我实现的途径,这是一个终身修炼的过程,这就需要关注从学科专业知识完备到教学智慧的实现和从教学智慧到自我实现两个不同阶段的"高原期",因此也就特别需要关注中青年教师的成长。由此推知,大学教师的年龄是教师教学发展的重要因素。

(二)学历维度

随着研究生教育的规模性发展,新教师的学历层次较高,专门教师职业训练不足,部分青年教师把主要精力都投注在了科研上。[③] 成长实践的缺失

---

① 宋鑫,魏戈,游蠡,林小英.国内一流大学教师教学现状探究——基于北京大学的实证调查[J].高等理科教育,2014(6):9-19.

② 宋鑫,林小英,魏戈,游蠡."教学学术"视角下的大学教学现状研究——基于北京大学的大样本调查[J].中国大学教学,2014(8):87-93.

③ 董方旭.以角色转变促进高校青年教师的教学发展[J].高教研究与实践,2012(3):37-40.

致使他们面临诸多难题；从新手到成熟之后，很多人又容易产生职业倦怠等。[①] 由于目前高校资源分配不均，新入职教师又处于职级的底层，所以，获得的科研资源相当有限，却担负着学校最高的科研期望。高学历教师面临着沉重的责任与权利的冲突。

博士生助教制度是未来大学教师发展的重要举措。博士生助教制度在国外已成熟，但目前国内仍有很多不尽如人意的地方。从现状看，学校、导师和博士生对助教认识都不到位，博士生教育阶段过分重视学术研究、严重忽视教学知识和能力培养、影响本科生教学等[②]，这导致初入职教师普遍面临较迫切的教学发展任务。[③] 可见，学历层次高，社会期望也高，面临的压力也大。同时，这种压力不能得到适当的消解，将会更加深远地影响其自身的角色身份认同。

所以，学历层次影响大学教师教学发展的内生性诉求。高学历带来了教师教学发展的高压力，教学难以可持续性地追求卓越。因此，学历要素也是教师教学发展的重要因素。

(三)职称维度

研究发现，教师的教学态度与教学理念、教学行为、教学发展和教学学术具有较高的相关性。[④] 一般来说，职称与年龄紧密相关，从教师成长的时间维度来看，职称也是与教学发展相关的。从教学态度和职称关系来看，只有教师将更多的自由空间投入教学中，才会表现出更好的教学态度。因此，教师职称晋升可能间接影响到教学态度，从而影响到教学学术水平的提升。

① 陈强，程灵.高校教师教学发展项目的一体化设计[J].福建江夏学院学报，2013(2):106-112.

② 刘国军，付睿.FD视角下博士生教学发展探析[J].研究生教育研究，2014(3):18-22.

③ 张银霞.情境学习理论视角下高校初任教师的教学发展与创新——基于国内两所高校的质性分析[J].中国人民大学教育学刊，2014(3):127-138.

④ 宋鑫，林小英，魏戈，游蠡."教学学术"视角下的大学教学现状研究——基于北京大学的大样本调查[J].中国大学教学，2014(8):87-93.

总之,无论是教师的年龄、学历还是职称,它们都内隐着教师的教学发展,预示着教学学术不断发展。只有大学教师教学学术不断发展,才能实现科教融合,才能真正发挥科研促进教学的作用,从而促进大学教师教学与科研的双重解放。这是大学教师教学发展的理想与现实、理论与实践结合的前提。

四、大学教师教学发展时间序列模型的实证分析

(一)整体要素情况分析

通过对大学教师教学发展与教师成长的三要素,即年龄、学历和职称,结合高校个数与学生人数进行分析,可以间接反映大学教师教学发展面临的挑战和所处的困境。通过 Eviews 软件对中国教育统计年鉴(1984—2012 年)中描述大学教师的年龄、学历、职称、整体规模、生师比等指标的发展变化情况,可以得出大学教师发展带来的教学发展的挑战,预测基本的发展趋势。

在 2000 年前,教师规模基本处于平缓增幅状态(见图 4-5);自 2000 年以后,增长速度直线上升,这说明高等教育大众化使教师规模变大。

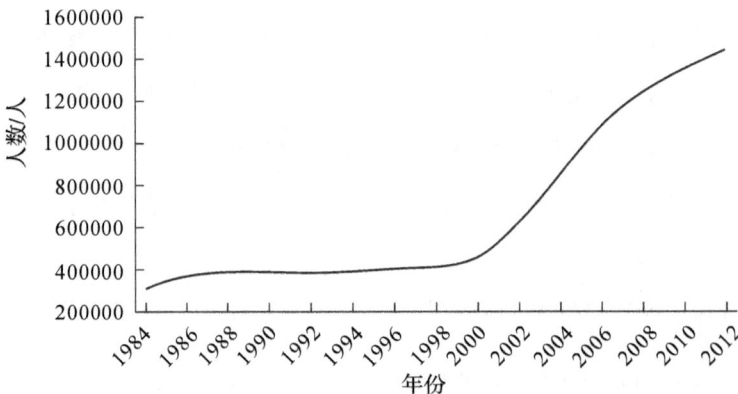

图 4-5　大学专任教师规模发展变化情况

从在校生和专任教师规模可知历年生师比一直处于上升趋势,如图4-6所示。其中,1992 年和 1998 年两个时间节点是上升趋势较为明显的时间

点。自 2006 年以后，上升趋势平缓，这说明高校生师规模逐渐稳定。

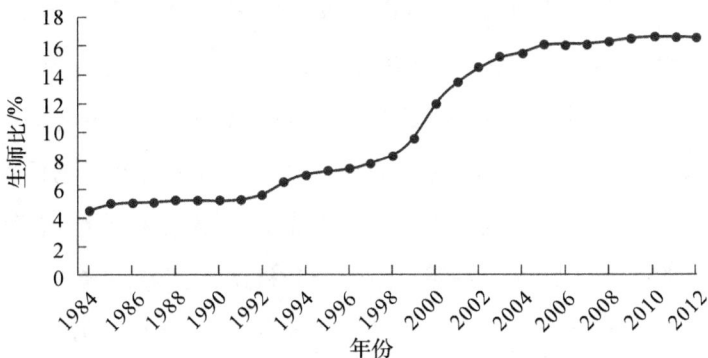

图 4-6 大学生师比发展变化情况

从图 4-7 可以看出，大学教师学士、硕士与博士学历人数持续上升，尤其 2001 年以来，硕士和博士直线上升，但绝对数比学士增得少，这说明高学历人数无法满足日益增长的教师规模，但自 2007 年以来，学士增长规模基本趋于平缓，甚至有下降的趋势，这说明，学士学历做专任教师已成为历史，同时，也说明未来教师队伍以高学历教师为主，教师规模增长逐渐趋于平缓，硕士与博士学历规模仍持续扩大。

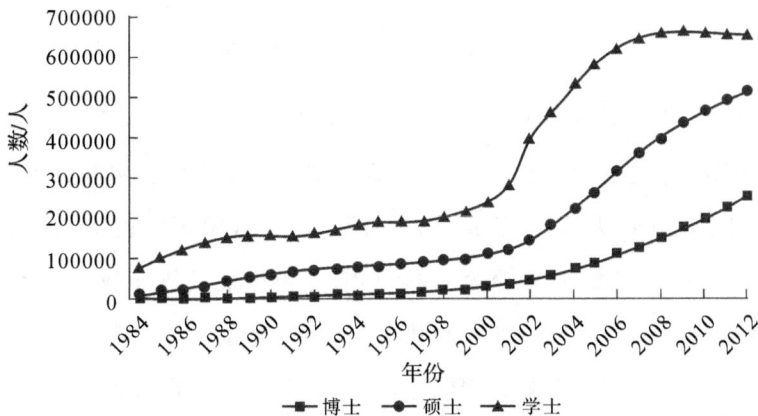

图 4-7 大学教师学历规模历年变化情况

从高校教师职称、年龄和学历变化情况来看（见图 4-8），副高及以上职称的教师占教师规模比与基数年 1984 年相比，呈现上升趋势。但自 2002 年以来，副高及以上职称所占教师规模比出现较为明显的下降，究其原因，这是由教师规模急剧上升所导致的，也说明大学教师整体职称晋升面临巨大的压力；从 2010 年起，副高及以上职称比重有所上升，这是因为，2002 年前后入职的青年教师，经过几年的成长，已开始步入副高及以上职称队伍，但由于各个高校岗位编制数量有限，导致后来的青年教师面临职称晋升的巨大压力，这种压力将在未来若干年导致非常态的发展态势，以至于可能严重影响到大学教师教学发展的投入意愿。按照目前的晋升机制，大学教师晋升必须加大专业发展的力度，否则势必带来对教学发展的整体影响，呈现恶化态势。

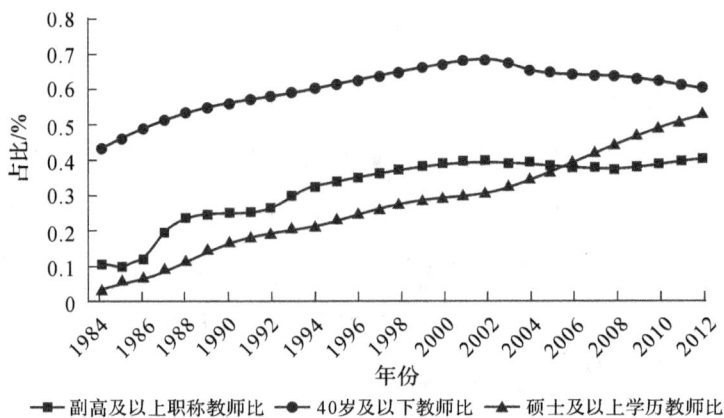

图 4-8　大学教师部分职称、年龄及学历历年变化情况

从 40 岁及以下教师占教师规模比重来看，自 2002 年以后，青年教师增长趋于减少，这说明青年教师在 2002 年以前的几年中增长幅度过大，导致整体教师规模增长过大，以至于青年教师所占整体教师规模比重趋于下降，而且会在未来几年继续下降，直至 2002 年前几年增加的青年教师进入中年以后，青年教师将回归常态的变化趋势。这说明，目前青年教师规模仍处于强劲的发展期，这将带来系列连锁效应，引出非常态的发展问题。

从学历情况来看，高校教师学历层次越来越高。硕士及以上学历所占比重一直处于上升趋势，尤其从 2001 年起，增长趋势直线上升，而且没有任何下降的迹象。

（二）教师职称发展变化分析

从大学教师职称系列的增长率来看（见图 4-9、图 4-10），教授增长率在 1985—1986 年，几乎接近垂直增长趋势，这说明国家对大学教师发展给予了特殊的重视，1986—1991 年，大学教授又出现几乎垂直下降趋势，这是因为后续教师晋升数量尚未出现；1991—1993 年，教授增长率又出现急剧增长趋

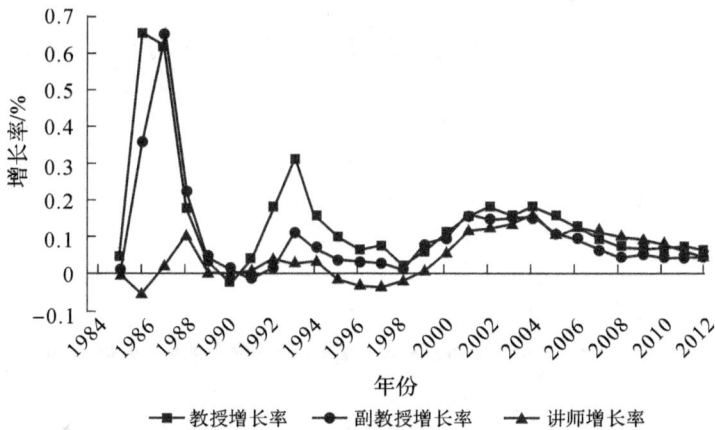

图 4-9 大学教授、副教授和讲师历年增长率情况

势，这说明高校教师队伍在某两个时间段，有较为明显的非常态的增长情况，以至于出现非常大的晋升变化情况。自 1993 年以来，1993—1999 年、1999—2003 年两个时期，大学教授增长率开始基本趋于规律化，出现波浪式的增长变化趋势；但自 2005 年以来，大学教授增长率一直处于下降趋势，而且没有迹象表明会出现波浪式上升，这说明，大学教师在近 8 年以来，甚至未来若干年，其教授职称晋升都面临着较大的竞争，这也说明，青年教师的急剧增长带来了职称晋升的压力影响。

另外，讲师和副教授在这 29 年间，除 1985—1988 年外，基本保持波浪式的稳定发展，但自 2005 年以来，副教授增长率明显趋于降低，这也从一个侧面反映了青年教师面临的晋升上的挑战，更为令人忧虑的是，这一趋势已经持续近 10 年且尚未出现回升态势，这说明，大学教师晋升副教授面临着困境，可以预测，未来在这样规模的积压下，再加上岗位编制的限制，将迎来越

来越严重的晋升矛盾,大学教师的教学发展将受到极大的考验。

从图4-10可以看出,大学讲师、助教和教员自1993年起,增长率基本为0,这说明,随着高校教师学历层次越来越高,职称系列的最底层保持稳定的状态,也就是说,从助教到讲师,从讲师到副教授的变化基本保持一致,这也说明大学教师职称晋升规模主要积压在副教授层面,同时,这也反映高校教师副教授群体趋向年轻化。另外,从教员情况来看,从1993年起,基本上没有增长,这说明教员这一称呼是特定时期的产物,自1993年以来,基本上不存在这一群体了。

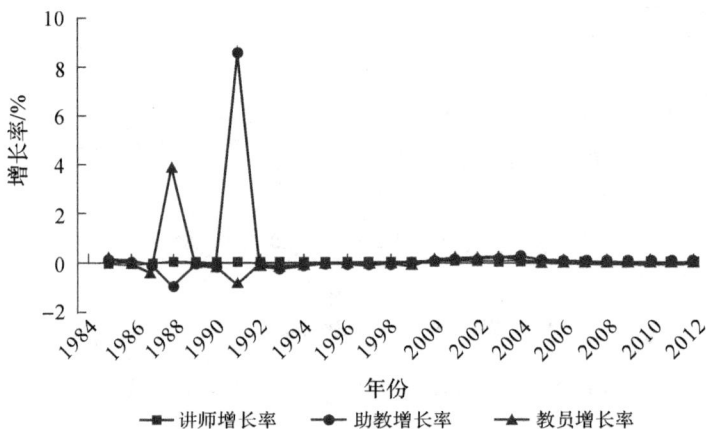

图 4-10 大学教师讲师、助教和教员历年增长率情况

(三)要素交互性态势分析

从图4-11可以看出,自1995年以来,40岁及以下教师与副高及以上职称教师增长率基本上保持一致,都呈现波浪式变化发展态势,但当40岁及以下教师与副高及以上职称教师增长率都处于上升态势的时候,说明在这个时间段中,可能存在着青年教师高学历化趋势。同时,在1984—1995年,二者甚至出现相反的增长情况,即青年教师越少,副高及以上职称增长却越多,这说明1995年之前,高校教师副高及以上职称是一种非年轻化的发展态势,这是1995年前后二者明显的整体交互发展态势。

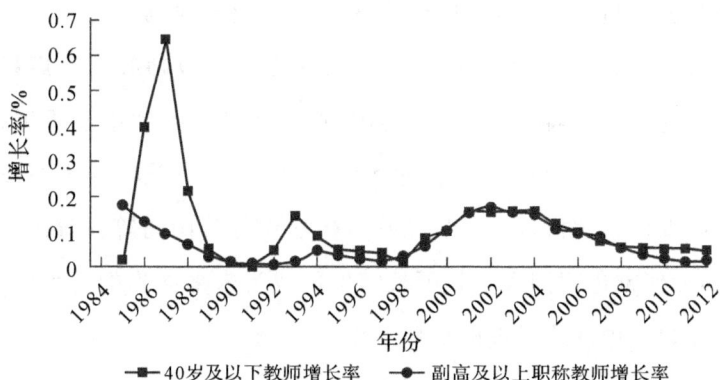

图 4-11　年龄与职称增长率交互态势情况

五、结　语

通过时间序列模型分析发现，高校教师规模不断壮大，生师比趋于平稳，高校教师高学历现象日益增强，但学士学位增长趋于平缓。同时，近十几年来，高职称低龄化趋势明显。受现行高校岗位编制比例的影响，未来高校青年教师高学历趋势加强，40 岁以下副高职称教师规模积压，未来高校青年教师晋升教授压力逐年加大，这将导致个人发展陷入困境。如果高校人事制度不进行体制化改革，可能面临不可预测的、影响到教师队伍的根基性的矛盾。因此，无论是教学发展、教学实践性知识还是教学学术，高校教师教学发展都面临着巨大的挑战，而且深陷困境，这种困境会越来越深，甚至引起系统生态问题。因此，教师的体制性改革已经到了不改将影响教育系统生态的阶段。从分析结果来看，全国高校专业教师人数、职称、学历等时间序列的变化，在不同时期存在不同的原因及问题，这需要从发生学的角度进行相关政策文本及其成效分析，提出政策建议。

目前，我国高校关于教师教学发展的认同程度还很低，很多高校中仍存在着"学会了学科专业知识就等于学会了教学""科研学术水平高的人必然教学能力强"等观念。国外有许多值得学习借鉴的经验，特别是关于教师发展的保障与激励机制。比如,1810 年教师学术休假制度的出台,1962 年学习和教学研究中心机构的成立,以及之后的专门性教师教学发展机构等措施,都提供了强有力的制度保障。英国、加拿大等国家和中国香港、中国台湾等地区的很多高校也设立了教师教学发展机构。目前,国内高校基本都成立了教师发展管理机构。高校教师队伍建设是我国高等教育改革发展的关键领域,如何推进我国大学教师教学发展成为未来面临的重大挑战,直接影响到高等教育内涵式发展的战略实现。

大学教师教学力生成过程

大学教师教学发展的本质在于教学力的发展，而教学力发生机制根源于教师日常生活及其生命叙事所赋予的教学资本。因此，教与学的内在结构及其关系以及教学场域图景和教学惯习表征构成了大学教师教学力的生成机制。

第五章　大学教师教学资本及其效能结构的实证分析

大学教师教学发展处于二元认识阶段，这导致教与学的主体性割裂或对立，亟待对大学教师教学发展的动力进行探究。基于大学教师生命经验是教学实践活动的根本动力源泉的假设，通过社会实践理论，提出在大学教师教学场域中，师生是改变与被改变的矢量关系，关系变化的动力是教学资本流通与传递，从而促进教学场域中师生个体质变，实现教学实践的有效性。实证表明，大学教师教学资本结构由经济资本、文化资本、社会资本和象征资本构成。在重要程度上，样本群体的社会资本最高，文化资本最低，这样的结果对大学教师教学资本效能的影响值得探讨。在显著性差异方面，一般青年教师与成熟教师的差异性比较大。

第一节　大学教师教学力：教学资本及其结构分析

大学教师教学力是指教师在教学场域中通过教学资本①表现出特定的教学惯习，从而达到教学目的的力量。因此，它是教师教学实践活动的综合体现，是教师教学发展的本质特征。依据布尔迪厄的社会实践理论，教学力的生成、实现和发展离不开其成长场域与教学场域、教学资本和教学惯习。其中，教学资本是教学力得以生成、实现与发展的工具。那么，教学资本的提出依据是什么？教学资本的内容结构如何？具有哪些显著特征？除非人们引进资本的一切形式，不只考虑经济理论所认可的一种形式，否则是不可能对社会界的结构和作用加以解释的。因此，提出大学教师教学资本来理解教学实践活动的积累性，是大学教师教学实践活动的力量根源，而且还要探讨大学教师的教学资本结构，它掌控着教学资本所产生的影响。

一、大学教师教学资本概念的提出

（一）纵向要素深化：从教学要素到教学元要素

教学要素是教学论的基本课题之一，教学要素由经典"三要素"、"四要

---

① 布尔迪厄资本理论是一种形式理论，具有多学科应用前景，适用于经济学、哲学、社会学、管理学、教育学等。随着布尔迪厄为国内不同学科的学者所熟悉，其应用价值将进一步显现。其中，教师教学资本等同于教师资本，可以理解为教师经验在特定条件下实现情境性构连，达到增值的效果。它根植于个人的生命史。"正如霍尔伟所言：若不论及我自己，那么根本不可能完全地表达这些问题：重点在于我的生活及其历史的各个面向、造就我生命的文化、政治条件这些因素是如何形塑我对于某些当代社会理论领域的兴趣。"参阅：安·格雷.文化研究：民族志方法与生活文化[M].许梦云，译.重庆：重庆大学出版社，2009：78.

素"、"六要素"到"七要素",甚至更多要素演变直至出现要素层次论。[①] 无论教学要素是什么,人(教师和学生)是必然要素。同时,无论教学要素为何,都是为了达到教学目的。尽管教学目的具有历时性特征,但教学目的始终是促进学生学业成就的发展,这就离不开教师。

教师通过教学活动达到教学目的,可理解为教学效益,这是教师价值所在。教师依靠什么才能够实现教学的目的?资本可以产生效益,所以,教学效益是靠教学资本实现的。教学资本是一种非物质形态,是教师用来教学的"本钱"[②],依附于教师个体,通过教师传递出去,使教学效益得以发生。因此,教师通过教学"本钱"与教学要素结合的程度决定着教学效能实现的程度。所以,教学资本不是孤立的概念,它与教学惯习、教学场域共同存在,缺一就失去彼此的意义和价值。

资本具有自然属性和社会属性。自然属性是资本增值的特性,反映了生产力的发展;资本的社会属性是资本归谁所有的问题,反映了社会生产关系。资本的二重性是资本的两个基本方面。它们共同存在于资本之中。[③]所以,教学资本同样具有双重属性。教学资本的自然属性可以带来教学效能;教学资本的社会属性由教师所拥有。教师和教学资本具有同一性。因此,教学资本也是教学要素,称之为隐形教学要素,它是教师之所以作为教学要素的本质所在。教学资本的构成以及对教学要素中教师的教学资本的要素探究,称之为教学要素的元要素。

(二)横向主体迁移:从企业组织到教学资本

探讨经济学家们所认为的人力资本与经济学人力资本在多大程度上包

---

① "教学要素"的"三要素"、"四要素"、"六要素"、"七要素"和"要素层次论"分别参阅:顾明远.教育大辞典(第一卷)[Z].上海:上海教育出版社,1990:184;南京师范大学教育系.教育学[M].北京:人民教育出版社,1984:376;郝㤗,龙太国.试析教学主体、客体及主客体关系[J].教育研究,1997(12):43-47;李秉德.对于教学论问题的回顾与前瞻[J].华东师范大学学报(教育科学版),1989(3):55-60;张楚廷.教学要素层次论[J].教育研究,2000(6):65-69.

② 这里的"本钱"是指教师个体自身的综合素质,是生命历史积淀的结果。

③ 崔友平.资本理论述评及启示[J].当代经济研究,2000(8):33-39.

含文化因素是非常有用的。^① 可惜到目前为止，经济学领域中还没有人试图调和人力资本和文化资本书之间的冲突，消除二者之间的隔阂。^②

1960 年后，教学资本出现在教育管理领域，反映资本投资产出的学习材料，作为"人力资本"培训一部分，或"投资"于人的知识的一种开发资源。教学资本包括人（个人资本）或设备（基础设施资源），它用来引导、限制或约束人的行动，通常不能超越人未受培训的内容或没有该基础设施的项目，但是它可以帮助阻止他们做最愚蠢的、破坏性的和危险的事情。当人们接受规则时，他们倾向于把它称为社会资本，符号或标签的象征资本。这通常为那些拥有它的人制造欺骗其他人的规则，但良好的符号或标签声誉，保护他们免受欺骗。^③ 所以，教学资本是一种开发资源，它涉及个人（资本）和物质设施，正是通过人所拥有的知识，利用物质条件来发挥人力资本的作用。

因此，这里不仅通过具有知识资本的人将人力资本与文化资本实现了调和，且教学资本从企业组织迁移到教学组织，明确了教学资本内涵。广义上，教学资本包含物质条件和知识，这恰恰是教学的必备要素；狭义上，教学资本就是个人所拥有的资本。所以，教师的教学资本是来自生命阅历的一切经验。

（三）教学资本概念框架：从混沌到统一

传统经济学理论一直认为资本是用于生产且能够实现价值增值的物质。马克思发展了这种观点，认为资本不仅是"物"的生产性，本质是被物的属性所掩盖的人与人的关系。因此，从社会性角度考察资本概念，只要能为组织所拥有且可增强组织竞争能力就具备了资本的属性。教学资本一般指支持教学活动开展，解决教学问题所必需的诸多客观条件（物质或精神的、

---

① 薛晓源，曹荣湘. 全球化与文化资本[M]. 北京：社会科学文献出版社，2005：547.

② 薛晓源，曹荣湘. 全球化与文化资本[M]. 北京：社会科学文献出版社，2005：7.

③ Wikipedia. Instructional capital[EB/OL]. (2015-01-09)[2015-03-28]. http://en. m. wikipedia. org/wiki/ Instructional_capital.

校内或校外的、有形或无形的）的综合①，这些大多属于教学条件，没有增值作用，不是教学资本。

关于资本概念，不同视角存在不同内涵，有交叉也有重叠，处于混沌状态，这是"资本概念不断泛化"的结果，反映了关注非物质性资本的社会、经济价值的新资本理论的兴起。经济界学者通常把资本分为物质资本、人力资本和自然资本。② 现代西方学者一般把马克思的资本理论称为古典资本理论，把之后的资本理论称为新资本理论。布尔迪厄的资本理论被认为是带有古典色彩的新古典资本理论。在管理学和经济学中，对智慧资本认知虽有不同，但对其属无形资产是无争议的。对公司而言，通常将人力资本、教学资本和个人资本视为智慧资本的组成元素，智慧资本对公司的效益便是为公司产生智慧产权。③ 可见，关于智慧资本的内容及关系是复杂而难以达成共识的。基于情绪智力与情绪能力研究，提出情感资本概念。情感资本是能为个人、组织、社会带来价值增值的一系列情绪能力的组合。④ 情感资本将情感看作带来增值的要素，将情商、情绪能力等概念纳入资本分析范畴。从这种角度来说，教学资本也是将教学要素从资本增值的角度提出的。"教学资本主义"是在"学术资本主义"条件下衍生出来的，是大学、大学里的集体或个人的"市场或类似市场的行为"。⑤ 这种现象是从宏观角度探讨科研与教学市场化给大学教育带来的负面冲击，与这里的"教学资本"不同。也有人提出心理资本教学的概念，旨在促进学生心理资本提高，适应素质发

① 马兴建.关于高职院校发展中教学资本建设问题的探讨[J].纺织教育，2010(8)：1-3，20.

② 宫留记.资本：社会实践工具——布尔迪厄的资本理论[M].开封：河南大学出版社，2010：107.

③ 维基百科.智慧资本［EB/OL］.（2014-11-16）［2015-03-28］.http://zh.wikipedia.Org/wiki/智慧资本.

④ 孙芬，冯素玲.基于情感资本提升的大学课堂教学有效性探索[J].中国电力教育，2009(2)：3-5.

⑤ Slaughter S，Rhoades G. Academic Capitalism and the New Economy：Markets，State，and Higher Education［M］.Baltimore，MD：The John Hopkins University Press，2004：6.

展的要求。① 事实上,这种心理资本教学仅仅是一种教学手段。也有人强调整体性和协调性的团队资本,拓展到团队内成员的知识、经验或关系的团队资本要素,在此基础上,高校教师课程教学团队资本②包括团队人力资本和团队社会资本两种类型。这虽与教师教学资本组成部分及其来源有相通之处,但还存在着较大的差异。③

教师教学资本的核心要素是知识资本或智慧资本,知识资本包括人力资本和结构性资本。④ 知识资本效能需要人力资本与结构性资本的支持。结构性资本是个体人力资源转化为组织人力资本的有效转换机制。通过各种制度安排所形成的组织力直接反映了组织整合各类资源、发挥系统效率的竞争能力,并且可以不断积累并持续发挥作用,具备了资本所特有的性质,这是结构性资本在组织中存在的基础,反映了系统效率的提升对于组织的重要意义。国内外对结构性资本的内涵以及表现形式还未达成共识。瑞典卡尔·艾里克·斯维比认为,它是组织自身蕴涵着的结构性隐含知识。按照现行的国际主流观点,结构性资本是蕴涵在组织机构、制度规范、组织文化中的组织性资产,体现了组织聚合人力资源、创造价值的潜在能力和运作机制,而不是单纯地指组织结构本身。本质上,结构性资本存在于特定的场域,人力资本与所在场域相适应,实现知识资本。所以,教学场域的结构性资本是指教学关系以及反映的教学文化规范,它使教师实现教学资本,实现教与学的发展。

总之,无论教学资本作为教学外在条件或者要素,抑或是作为团队的人力资本和社会资本,都未明确教师教学资本的社会属性,也未明确其概念框

---

① 赵义泉,刘宝忠,钟萌萌."心理资本教学"理论建构[J].现代中小学教育,2014(1):88-91.

② 卫武.高校教师课程教学团队资本化研究[J].中国电力教育,2013(2):145-146,166.

③ 不同之处在于并未进一步对人力资本的组成要素进行维度划分,不明确和不利于实践操作。同时,教师教学资本来源不单单是教师的社会资本,也包括教师的经济资本、文化资本和象征资本。

④ 结构性资本指的是组织制度、设施与文化方面的支持与保证。

架。综上,整理教师教学资本结构及其关系如图 5-1 所示。

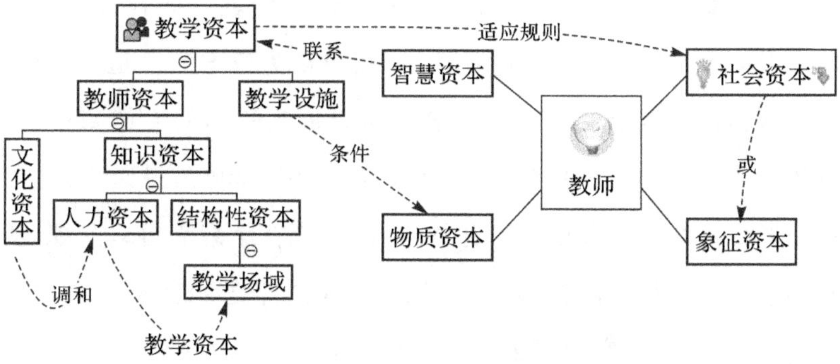

图 5-1　教师教学资本结构及其关系

二、大学教师教学资本的内容结构分析

(一)教学资本形态的演进线索:从物质到象征

按照《新帕尔格雷夫经济学大辞典》的解释,资本的含义一种是生产要素,另一种是社会关系。马克思之前的经济学家把资本理解为单纯的物或者经济资本,从马克思、卢森堡、韦伯、希法亭、哈维、梅扎罗斯、布尔迪厄到贝克尔等,资本概念在一个半世纪的发展过程中其内涵和外延均发生了很大的变化。

资本是积累的劳动,当这种劳动在私人性即排他的基础上被行动者小团体占有时,这种劳动就使得他们能够以物化的或者劳动的形式占有社会资源。① 马克思把资本的概念从生产资料扩展到社会关系;布尔迪厄的资本概念指的是行动者的社会实践工具,这种工具是行动者积累起来的劳动,它可以是物质化的(经济资本),也可以是身体化的(社会资本、文化资本),还可以是符号化的(象征资本)。每种形式都具有可传递性,不同资本之间还

---

① 布尔迪厄.文化资本与社会炼金术[M].包亚明,译.上海:上海人民出版社,1997:190.

具有可转换性①,进而区分了四种资本。② 布尔迪厄通过资本概念代替马克思的实践工具概念,使行动者的实践工具从经济领域扩展到符号或非物质领域。二者最大差别在于资本的主体,马克思认为资本家才是资本的主体,布尔迪厄认为日常生活实践的行动者都可以成为资本的主体,只是他们拥有的数量和质量有差别。这种差别使微观的社会学视角得以实现,为我们理解行动者日常社会实践提供了有益的启示,诠释学意义得以显现,实现了从宏观到微观的衔接。同时,场域中社会关系网络思维使得社会关系网络分析方法论得到应用,实现了宏观、中观和微观的系统整合。因此,20 世纪的思想家们把资本理论从马克思的经济领域扩展到社会文化领域。

也有人认为布尔迪厄的资本可划分为经济资本(财产)、社会资本(社会关系网络)和文化资本(尤其是教育资历)。③ 从实践生活中的行动者角度来看,这三种主要的资本形式最终转化成象征资本,通过象征资本体现社会生活世界的惯习,进而反映社会空间的位置,赢得社会资本,带来经济资本,最终转化成教师的文化资本,形成各种资本形式的循环。在这个循环过程中,象征资本是资本结构和数量的集中体现,也是促进资本结构与数量发生变化的动力根源。据此,教师的教学资本可理解为教师的经济资本、社会资本、文化资本和象征资本的总和,来源于教师个体的生命阅历。其中,文化资本是核心,象征资本是集中体现。

（二）教学资本的分析路径:从宏观到微观

古典资本理论是在社会宏观视角下研究资本,新资本理论中替代性解释出现了包括人力资本、文化资本和社会资本。资本的解释不仅从物质资

---

① 宫留记.资本:社会实践工具——布尔迪厄的资本理论[M].开封:河南大学出版社,2010:102.

② 布尔迪厄所认为的资本并非传统意义上的资本,世界上存在着各种名目繁多、各式各样的资本,他认为作为实践工具的资本表现为四种基本形式,即经济资本、文化资本、社会资本和象征资本。

③ 周永清.关于教师资本与教师教学习性关系的辩证思考[J].教书育人,2009(8):12-14.

本走向非物质资本,而且从宏观分析走向微观分析,开始关注行动者个体的资本。行动者可以获得或保留自身劳动的一些剩余价值。布尔迪厄把资本看作以它们所体现的劳动量的差别为基础的权力或力量①,这与马克思所理解的资本没有联系。资本的主体是行动者,是行动者的实践工具和能量,行动者个体资本与其才智联系起来,也就是智力的范畴。

从传统的单一智力理论到现代的多元智力理论再到成功理论,智力理论的发展,其根源是社会人才观从知识向能力、价值取向的变化,凸显了大众化教育的社会服务功能。网络化时代,知识经济的作用越来越大,信息过剩的出现,以知识为主的传统教育已滞后于社会人才的需求。随着"社会知识化"、"岗位知识模糊化"和"选拔功能弱化"等,现代大学教育目的和目标应以"逻辑、意志和传达"为核心能力。② 社会对人才的知识性要求越来越模糊,于是,内隐纵向智力理论逐渐被外显横向智力理论以及最终被成功智力理论③支撑当代大学教育人才标准的能力取向观取代。这种发展演变是从一元向多元质量观的转变。

成功智力理论中的成功,意指个体能在现实生活中实现自己的目标。这种目标是个体通过努力能最终达成的人生理想目标,它既不等同于某一领域或生活中某一阶段的近期目标,也不是遥不可及的幻想,更不同于生活中那些轻而易举即可满足的一般愿望。④ 成功不是伟人的专属品,人人都可以成功。成功是个体可行能力得到充分的发展,是人们去过他们有理由珍视的那种生活,以及去扩展他们所拥有的真实选择的能力,也即实质自

---

① 英语"power"一词不仅有"权力"的意思,还有"力量"的意思。在布尔迪厄的社会实践理论中,不同的场域下,它也可以理解为力量。尤其在中国语境下,权力代表着强势,而力量是中性词,在教育场域中,更显其客观性。

② 金子元久.大学教育力[M].徐国兴等,译.上海:华东师范大学出版社,2009:68.

③ 许世红,胡中锋.究竟什么是智力?——人类智力研究的三种方式[J].华南师范大学学报(社会科学版),2011(2):153-156.

④ 胡中锋.成功智力及其对基础教育改革的启示[J].现代教育论丛,2002(2):1-4.

由。① 大学教育从群体教育走向个体教育,这种演变是一种从道德论向德性论的转变②,以行为者为基础的伦理关怀是当代德性伦理学最有前景的形式。③ 随着公民对民主与民权的觉醒,从关注个体到关注个体间,不仅承认对个体生命的观照,还将"陌生人"纳入关注的对象,从特定群体到个体间普遍群体,也是从一元向多元的转变。因此,大学教育已从过去的教育内容转向了教育功能,教学也从知识走向教学功能并重,否则,教学过程魅力缺失,教学影响力削弱,以至于出现逃课等怪现状,教学效果受到冲击。

大学教师何以实现其教学影响力,实现教育功能,将教学内容从教师外在给予转变成学生自主式持久性探索?教师离不开家庭资本结构,自身成长经历与阅历,正式教育与非正式教育所积累的资本与惯习,在教学场域中,外化成一种教学行为下的具体教学策略,达到对学生的持久影响,使学生成为教师资本的追随者,为学生形成学业追求的内在驱力,促进从传统灌输到师生"引领与追随"互动的教学交往,建立极具建构意义的教学场域,师生之间不再是陌生式的"大众人",而是熟悉式的"情感人"的教学交往。

(三)教学资本要素分析:从结构到生产

一个多世纪以前高尔顿就开始探讨英国家庭因素和获得显赫地位之间的关系。此后,研究者致力于研究家庭特性和孩子智力表现的关系。20世纪60年代中叶以来,家庭因素和学校教育之间的关系已成为教育研究重要主题。

尽管学习成绩受多种因素影响,在遗传特征和环境因素上尚有争论,但受环境的影响已达成共识。美国中产家庭往往把孩子接受良好教育作为维

---

① 阿马蒂亚·森.以自由看待发展[M].任赜,于真,译.北京:中国人民大学出版社,2002:292.

② 许国动.我国高等教育改革政策伦理目标演变及启示——从道德论走向德性论[J].现代教育管理,2013(3):64-68.

③ 休·拉福莱特.伦理学理论[M].龚群,主译.北京:中国人民大学出版社,2008:386.

系家族社会经济地位的资本转移工具。孩子因为父母已经接受过高等教育,理解大学的文化价值和经济价值,故这样的家庭的孩子上大学的意愿会更加强烈。[①] 怀特从家庭社会经济地位研究对孩子学习成绩的影响。后来又引入了家庭资本变量,如文化资本和社会资本,提高了家庭影响的解释力。科尔曼报告指出,家庭背景因素造成的学生学习成绩差异最大,特别是社会经济地位这一变量。[②] 所以,家庭环境[③]带给教师的影响,也对教师教学有影响,从而实现教学从外在推动到内在驱动的转向,师生个体及其个体间关怀得以实现。

据布尔迪厄资本理论可知,经济资本指的是经济收入来源。对于教学资本中的经济资本,可认为是教学资本获得的正式或非正式教育的经济来源支持,涉及教师个体和家庭两个方面(见图 5-2)。行动者是否能获得教育

图 5-2 教师教学的经济资本来源支持

要靠经济资本支持,这实质是一种教育机会的获得。因此,教师教学资本的

---

① 徐向平. 由社区学院向大学的转换——美国社区学院学生转换问题研究[J]. 比较教育研究,2014(9):32-37.

② Coleman J S,et al. Equality of Educational Opportunity[M]. Washington,D. C. : Government Printing Office,1966:280.

③ 家庭环境主要指家庭资本。这里是从教师资本积累过程和结果的角度考虑的,把家庭资本的各个方面分配到教师教学资本四个维度里,这是为了更好地开展教师教学资本内容结构研究。可以这样认为,教师的教学资本涉及个人的四个维度和家庭的四个维度。

经济资本指教师在成长过程中获得的正式与非正式的教育机会。这种教育机会涉及职前、入职和职后的整个职业生涯获得的正式与非正式的教育机会。① 文化资本指教师成长阅历所形成的性情倾向系统和表现出的教学策略的选择所形成的身体化文化资本和正规教育文凭所获得的制度化文化资本以及所拥有的图书等作品的客观化文化资本。社会资本是实际的或潜在的资源集合体，这些资源联系着占有制度化了的、相互认识或熟知的持久关系网络。② 社会资本是一种社会关系网络的资本总量，决定着社会地位和角色以及关系。教师教学资本的社会资本主要指教师在所属学术场域中可获得的关系数量和结构状况。教师只有在其学术场域中获得各种社会关系，获得的影响力才可以为教学提供足够的支持。象征资本是一种转化了的、伪装了的物质的"经济"资本形式。它产生于资本的"物质"形式，这种物质资本归根结底同时也是它的有效性的来源。③ 因此，教学中的象征资本主要是经过其余资本形式所产生的学术信誉和地位，而权威和信任主要来自教师影响力，实质是教师教学领导力所具备的基本特征。

总之，在教学资本中，经济资本和社会资本都将转化为文化资本和象征资本，最终产生影响力的是象征资本。反之，象征资本也影响着其他资本的生成和实现。据此，教学场域中教学资本塑型理论模型如图 5-3 所示。

《资本论》涉及资本的生产过程、流通过程和资本主义生产总过程。教学资本的来源相当于资本的生产过程，教学场域相当于资本的流通过程，二者的统一就是教师教学资本生产的总过程，它是通过师生交往所形成的师生关系网络，流通的是教学资本生产过程所形成的文化资本，最终形成的是

---

① 从经济资本转换成教育机会，可从机会成本的角度说明。也就是说，教师在接受正式教育与非正式教育过程中，是否会因为要付出机会成本而放弃接受教育的机会。若放弃，就说明经济资本不足以支撑其发展；若接受，说明机会成本不是教师个体的主要阻力。

② Bourdieu P. The forms of capital. In J. Richardson(ed.), Handbook of Theory and Research for Sociology of Education[C]. New York：Greenwood Press,1986：248.

③ Bourdieu P. Outline of a Theory of Practice [M]. Cambridge：Cambridge University Press,1977：183.

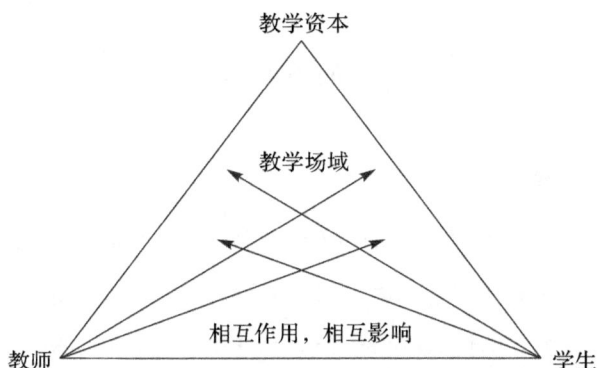

图 5-3 教学场域中教学资本塑型理论模型

象征资本,即师生各自获得的荣誉与地位、身份和未来,这就是教师教学资本的价值。师生获得教学资本以后,继续通过象征资本巩固其社会网络,通过社会网络增加教学资本总量而形成闭路循环,为师生的自由发展提供无休止的动力源泉。教师教学资本生产总过程如图 5-4 所示。因此,教学资本的要素逻辑是从内容到获得支持的各种场域关系网络中的角色和地位的动态变化结构。

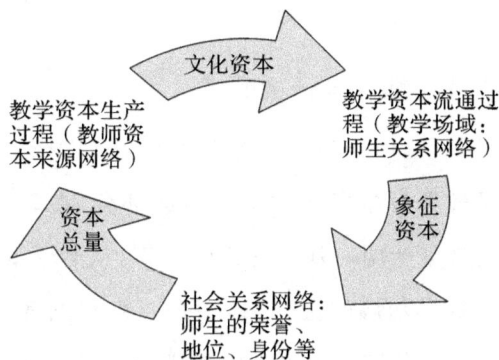

图 5-4 教师教学资本生产总过程

三、研究设计

(一)研究问题与目的

教师教学资本是教师惯习的基础,是教师生活惯习、学习惯习、教育教学惯习不断积累的影响因素。教师教学资本结构和类型直接或间接地影响着教师的教学效能。因此,探究教师教学资本结构,可为教师教学发展提供指导。教师教学资本结构与数量是教师教学效能实现的工具,是教师教学的"本钱",这些本钱实现了效益才使"本钱"成为资本。那么,教师教学资本结构是由经济资本、文化资本、社会资本和象征资本四个要素构成吗?四要素的现状如何?在人口特征上是否存在显著性差异?差异情况如何?四要素之间存在怎样的关系?因此,要通过大学教师教学资本探索性分析,明确教师教学资本结构及内在关系,更深刻地明确教师教学资本中的要素解释程度,这些将使教师教学资本的提出更有价值和意义,为教师教学资本的生成、实现与发展提供效标依据,最终促进教师教学力的提升,实现教师教学发展的逻辑归宿。

(二)研究思路、概念框架与研究假设

教师经历和阅历一旦用于教师的教学实践活动中,就转变为教师的教学资本。所以,它是教师教学资本的重要组成部分,在教学实践情境中,适时加以整合,从而为教学所用。基于这样的认识,从教学要素到元要素的分析,以及知识或智慧资本从属的主体,即从企业组织到教学组织,提出教师教学资本;通过资本形态的演变提出教师教学资本的结构类型;通过教师教学资本的功能从内容到形式的实现,提出教师教学资本的内容、关系及内在逻辑。

教师个人及其家庭拥有的财产、教师个人在教育教学中拥有的获得物质报酬的能力与报酬的积累以及教师在社会上所拥有的经济地位的总和就是教师教学的经济资本。教师个人和家庭在学校之外所拥有的社会关系、

在学校之内所拥有的人际关系、教师个人及家庭和教师所在学校所拥有的社会地位等属于教师教学的社会资本。教师个人受教育程度、家庭教育的结构类型、社会阅历的结构类型等属于教师的文化资本。教师教学的象征资本是一切有利于教师教学地位、荣誉和资历提升的因素,集中表现在教师的教学影响力,是教师教学资本的综合体现,但无法替代其他资本形式,象征资本是一种情景变量。大学教师教学资本内容结构见图5-5。

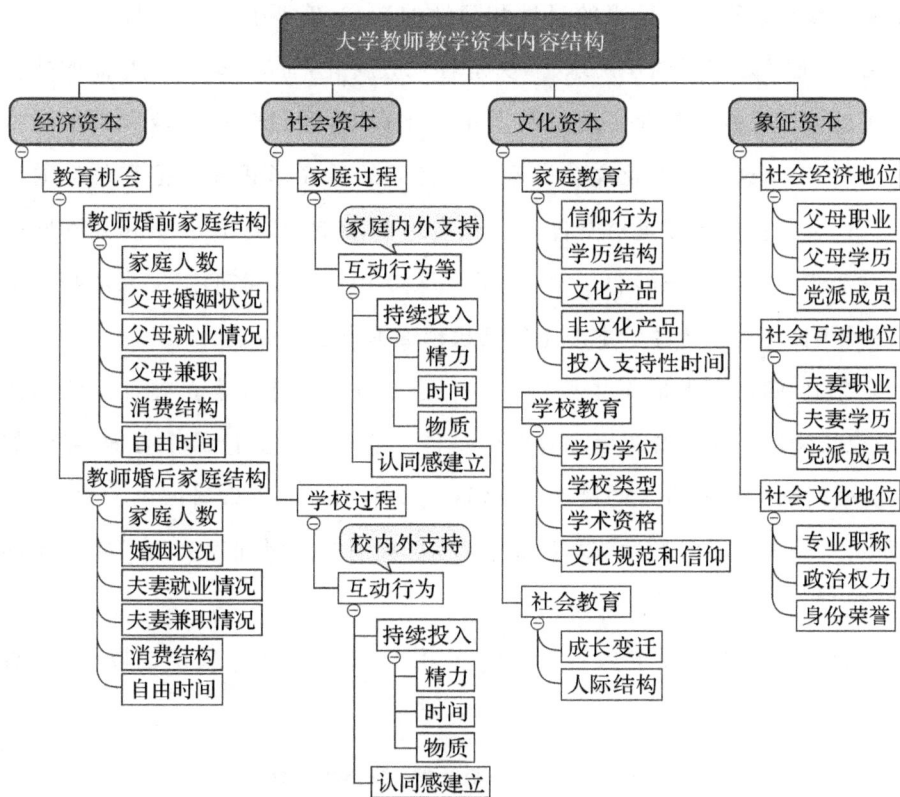

图 5-5 大学教师教学资本内容结构

不同类型的资本的可转换性构成了某些策略的基础,这些策略的目标,乃是通过转换来保证资本的再生产。

在图 5-5 中,经济资本主要是提供教育机会的成本负担能力,主要体现在家庭结构中,潜在关注的是家庭成员可能获得的自由时间,尤其是母亲的自由时间对孩子的教育影响很大。社会资本维度主要体现在交往的过程的持久性，是指教师成长经历中与家庭成员、学校成员和社会成员的行为、互动和价值取向的动力或动态特征。这些过程是通过教师成长过程中持续投入的精力、时间和物质，获得认同的效果，以形成特定、持久的家庭网络、校园网络和社会网络，在特定的情境下获得物质、信息和情感的支持。在文化资本维度中，家庭教育方面侧重身体化资本和客观化资本，身体化资本主要是父母参与家庭活动带来的显性和隐性的影响，客观化资本主要是家庭教育结构，尤其是父母的学历水平，决定着家庭文化产品和非文化产品的数量和质量。学校教育方面主要是制度化文化资本，通过学历学位和学术资格的获得，以及这些制度化文化资本获得背后的最高形式即规范和信仰的支持。社会教育主要侧重对身体化文化资本的影响，如成长阅历和人际网络会对个体的性情带来影响。象征资本主要是由各种资本形态带来的身份地位的影响，是基于各种资本形态但又超越资本形态的影响。

综上，四种资本形态主要集中在机会成本、认同感建立或者信任的形成、成长阅历与受教育程度和身份地位带来的影响。无论哪个方面，最终都是有效时间积累所带来的最终财富，这也就不难理解论资排辈的积极意义。所以，对于大学教师教学资本积累过程，要特别关注时间序列所带来的不同结果。

通过以上教学资本内容结构的分析可以得出以下操作性概念，见表5-1。

表5-1　大学教师教学资本结构概念

概念	概念界定	操作性概念	内涵指标	题项
经济资本基础变量	为个体资本累积所提供的教育机会的经济能力	影响教育机会的家庭结构状况	婚前、婚后家庭结构	家庭人数、婚姻状况、就业情况、消费结构、自由时间

概念	概念界定	操作性概念	内涵指标	题项
社会资本条件变量	可以获得资源的社会关系网络	个体在家庭、学校和社会互动过程中投入物质、时间和精力所获得的认同感	家庭内外、学校内外的互动行为质量和结构类型	持续投入的物质、时间和精力以及获得的认同感或信任
文化资本核心变量	教育产品	家庭、学校和社会教育过程中获得的身体化、客观化和制度化的文化资本	性情:品位、气质、图书等;能力、资格和经验等	文化、教育与修养形式的时间序列
象征资本	个人声望和名誉	身份、地位、荣誉等	认知、交往、社会分化及其整合	社会经济、互动和文化地位

在以上理论视角,提出了下列有待探索的研究假设:

Ho—1 教学资本是由教师的经济资本、社会资本、文化资本和象征资本构成;

Ho—2 均值存在差异(性别、学历、教龄、职称、年龄、学校类型);

Ho—3 不同的人口学特征在四因素方面存在差异;

Ho—4 教学资本结构存在特定的相关性。

(三)研究方法

1.样本特征

选取广东、四川、江苏、山东、河南、湖北、江西、贵州等省,分别在13所普通本科院校发放200份问卷,回收159份有效问卷,有效率为79.5%,其中以广东、江苏和四川3省为主,样本人口特征见表5-2。

表 5-2　样本人口特征情况（$N=199$）

人口特征	教龄（单位/年）				年龄（单位/岁）				职称				性别	
	<3	3~10	11~20	>20	<30	30~40	41~50	>50	初级	中级	副高	正高	男	女
人数	60	80	23	16	56	94	27	7	37	75	36	11	92	101
比例（%）	30.2	40.2	11.6	8.0	28.1	47.2	13.6	3.5	18.6	37.7	18.1	5.5	46.2	50.8

2.研究工具与程序

本书采用自编"大学教师教学资本结构调查问卷"。在查阅文献、总结以往研究、理论分析和相关学者访谈基础上，提出不同研究中以及实际运用中均和教师教学资本有密切、稳定关系的教师经济资本、社会资本、文化资本和象征资本——4 个维度 31 个题项。问卷以李克特 5 点量表测量，分别从"非常不符合"到"非常符合"，经探索性分析，每个维度保留 3~4 道题目，共 14 个题目，4 个维度的内部一致性系数均在 0.67 以上，整体一致性系数为 0.84。

在搜集整理数据资料后，通过 SPSS 17.0 分析工具进行探索性分析，在效度和信度分析基础上，进行描述性分析，并做初步的人口特征的差异性分析和因子的相关性分析。

四、研究结果

（一）因子分析

本书采用 Cronbach α 系数衡量样本数据信度。效度分析首先进行 KMO 检验（0.822）和巴特利球体检验（巴特利球体检验＝1053.557，自由度＝91，$P<0.001$），这说明数据适合做因子分析。

除人口统计变量题项外，分别对四因子的题项进行方差最大正交旋转，根据转轴后的因素矩阵的主成分所含题项多少确定是否保留该主成分。每次设定主因素之后，在得出正交因子负荷矩阵中删除测度项所对应的因子载荷小于 0.5 的项目,经过多次重新探索,并做反复比较来进行确认,根据因子载荷以及解释的累计贡献率,最终认为按照特征值大于 1.0 的标准提取各个因子,因子的累计贡献率为 67.876%,解释率在可接受的范围。各个因子分析提取结果如表 5-3 所示。

表 5-3 因子分析提取结果

因子	特征值	贡献率/%	累计贡献率/%	因子	特征值	贡献率/%	累计贡献率/%
文化资本	2.654	18.955	18.955	经济资本	2.426	17.326	53.970
象征资本	2.476	17.689	36.644	社会资本	1.947	13.906	67.876

为便于分析,删除因子内负荷小于 0.50 的项目,正交因子负荷矩阵如表 5-4 所示。

表 5-4 正交因子负荷矩阵

	文化资本	象征资本	经济资本	社会资本
A4				.749
A5				.765
A6				.785
A8			.839	
A9		.868	.824	
A10				
A11	.715			
A12	.816			
A13	.743			
A14	.637			

续　表

	文化资本	象征资本	经济资本	社会资本
A18		.640		
A19		.777		
A20		.850		
A21		.699		
Cronbach α	.730	.797 .853	.677	.840

从以上因子分析来看,具有较为合理的结构效度,同时,各个因子信度都较高,整体问卷的信度高达 0.92 以上。

在此基础上,进行区别效度和聚合效度分析。在因子提取结果中,可以得出各个题项的相关系数,如表 5-5 所示。

表 5-5　四因子各题项相关系数

	A4	A5	A6	A8	A9	A10	A11	A12	A13	A14	A18	A19	A20	A21
A4	1.00													
A5	.402	1.00												
A6	.416	.446	1.0											
A8	.136	.168	.127	1.0										
A9	.137	.231	.154	.666	1.00									
A10	.066	.116	.091	.662	.695	1.00								
A11	.158	.231	.098	.314	.423	.429	1.00							
A12	.178	.173	.014	.401	.480	.400	.620	1.00						
A13	.172	.229	.111	.266	.290	.292	.511	.543	1.00					
A14	.251	.254	.203	.259	.360	.220	.368	.513	.425	1.00				
A18	.156	.182	.300	.346	.373	.256	.324	.497	.390	.374	1.00			
A19	.083	−.004	.178	.210	.232	.159	.401	.391	.346	.319	.601	1.00		
A20	−.037	.074	.139	.180	.264	.184	.198	.154	.217	.188	.420	.548	1.00	
A21	.173	.258	.248	.230	.301	.316	.340	.312	.349	.327	.458	.484	.543	1.00

注:在不影响观察数据结果的情况下,省略对角线的右半部分,以便呈现。

通过表 5-5 可以看出,因子内的相关系数除 A14 外,其他都在 0.4 以上,这说明该结构的聚合效度较好;除因子 2 与因子 3 外各有一个题项超过 0.4 外,其他题项的区别效度都很理想,区别效度较为满意。

(二)描述性分析

通过描述性分析,平均值和标准差分别是文化资本(11.2143,2.07920)、象征资本(14.2010,2.62428)、经济资本(10.8031,2.58251)、社会资本(11.2474,1.93699),因此,样本群体的社会资本最高,文化资本最低。

(三)差异性分析

对样本数据进行独立样本 T 检验(见表 5-6),在职称、年龄、性别、教龄等方面,可以得出大学教师教学资本差异性是否显著。

表 5-6　生源地、性别与经历学校数独立样本 T 检验结果

因子	特征	样本数	均值	标准差	标准误	T 值
文化资本	副高	36	11.5556	1.94854	0.32476	2.257*
	正高	9	9.6667	3.24037	1.08012	
	初级	36	14.7778	2.58690	0.43115	2.643*
	正高	10	12.0000	4.02768	1.27366	
象征资本	<30 岁	56	14.4464	2.83433	0.37875	2.102*
	>50 岁	6	11.8333	3.48807	1.42400	
	30~40 岁	92	14.0435	2.12734	0.22179	2.364*
	41~50 岁	6	11.8333	3.48807	1.42400	
经济资本	男	88	11.3182	2.17375	0.23172	2.697**
	女	99	10.3232	2.85653	0.28709	
	<3 年	59	10.2881	2.57341	0.33503	-1.986*
	3~10 年	79	11.1266	2.36083	0.26561	
社会资本	<30 岁	55	11.0727	1.98937	0.26825	2.063*
	>50 岁	6	9.1667	3.43026	1.40040	
	41~50 岁	26	11.7692	1.81786	0.35651	2.646*
	>50 岁	6	9.1667	3.43026	1.40040	

注:**. $P<0.01$,*. $P<0.05$。

从表 5-6 可以看出,在文化资本方面,副高职称与正高职称的看法具有

显著性差异,副高职称显著高于正高职称,其他人口特征在文化资本方面均无显著性差异。在象征资本方面,初级职称与正高职称看法有显著性差异,初级显著性高于正高;小于 30 岁和大于 50 岁的教师认为象征资本有显著性差异,前者要高于后者;30～40 岁与 41～50 岁的教师认为象征资本有显著性差异,前者高于后者。在经济资本方面,不同性别有高显著性差异,男性远高于女性;小于 3 年教龄的教师与 3～10 年教龄的教师有显著性差异,后者高于前者。在社会资本方面,小于 30 岁与大于 50 岁、41～50 岁与大于 50 岁的教师,均具有显著性差异,并且都是年龄小的看法要显著高于年龄大的看法。

(四)相关性分析

经过探索性分析可知,大学教师教学资本结构由四个因子构成,通过相关分析,结果见表 5-7,从表中可知,四个因子之间都具有高相关性。其中,社会资本与其他三个因子的相关性最低。

表 5-7　大学教师教学资本结构的相关性分析

因子	说明	文化资本	象征资本	经济资本	社会资本
文化资本	相关系数	1	0.494**	0.462**	0.250**
	显著性		0.000	0.000	0.000
	样本数	196	192	191	193
象征资本	相关系数	0.494**	1	0.359**	0.231**
	显著性	0.000		0.000	0.001
	样本数	192	194	189	190
经济资本	相关系数	0.462**	0.359**	1	0.194**
	显著性	0.000	0.000		0.007
	样本数	191	189	193	190
社会资本	相关系数	0.250**	0.231**	0.194**	1
	显著性	0.000	0.001	0.007	
	样本数	193	190	190	194

注:$N=533$,$P<0.01$。

五、结论与讨论

通过对大学教师教学资本结构进行探索性分析,结果与理论假设相一致,并得出较高的信度和效度,而且解释率也较为理想。在结构因子的排序上,样本群体的社会资本最高,文化资本最低,这样的结果对大学教师教学资本效能的影响值得探讨。在显著性差异方面,一般青年教师与成熟教师的差异性比较大。

关于社会资本的研究成果十分丰富,是行动者获得资本的渠道或者说是一种条件。象征资本发挥着相关但又不相同的社会作用:认知、交往和社会分化。那么,象征资本是否是资本结构中的中介变量呢? 或者说,象征资本中最重要的信任要素是不是资本转换之间的中介要素呢? 那么,在教师的资本结构中是否也存在着这样的关系呢? 因此,在本书中,教师教学资本中的经济资本、社会资本和文化资本是三种基本的经济形态,而象征资本是一种综合效用的有机体现,不是简单的元素集合。这就为探索四种资本形态的相互作用及其效用提供了广阔的解释空间。

第二节　大学教师教学资本效能:基于大学生优势项目的调查

大学教师教学资本是大学教师教学实践活动的动力源泉,其效果是衡量教师教学发展水平的重要指标。目前对教师教学效能的关注尚处于学业成就层面,随着终身教育的发展,教师教学实践活动的可持续性影响愈显重要。基于优势理论,通过探索与验证性分析发现,大学教师教学资本的效能结构由执行、关系建立、影响和战略思考四个因子构成;其中,教师教学资本的效能给学生发展带来的更多的是促进学生的执行水平,而战略思考的效果较差。样本数据进行独立样本 T 检验结果显示,在性别、生源地、年级、求学经历、学校数与地域数、担任班干部年数、成长家庭环境以及学科等方面，体现出了大学教师教学资本的效能结构因子的差异性。在结构因子的排序上，从样本群体的均值来看，社会资本最高，文化资本最低，这样的结果对大学教师教学资本效能的影响值得探讨。

20世纪80年代以后，高等教育研究者越来越意识到：教师教学发展不应仅仅是增加大学教师的知识和技能，更应该重视教学效果；学生学习效果应该成为衡量教学发展的重要指标。所谓的教师教学资本[①]，可以理解为教师的经济资本、社会资本、文化资本和象征资本的总和，来源于教师个体的生命阅历。其中，文化资本是核心，象征资本是集中体现。教学资本的实现程度称为教学资本效能，但教学资本与其效能并非有必然关系。教学资本效能的实现是一个复杂的过程，而这里关注的仅仅是教学资本效能这一静态结果。如果忽视了基于学生发展的教学资本效能，那么，教师的教学资本也就仅仅是教学资源了。反之，教学资源之所以为教学资本，是因为它们可以通过教学场域的传递机制，从而发挥影响学生成长的作用。

在现有教学资本效能考量中，更多的是对知识与技能的评估，这种基于静止的和基础效能的评估，忽视了教师教学资本对学生个体成长带来的可持续性的影响。对于大学生成长来说，其已经不仅仅需要知识与能力的储备，更需要可持续性发展的优势，为未来职业准备发现自身的优势，这里将盖洛普的优势理论看作大学教师教学资本效能结构的核心组成部分，从而弥补仅仅以学生学业成就衡量教师教学发展水平的不足，丰富了大学教师教学资本效能的内涵。

---

① 教学资本依据布尔迪厄的社会实践理论提出：教学资本是教师教学实践活动得以生成、实现与发展的工具。布尔迪厄提出用大学教师教学资本来理解教学实践活动的积累性，它是大学教师教学实践活动的力量根源，教师教学资本内容结构深刻影响着教学资本所产生的效能，即教学效能。

一、大学教师教学资本效能的理念、内涵与评估

大学教师教学效能概念需要从理念的演进到内涵的明晰再到评估目标的确立，形成完整的教学效能结构体系。

(一)教学资本效能理念的转变：从"从属性"到"主体性"再到"主体间性"

高等教育质量提升成为时代所赋予的历史使命，个体创新性成为质量提升的核心，主体性激发是关键，大学教师的教学实践活动应该成为促进学生主体性发展的熔炉，成为学生主动发展的舞台，而不是学生从属性发展的训练场。随着社会各个行业日益职业化和专业化，暴露出的各种问题已迫切需要交叉融合，需要协同发展。因此，无论是人与人之间还是人与组织之间，抑或是组织与组织之间，主体间性凸显其重要性。目前，大学教师教学效能尚处于主体性激发的阶段，主体间性亟待加强，而优势理论赋予了主体间性能力目标具体而丰富的内涵。[①] 因此，教学资本效能首先需要教学理念实现从传统的从属性教学理念走向主体性乃至主体间性理念的转变。

然而，教学论始终存在着"传统教育"和"现代教育"之争，主要体现在教学内容、过程、方法、组织形式和师生关系等五大方面。[②] 争论的实质是教师在教学实践活动过程中所秉持的教学理念的不同。随着高等教育大众化发展，教学理念正发生着变化，如从单纯的高深学问向高深学问与高深技能并重扩展，从单纯的知识学习向复合型学习转变，学术旨趣与职业取向渐趋融合，以及"有教有类，各类分享"教学理念的形成等。[③] 这些转变意味着在教

---

① 主体间性是指在发挥个体能动性的主体性基础上，强调个体与社会、个体与世界、个体与实践、个体与个体之间发生更多联系，才能真正促进主体间性的协同发展。

② 熊冬炎，丁长江.从"传统教育"和"现代教育"之争看教学论的发展趋势[J].辽宁师范大学学报(社会科学版)，1987(2)：43-46.

③ 项贤明.大众化过程中大学教学理念的变革[J].高等教育研究，2004(1)：75-79.

学实践活动过程中,学生的从属性向现代性的人的主体性的转变。伴随着社会网络越来越密切,主体与客体、主体与主体和客体与客体之间的关系愈来愈重要,教学理念进一步转变,主体间性的育人理念逐渐得到重视。其中,美国的大学学业评估项目(Collegiate Learning Assessment,CLA)就充分体现了主体间性的教学理念,它顺应了美国高校教学改革的方向——从以教师讲授为主向以学生积极参与教学为主;从强调学科知识的教授转向强调学生在新情境中知识的应用。[①] 这些不同的教学理念根源于不同的智力理论,从属性教学理念是基于传统智力论,主体性教学理念是基于多元智力理论。[②] 主体间性教学理念更符合成功智力理论的内涵旨意。从不同的教学理念到相应的智力理论,它们都在不同的情景或不同教育阶段发挥不同作用,从属性、主体性教学理念更适合基础教育阶段的目标追求,主体间性的教学理念应该成为大学人才培养目标的重要选择。从人才培养目标来看,从属性教学理念更重视知识的学习,主体性和主体间性理念更重视能力的培养,如何处理知识与能力的关系,实质是对不同教学理念和智力理论的策略性选择。当今大学人才培养目标,从知识走向能力取向的转化[③],这些都是从知识与能力关系的角度提出学科专业教育目标,但在能力目标泛滥态势下,如何深化并赋予其具体的能力内涵,将是未来大学学业评价亟待解决的问题。

(二)教学效能的内涵:从教学的基础效能到可持续性效能

教学资本效能构成要素取决于特定的智力观。传统的教学效能多以一元或多元智力观为基础,而成功智力观尚未引起足够的重视。所谓的成功

---

① 黄海涛,张华峰.如何评价大学教育质量——美国大学校际学生学习成果评估项目解析[J].比较教育研究,2014(9):48-53.

② 传统智力观的提出大多以心理测量为基础,试图寻找智力的各种构成因素。主要弊端:一是智力的内涵狭窄,主要指学业智力;二是忽视智力与现实世界的联系;三是忽视智力活动的动态过程;四是无法说明情绪等非智力因素对智力的影响。多元智力理论是在传统智力理论的基础上的扩充。参阅:胡中锋,刘学兰.现代智力观及其对教育课程改革的启示[J].课程·教材·教法,2002(5):22-26.

③ 许国动.当代大学生领导力模型与实现路径的理论分析[J].北京邮电大学学报(社会科学版),2011(6):110-116.

智力是指达成人生主要目标的智力,它能使个体以目标为导向并采取相应的行动,强调自身努力程度。具有成功智力的人会思考在什么时候、以何种方式来有效地使用这些能力。[①] 成功智力观是真正以个体自我实现为目标,是以主体性和主体间性为方式,促进人发展的智力观。成功智力观不仅强调培养学生的学业成就,更强调学生学业志趣的养成,这是未来职业人生中实现个人成功价值的潜在因素所在。因此,教学效能就应该关注教学内容带来的基础效能,即学生拥有的知识与能力和对个体成长具有深远影响的可持续性效能,也就是将学业志趣嵌入到个人职业与人生之中、促进主体间性和谐共存的能力。同时,教学效能的基础效能与可持续性效能之间存在着复杂的非线性关系,其中介要素就是个体的生命阅历。

大学教师教学效能结构的提出,需要着力提升教学效能的可持续性效能要素,它预示着大学生学习力培养正提上日程。培养大学生的学习力[②],不仅包括学科学习力[③],而且要重视非学科性学习力[④],也就是可持续性效能。学科学习力是大学生自主学习的前提,是大学生可持续发展的基础。国外学者认为,学习力结构主要涉及原发、内化和外化三个层面。[⑤] 从学习力内涵和结构可以发现,基于学习力培养的教学理念已不仅是基于成功智

---

① R.J.斯腾伯格.成功智力[M].吴国宏,钱文,译.上海:华东师范大学出版社,1999:11.

② 学习力有广义和狭义之分。广义上,它是指个体通过多种渠道、运用多种形式、采取多知识底蕴的综合描述。狭义的学习力,主要是指学校教学体系中,有关学生学科目标掌握力,分为学科学习力和非学科性学习力。学科学习力详见:吴太胜.大学生学科学习力及其生成和发展的教育范式[J].辽宁教育研究,2007(8):58-61.

③ 学科学习力也称为领悟力,是个体智慧的一个重要因素,最早由美国麻省理工学院的佛睿斯特(Jay Forrester)于1965年提出。20世纪90年代中期,学习力逐渐成为一项前沿的管理理论,被广泛应用在企业管理和企业文化领域。然而,在学校教育领域,相关课题研究至今仍然较为少见。

④ 非学科性学习力指学生因学校制度化的学习环境所形成的学习志趣和学习的内在驱力,进入学校教学体系以外所表现出的能够主动推动自身可持续性发展的学习能力总和。

⑤ 吴太胜.大学生学科学习力及其生成和发展的教育范式[J].辽宁教育研究,2007(8):58-61.

力,还融合了情绪智力。① 情绪智力是对成功智力的补充,是从智力和非智力两个方面,更全面地看待个体的发展,或者说,情绪智力更是成功智力实现的一个条件变量。基于学习力培养的大学教学理念已将专业与职业以及人生完满实现相融合,是成功智力与情绪智力融合后的一种变革性、主体性和主体间性的教学理念,是一种基于各种智力理论融合后更加全面的智力观。在这样的条件下,无论是教学理念还是融合性智力观,都从从属性走向主体性和主体间性,都是个体成功的人生目标,这是真正意义上的人本关怀,也是主体性自我实现的价值取向。在这个意义上,个体才具备主动地追求人生卓越的能力。

(三)教学效能的评估:从学业走向发现优势

教育教学评价经历了社会效率、社会建构、发展性评价三个阶段。当前,促进学生学习的发展性评价已成为教育教学评价的主流②,在美国更有成熟的实践经验。③ 目前,我国高校学业评价不足主要体现在"四重"的偏颇。④ 高等学校对学生的学业成就评价还停留在传统的学业成就的评价阶段,即知识和技能的评价,这不能等同于学业产出,前者是基于教学或教师的意向视角,后者是基于学习者的视角。⑤ 换言之,学业目标是从属性的教学效能理念,学业产出是主体性的教学效能理念。传统学业成就评价结果忽视"分数对等性",在高等教育领域中,更应根据有效努力程度,建立相对

---

① 情绪智力对传统的智力概念的内涵做了较大拓展,从某种意义上或许可以说,它是对传统智力概念的革命性建构。详见:戴健林,黄敏儿.从 IQ 到 EQ:智力内涵的新建构[J].心理科学,1997(6):568-569.

② 许洁英.促进学生学习的评价:特点、要求与策略[J].教育测量与评价(理论版),2008(4):4-7.

③ 如俄亥俄州从监测项目的达标率、学业水平综合指数、适当的年进步率和增值评价四大模块对学区内中小学生学业成就进行评价。

④ 黄洁.基于学业评价的高校教学质量保障体系研究[J].浙江树人大学学报(人文社会科学版),2011(3):111-114.

⑤ 张劲英,孙凯.高校学生学业成就评价研讨——兼评国内外研究与实践[J].现代教育管理,2013(10):62-65.

有效性评价指标。① 因此,学业评价理念需要伴随着教学效能理念的演进而不断地实现创新,如此才能在大学学业评估方面做出实质性的改进,这将决定大学教师教学实践活动的教学效能的走向。

目前的学业成就评估难以体现学生学习力所呈现出的自身优势,只是评估学习力现状,没有发现学生身上体现出的优势项目。为此,需要追溯最终的逻辑本源,让学生自己发现优势,从而选择自主成功的方向,这将更加符合主体性的潜能选择。这种学生自身优势的发现是教师通过教学资本传递,在获得知识与能力的基础上,形成学科学习力和非学科学习力所体现出的个体优势项目,这种优势项目是一种优势类别的发现,实现了分数"等值化",也突破了学科学习力的限制,这就是教师教学资本传递和教学影响产生的可持续性发展的教学效能目标所在。

二、研究设计

(一)研究目的与问题

大学教师教学实践活动应以学生发展为目标,因此,探索和验证大学教师教学效能结构是大学教师教学发展的逻辑归宿,这里的大学教师教学效能结构是指大学生的优势项目结构。那么,大学教师教学资本的效能结构由哪些要素构成? 大学教师教学效能结构模型是否能够得到验证? 不同人口学特征具有哪些差异?

(二)概念框架

教师教学效能的操作性概念就是学生自身的优势项目。这种优势项目是基于学生自身评价的发现,遵循自身的优势,发挥学习力的作用,追求个体人生的成功,寻找自我完满实现的方向和路径。这种发现自身优势,寻找个体成功,实质是个体追求卓越。在追求卓越的过程中,与学生领导力的实现具有一

---

① 　徐娜,曲如,王晓辉.大学生学习效果的相对有效性评价研究[J].东北电力大学学报,2012(3):94-97.

定的契合性和同一性,这才能从根本上发挥学生主体性作用,实现主体间性。

主体间性离不开团队合作。拉思依据盖洛普优势发现者的评估体系[①],对 34 位领导者做优势调查发现,领导力四个维度的广义类型为:执行、影响、关系建立和战略思考。[②] 因此,这里通过盖洛普优势发现者的评估体系对学生自身优势进行评估,这种优势同样体现在大学生领导力方面,这些优势的获得与大学教师教学实践活动具有紧密的关系。所以,大学教师教学效能结构与领导力四维度的关系如图 5-6 所示,在有效团队和团队变得强大的因素研究中发现:领导者有目的地成为资本要素是建立在每个人效能的基础上实现的,还发现大部分成功的团队都在团体效能广义的四个维度方面表现出显著性。[③] 因此,基于团队成功的个体成功,提出个体实现的优势项目。其中执行是指促使事情发生且帮助计划实施。影响是指帮助团队在提倡新政策或新改革方面取得进步。关系建立是指个体能在组织内外带来内聚力。战略思考是指让团体思考未来并帮助做长期决策。

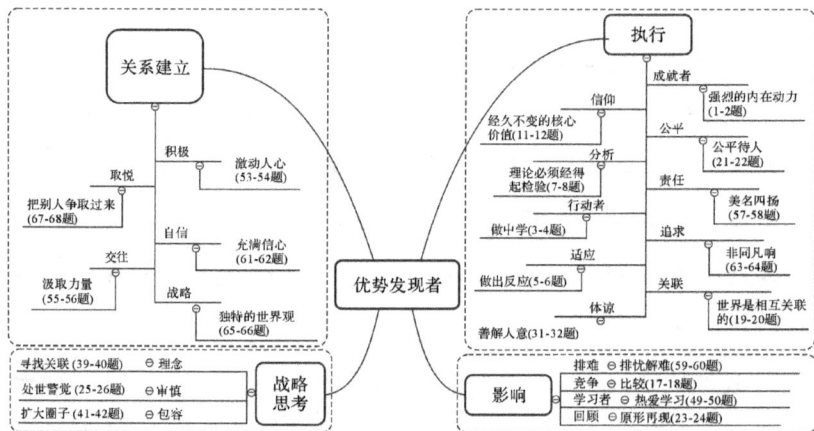

图 5-6 大学教师教学效能结构

---

① 汤姆·拉思.盖洛普优势识别器 2.0:《现在,发现你的优势》升级版[M].常霄,译.北京:中国青年出版社,2012:20.

② 考米维斯,等.大学生领导力[M].马龙海,等,译.北京:中国人民大学出版社,2014:341.

③ Susan R K. Exploring Leadership:For College Students Who Want to Make a Difference[M]. San Francisco:Jossey-Bass,2013:342-343.

在以上理论视角下,依据相关文献和研究问题,对大学教师教学资本效能提出下列研究假设:

Ho—1 教学资本效能由执行、影响、关系建立和战略思考四维度构成;

Ho—2 教学资本效能结构模型拟合度合理,具有较高的效度;

Ho—3 在教学资本效能要素中,具有一定的差异性。

三、研究方法

(一)样本特征

课题组采用随机抽样方法,分别在江苏、广东、山东、四川、湖北等地11所普通本科院校发放调查问卷,发放问卷2000份,回收1400份。其中,有效问卷1066份。本书将有效数据平均分为两组,一半数据用于探索性分析,另一半用于验证性分析,具体人口学特征如表5-8所示。

表 5-8 样本人口学特征

	男	女	大一	大二	大三	大四	哲学	经济学	法学	教育学
人数	399	667	100	323	170	473	9	441	17	66
比例/%	37.4	62.6	9.4	30.3	15.9	44.4	0.8	41.4	1.6	6.2
	文学	历史学	理学	工学	农学	医学	军事学	管理学	艺术学	其他
人数	51	1	134	57	3	13	1	248	21	4
比例/%	4.8	0.1	12.6	5.3	0.3	1.2	0.1	23.3	2.0	0.4

(二)研究工具与方法

盖洛普优势识别器是盖洛普两位专家——汤姆·拉思和巴里·康奇基于优势理论开发的,旨在识别最普遍的人类优势。该工具开发是基于这样的认识:只有当人们投入更多的精力来发展自身优势,而不是改善劣势,才更有可能成长、成功。该工具测试内容主要涵盖34个主导主题及其成千上万的组合,并揭示如何最有效地将它们转化为个人和事业的成功。盖洛普优势识别器能使被试通过互联网进入优势识别器测试,并立即向被试提供其五个最强大的主题,使被试获知自己在 34 个主题(例如成就、行动、体谅、前瞻、战略等)中的主导主题。

本书依据"盖洛普优势识别器在线测试(2.0 完整版)"修订而成的"大学生优势发现者问卷"施测。在正式施测之前经过初测和修订,问卷以李克特 5 点量表测量,分别为"非常不符合""不符合""不确定""符合""非常符合"。在项目分析的基础上,经过探索性分析和内部一致性检验,本书在每个特质维度保留了至少 3 道题目。最终,战略思考、执行、影响和关系建立四个因子题项分别为 3 个、10 个、4 个和 5 个,共计 22 个。

四、研究过程与结果分析

(一)探索性分析

本书首先通过 SPSS 软件分析检验了模型中四个变量的数据效度和信度。本书采用 Cronbach α 系数衡量样本数据的信度。对于效度分析,首先进行 KMO 检验和巴特利球体检验,KMO 都大于 0.944,巴特利球体检验为 5155.113,因子值的显著性概率为 0.000,自由度为 231,这说明数据适合做因子分析。

除 8 项人口统计变量题项外,本书分别对四因子的题项进行方差最大正交旋转,根据转轴后因素矩阵的主成分所含题项多少确定是否保留该主成分。每次设定主因素之后,在得出正交因子负荷矩阵中删除测度项所对应的因子载荷小于 0.5 的项目,经过多次重新探索,并做反复比较来进行确认。根据因子载荷以及解释的累计贡献率,本书最终认为按照特征值大于 1.0 的标准提取各个因子,四因子的特征值、贡献率、累计贡献率分别为执行(5.188、23.582、23.582)、关系建立(2.866、13.028、36.610)、影响(2.720、12.362、48.972)和战略思考(2.066、9.389、58.361),解释率均在可接受的范围内。各个因子分析提取结果及正交因子负荷矩阵如表 5-9(为便于分析,删除每个主因子内负荷小于 0.50 的项目)所示,样本数为 533。

表 5-9　正交因子负荷矩阵

题项	执行	题项	关系建立	影响	战略思考
A1	0.624	A61	0.694		
A3	0.732	A53	0.563		
A5	0.639	A55	0.646		
A7	0.539	A65	0.560		
A11	0.727	A67	0.602		
A19	0.690	A17		0.685	
A31	0.709	A23		0.582	
A57	0.679	A49		0.564	
A63	0.568	A59		0.580	
A21	0.675	A25			0.719
		A39			0.680
		A41			0.733
Cronbach's Alpha	0.903		0.800	0.745	0.685
			0.923		

如表 5-10 所示,因子内相关系数基本上都在 0.4 以上,这说明该结构的聚合效度较好。除因子 1 的因子与因子 2 的区别效度不太理想外,其他区别效度都较高。

表 5-10　四因子各题项相关系数、均值与标准差($N=533$)

题项	执行	关系建立	影响	战略思考
A1	1.000			
A3	0.613			
A5	0.481			
A7	0.499			
A11	0.602			
A19	0.450			

续　表

题项	执行	关系建立	影响	战略思考
A31	0.455			
A21	0.360			
A57	0.474	1.000		
A63	0.432	0.511		
A53	0.427	0.479		
A55	0.367	0.488		
A61	0.396	0.414		
A65	0.382	0.350		
A67	0.318	0.256		
A17	0.348	0.279	1.000	
A23	0.292	0.363	0.416	
A49	0.327	0.340	0.414	
A59	0.403	0.388	0.417	
A25	0.104	0.110	0.332	1.000
A39	0.184	0.195	0.302	0.427
A41	0.104	0.143	0.245	0.398
平均值	38.5685	17.4390	13.3302	8.7054
标准差	7.33423	3.82396	3.11614	2.54093

注:在不影响观察数据结果的情况下,省略对角线的右半部分,以便呈现。

通过描述性分析可以得出四因子的平均值和标准差,样本群体的执行因子的水平接近较高水平,关系建立与影响这两个因子的平均水平处于中等偏上水平,而战略思考的因子水平接近中等水平。

(二)验证性分析

为进一步检验大学教师教学资本效能结构的探索性分析结果,对另外533个样本数据,使用 Lisrel 8.72 进行结构方程模型的验证性因素分析,检验其结构模型的构想效度较为理想,整体拟合度检验结果见表5-11,其结构模型见图5-7。

表 5-11　大学教学资本效能结构模型的整体拟合度检验结果

	x^2	df	X^2/df	RMSEA	RMR	GFI	AGFI	NFI	NNFI	CFI	IFI
本书	657.58	203	3.24	0.065	0.054	0.90	0.87	0.96	0.96	0.97	0.97
最佳区间	—	—	<5	0.05—0.08	<0.08	>0.9	>0.9	>0.9	>0.9	>0.9	>0.9

X^2/df 是直接检验样本协方差矩阵和估计的协方差矩阵间的相似程度的统计量。X^2/df 的理论期望值为 1,X^2/df 越接近 1,说明样本协方差矩阵和估计的协方差矩阵的相似程度越大,模型的拟合度越好。在实际研究中,当 $X^2/df<5$ 时,可以认为模型的拟合度比较好。从表中可以看出,该结构方程模型的 $X^2/df<5$,因此,该结构方程模型拟合度较好。但是,X^2 对样本容量大小非常敏感,因而研究者试图找到一些不随样本容量的大小而变化或者变化小的拟合度指标。

RMSEA 是另一衡量结构方程模型拟合度的指标。一般该指标小于 0.05 时,模型的拟合度是好的;指标在 0.05～0.08 时,模型的拟合度是可以接受的;如果大于 0.1,则认为拟合度是不好的。[1] 因此,该模型指标是可以接受的。而 RMR 小于 0.1,表示模型拟合较好。在该结构模型其他指标中,除 AGFI 略微小于 0.9 以外,其他指标均大于等于 0.9,根据结构方程模型是适配的标准或临界值[2]可知,该结构方程模型的拟合度较好。

(三)差异性分析

对样本数据进行独立样本 T 检验结果发现,在性别方面,战略思考具有显著性差异,男生显著高于女生,其他方面无显著差异性;生源地方面,执行和影响都具有显著性差异,农村均优于城市;在经历学校个数方面,以 5 个学校数为分割点,影响因子具有显著性差异,其中,经历小于 5 个学校数的要比

---

[1]　徐云杰.社会调查设计与数据分析:从立题到发表[M].重庆:重庆大学出版社,2011:212.

[2]　吴明隆.结构方程模型——AMOS 的操作与应用[M].重庆:重庆大学出版社,2010:240.

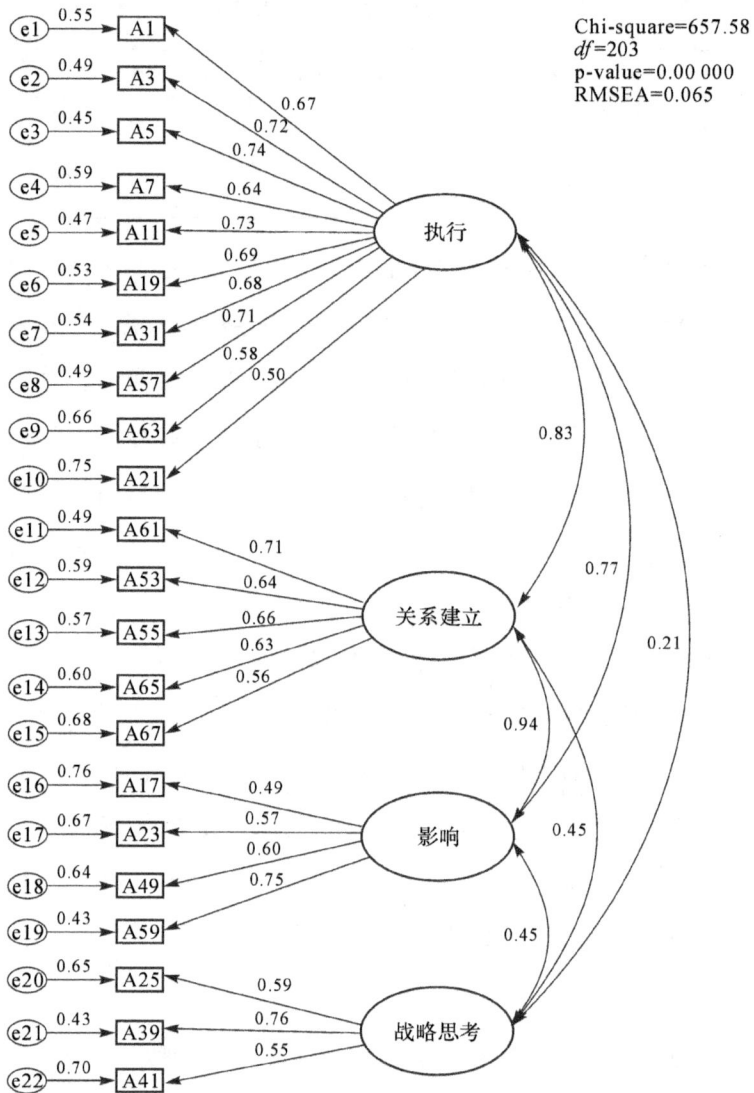

图 5-7　大学教师教学效能结构方程模型

大于等于 5 个学校数的显著;在班干部经历年数和家庭环境方面,都无显著差异(见表 5-12)。

表 5-12　生源地、性别与经历学校数独立样本 T 检验结果

因子	特征	人数	均值	标准差	标准误	T 值
执行	农村	335	39.1104	6.83355	0.37336	2.227*
	城市	198	37.6515	8.04649	0.57184	
影响	农村	335	13.5851	2.93611	0.16042	2.384*
	城市	198	12.8990	3.36897	0.23900	
战略思考	男	210	8.9905	2.66106	0.18363	2.095*
	女	323	8.5201	2.44608	0.13610	
影响　学校数	≥5 个	199	12.9849	3.08545	0.21872	−1.980*
	<5 个	334	13.53590	2.12073	0.17076	

* $p < 0.05$。

在年级方面,对于大二与大四、大三与大四学生来说,在关系建立和影响方面,有高显著性差异,大四均高于大二、大三;在家庭人口方面,除被试外,大于等于 4 口人与小于 4 口人,在战略思考方面存在显著性差异,后者要高于前者;在学科方面,由于学科分类比较多,这里仅仅从人数最多的三个学科进行分析,结果发现,经济学比管理学在战略思考方面弱,而管理学与理学在四个因子中都没有任何显著性差异(见表 5-13)。

表 5-13　年级、家庭人口、学科独立样本检验结果

因子	特征	人数	均值	标准差	标准误	T 值
执行	大二	158	16.8418	4.03413	0.32094	−3.427**
	大四	235	18.1702	3.57890	0.23346	
	大三	86	16.6512	3.31757	0.35774	−3.433**
	大四	235	18.1702	3.57890	0.23346	
影响	大二	158	12.8734	3.32091	0.26420	−3.228**
	大四	235	13.9277	3.07163	0.20037	
	大三	86	12.6512	2.51474	0.27117	−3.453**
	大四	235	13.9277	3.07163	0.20037	
战略思考　家庭人口	≥4	323	8.5332	2.49880	0.13904	−2.055*
	<4	208	8.9856	2.58101	0.17896	

续　表

因子	特征	人数	均值	标准差	标准误	T 值
战略思考	经济学	222	8.3468	2.65198	0.17799	2.358*
	管理学	123	9.0325	2.46595	0.22235	

** p<0.01, * p<0.05。

在家庭兄弟姐妹人数方面,有兄弟姐妹与没有兄弟姐妹,在四个方面都存在显著性差异,其中,在执行、关系建立和影响这三个方面,有兄弟姐妹的要优于没有兄弟姐妹的,但在战略思考方面,没有兄弟姐妹的却优于有兄弟姐妹的;在 2 个及以上兄弟姐妹中,执行方面有显著性差异,等于或多于 2 个兄弟姐妹的要高于小于 2 个兄弟姐妹的;在 3 个及以上兄弟姐妹中,执行和影响方面有显著性差异,而且多的显著性要高于少的;在 4 个及以上兄弟姐妹中,战略思考方面有显著性差异,大于或等于 4 个兄弟姐妹的显著性要高于小于 4 个兄弟姐妹的(见表 5-14)。

表 5-14　兄弟姐妹人数的独立 T 检验结果

因子	特征	人数	均值	标准差	标准误	T 值
执行	≥1	410	38.9780	7.01880	0.34663	2.265**
	<1	121	37.2645	8.23485	0.74862	
关系建立	≥1	410	17.6049	3.71345	0.18339	1.844**
	<1	121	16.8760	4.16047	0.37822	
影响	≥1	410	13.5049	3.05951	0.15110	2.419*
	<1	121	12.7273	3.26343	0.29668	
战略思考	≥1	410	8.5488	2.45025	0.12101	−2.378*
	<1	121	9.2149	2.77851	0.25259	
执行	≥2	237	39.3544	5.93475	0.38550	2.245*
	<2	294	37.9694	8.26125	0.48181	
执行	≥3	117	39.7179	5.26512	0.48676	2.340*
	<3	414	38.2681	7.80408	0.38355	

因子	特征	人数	均值	标准差	标准误	T 值
影响	≥3	117	13.8974	2.68580	0.24830	2.245*
	<3	414	13.1667	3.21825	0.15817	
战略思考	≥4	56	9.3929	2.28575	0.3055	2.163*
	<4	475	8.6189	2.55984	0.11745	

** $p<0.01$，* $p<0.05$。

五、结论与讨论

研究发现，需要进一步提升大学教师的教学效能理念，对教师教学实践活动来说，不仅仅是对学业成就的重视，更应该重视教师教学实践活动给学生带来的可持续性发展的影响，也就是关注学生职业发展的志趣。高等教育现代化是人的现代化，人的现代化的核心是主体性的激发和主体间性的和谐存在。学习不仅仅是一个结果，更是一个过程。好的教学效能，就是应该让学生形成学习过程的能力，而不仅仅是体现在结果中的学业表现，这是学生在今后人生实现自我发展的前提，这也是学习力培养的本质所在。然而，目前各种有关学业评价的项目繁多，这一方面说明人们对教育质量的重视、期望和推动；但另一方面，现有的学业成就仅仅关注学生学业结果，而没有关注学业结果有可能出现的未来发展的优势，如执行、影响、关系建立和战略思考。大学教师教学效能评估理念不是对学业成就评估理念的超越，而是有效的补充。在多元智力观融合条件下，以成功智力观进行学业评估的同时，也应增加"学生优势项目"的评估模块，这才是完整的学业评估体系。21世纪以来，知识的"半衰期"在不断缩短，特别是随着大数据时代的到来，知识生产速度加快，终身性学习取代阶段性学习的要求不断凸显，当代大学生必须培养和提升可持续性效能，实际就是个体学习力的培养，否则就与个体走向成功不相适应。学习力不仅是生存的需要，而且也是享受的需要、发展的需要。[1] 因此,大学教师教学效能理念必须从传统向现代转变,理解一元智力论、多元智力论和成功智力论的价值和意义,大学教师教学效能应该促使大学生从被动接受学习向自身学习力培养转变。

通过对大学教师教学资本效能结构的理论模型构建,利用数理统计分析工具进行探索性和验证性分析,得出大学教师教学资本效能结构由执行、关系建立、影响和战略思考四个因子构成,并且四个因子在大学教师教学实践活动的影响下,形成的效果不同,教师教学资本效能给学生发展带来的更多的是学生在执行水平方面的影响,而对战略思考的影响较差,这是目前教学资本效能缺失的方面,这就为大学教师教学实践活动提供了发展方向。

在教学效能结构模型中,可以得知测度项残差、因子载荷和各因子之间的相关关系,这为基于大学生的优势项目进行教师教学影响力评估提供了理论支持,尤其是路径系数可以作为各个因子权重的参考依据,这是提高教学资本效能评估科学性的重要前提和基础。事实上,大学教师教学实践活动的最终衡量标准是学生发展,教师的教只有在学生配合、支持并积极投入学习时才能产生良好的教学效果,才能实现课堂有效教学。[2] 大学教师教学效能结构为大学学业成就评估解决了两个方面的问题,一是理念的适宜性,即从学生这一最重要的利益相关者的角度进行学业评估,促使学生从从属性走向主体性直到主体间性的改变;二是解决学业评估的科学性,将学业成就的简单相加转变为学业成就的分数"等值化",从而提供了学业成就的可比性。

关于教学效能结构,它是基于团队领导力视角的个体优势项目的发现。拉思和康奇认为,通过发挥成员效能最大化形成完美的团队远比试图使个体优秀导致团队平庸更好,何况在人力所能及范围内样样都做好是不可能

---

① 吴也显,刁培萼. 课堂文化重建的研究重心:学习力生成的探索[J]. 课程·教材·教法,2005(1):19-24.

② 曹霞,姚利民,黄书真. 论教师、学生、学校因素对高校课堂有效教学的影响[J]. 大学教育科学,2012(1):25-31.

的事情。团体和团队中的个体可带来更大的效能多样化。在团体和团队情景中的领导力维度不相信一个领导者能够发挥所有的效能,也不可能强调运用其更大的技能和跨越所有成员的领导力效能四维度去做每一件事情。[①]从布尔迪厄的社会实践理论也可知,个体的资本必须从所在的场域中获得,而这些资源就聚集在关系型的团体中。因此,基于团队的大学生自我实现的效能结构,更符合个体发展的需要。

第六章　大学教学场域镜像:社会网络分析的视角

现代社会是高度分化的社会。在高度分化的社会里,社会世界是由具有相对自主性的社会小世界构成的,这些社会小世界就是具有自身逻辑和必然性的客观关系的空间,而这些小世界自身特有的逻辑和必然性也不可化约成支配其他小世界运作的那些逻辑和必然性。[②] 这些"社会小世界"就是各种不同的场域。场域是一个相对独立的社会空间、客观关系构成的系统、相互争斗的空间,场域边界模糊,场域间关系复杂。[③] 社会作为一个"大场域"是由这些既相互独立又相互联系的"子场域"构成的。

大学教学场域就是教育系统与其他系统相对独立的社会空间和由关系构成的社会子系统之一。在教学场域中充斥着由师生关系中所拥有的资本

① Susan R K. Exploring Leadership:For College Students Who Want to Make a Difference[M]. San Francisco:Jossey-Bass,2013:342-343.
② 皮埃尔・布尔迪厄,华康德.实践与反思:反思社会学导引[M].李猛,李康,译.北京:中央编译出版社,2004:134.
③ 皮埃尔・布尔迪厄,华康德.实践与反思:反思社会学导引[M].李猛,李康,译.北京:中央编译出版社,2004:145.

结构和资本总量的差异所形成的教学关系。正是师生资本差异的存在，教学关系才得以建立。而资本差异存在的同时也意味着资本流动，这是教学关系存续的动力机制。在教学关系网络中，师生关系是主体，是教学过程中最重要、最基本，同时也是最经常、最活跃的人际关系[①]，是教师和学生为实现教育目标，以各自独特的身份和地位通过教与学的直接交流活动而形成的多性质、多层次的关系体系。[②] 师生关系唯有在教学场域中，方能体现师生在教学实践活动中的价值和生命的意义。

一、教学场域的存在形式：关系理论的视角

从前的一切唯物主义（包括费尔巴哈的唯物主义）认为，人对自然的关系首先并不是实践的即以活动为基础的关系，而是理论的关系。[③] 这种观点只是从客体的或者直观的形式去理解对象、现实、感性，而不是把它们当作感性的人的活动，当作实践去理解，不是从主体方面去理解。[④] 因而在传统的教学关系中师生关系等同于或简化为教学关系。这种缺乏过程和动态性的关系，使得师生之间的关系被异化，不再是主体间性关系，师生间的教学关系网络被遮蔽，真正需要师生教学关系网络中传递的信息却受到了阻碍，从而导致教学低效，甚至是无效，教学场域受到巨大影响。

（一）马克思主义关系理论要素分析

1.关系的边界：主体性、客体性与主体间性

马克思主义关系理论将实践作为基础和核心概念，在实践唯物主义的

---

① 齐放.20世纪西方主要教育哲学流派关于师生关系的论述及其启示[J].外国教育研究,1999(6):14-18.

② 皮埃尔·布尔迪厄,华康德.实践与反思:反思社会学导引[M].李猛,李康,译.北京:中央编译出版社,2004:155.

③ 马克思,恩格斯.马克思恩格斯全集:第19卷[M].中共中央马克思恩格斯列宁斯大林著作编译局,译.北京:人民出版社,1963:405.

④ 马克思,恩格斯.马克思恩格斯选集:第1卷[M].中共中央马克思恩格斯列宁斯大林著作编译局,译.北京:人民出版社,1995:54.

语境中研究关系。人并不是抽象地栖息在世界以外的存在。人在本质上就是周围世界的产物,主体的本质就是主体间性,客体的本质就是客体间性,它是主体间性的物化反映,主客体之间就是主客体间性,它是主体间性发生信息传递而促进场域变化的载体。因此,只有把主体间性、客体间性和主客体间性综合起来加以研究,才能全面把握关系理论。人类并不是现成地处于某种关系之中,而是在实践活动的过程中主动创造出各种各样的丰富关系。①

教学场域中的关系网络以及教与学的同一性活动,从本质上来看都是一种生产实践,一种精神性的生产劳动,外显表征为师生关系,是教学实践活动的主体性关系,但同时也是教学实践活动的客体性关系,其通过师生关系网络中所传递的"事物"来反映。客体性关系网络是对主体性关系网络的反映,是一种隐性的生产关系。从隐性到显性的关系,可以促使主客体间关系的建立。所以,在教学场域中,不仅要看到主体间性所形成的师生关系,还要看到客体间性所反映出的主体间性的本质,更要看到主客体间性关系是教学场域存续的动力源泉所在。

2.关系的时空:共时性与历时性

虽然马克思的关系理论并没有使用主体间性、客体间性和主客体间性这样明确的说法,但他认为主体与主体之间存在着通过生产实践形式表现出来的共时性关系。尽管随着场域的变化,生产关系也会或早或迟地发生相应的变化,但归根到底还是制衡着主体性与主体间性的内涵与界限。同时,人与人之间、主体与主体之间还存在着历时性关系。正如马克思所言,历史的每一阶段都遇到一定的物质结果、一定数量的生产力总和、人和自然以及人与人之间在历史上形成的关系,都遇到由前一代传给后一代的生产力、资金和环境,尽管一方面这些生产力、资金和环境为新的一代所改变,但

---

① 俞吾金.主体际性、客体际性和主客体际性——马克思实践唯物主义关系理论探要[J].河北学刊,2007(2):1-6.

另一方面,它们也预先规定新的一代的生活条件,使它们得到一定的发展和具有特殊的性质。[①] 这表明,在历史发展中,后出现的主体总是在前面世代的主体已经创造出来的物质环境和条件的基础上开始自己的行动和思考。如果说马克思关于生产关系的理论深化了对主体间共时性关系的探索,那么,关于人的生产、精神生产的理论则深化了对主体间历时性关系的研究。

因此,从关系的要素边界和关系的存续时空来看,关系理论是由主体、客体这两个要素组成,从而产生主体到客体的关系或客体到主体的关系,以及主客体二者之间的关系,进而形成了主体间性、客体间性以及主客体间性的关系群,如图 6-1 所示。

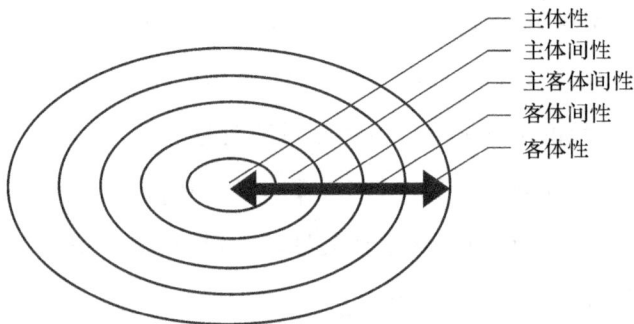

主体性
主体间性
主客体间性
客体间性
客体性

图 6-1　关系理论要素及其结构关系

(二)教学场域中的关系网络:教学要素的视角

1.教学场域中师生关系的三种认识误区

关于师生关系的论述,不同学派的观点不同。要素主义教育哲学流派在师生关系上重申了教育过程中的主动权在教师而不在学生。永恒主义认为,在师生关系中教师既是命令者又是指导者,承认并维护教师在知识传授中的中心地位;至于学生,则一定要服从教师的权威。进步主义反对以教师为中心,主张发展学生的个性。改造主义认为,教师的职责在于说服学生,

---

① 马克思,恩格斯.马克思恩格斯全集:第 3 卷[M].中共中央马克思恩格斯列宁斯大林著作编译局,译.北京:人民出版社,1960:43.

而教师与学生之间存在着相互探讨、公开辩论的关系。[①] 在 20 世纪的师生关系争论中，形成了丰富的学术流派（见表 6-1）。尽管各学派的教育哲学观不同，对师生关系的看法和认识也存在差异，但就其本质而言，都是围绕主体性或主体间性的论述。事实上，这是教学多维演进中人的凸显，书本教学向生本教学的演进、教本教学向学本教学的演进和知本教学向能本教学再向人本教学的演进。[②] 教学多维演进的历史，是教学从各种偏离人和以人的局部潜能或需要为本位中解放出来的历史，是教学中人逐渐被认识、被尊重、被重视的发展史，因而也是教学向着依靠人、发展人的人本化教学前进的教学进化史，从而决定了师生关系的演进史。

表 6-1　20 世纪主要教育哲学流派的师生关系

流派	实用主义	新传统教育	存在主义	人本主义	合作教育学
关系	儿童中心论、相互探讨、公开辩论	教师权威	"我"和"你"	双方交流感情	合作关系

然而，在这一视野下，却极易产生三种认识误区。第一，主体性客观化。按照惯常的逻辑思维，通常会认为师生关系存在一方是主体、一方是客体，或者两者都是主体。但这种认知却导致或教师或学生的任何一方被客体化，甚至客体缺位的出现。尤其是，在倡导民主与平等、尊重与信任、理解与合作的师生关系的氛围中，越是强调主体的归属问题，越会深化这种认识。这是目前对师生关系认识的一种主要误区，究其原因，教学要素的缺失使教学实践活动被视为静态的理论关系，忽视了隐性生产关系的存在。事实上，师生关系由教学关系的要素构成，是一种动态过程性的网络关系，不仅存在显性的主体性和主体间性关系，而且还存在隐性的客体性和客体间性的关系。第二，客体性主观化。对客体性和客体间性关注的缺失，使得人们习惯

---

① 夏睿.现代西方教育哲学流派关于师生关系研究述评[J].社会工作，2008(2)：40-42.

② 张广君，曾华英.论走向人本化的教学[J].天津师范大学学报（社会科学版），2007(3)：72-76.

于将教学实践关系中的要素仅仅局限于人的层面,而教学实践关系中事物的要素被人为地忽视了。自然而然地就将教学关系视作是主体性和主体间性的关系,把复杂的动态关系看作简单的静态关系,这是出现这种认识误区的主要原因,从而也进一步影响了主客体间性的关系认识,从而影响到教学质量和教学效能的实现。第三,主客体间性缺失。正是客体性与客体间性的认识误区,导致相应的教学要素的事物关系的缺失,从而影响到主客体间性的关系的认识,而这种关系认识的淡化,致使教学关系网络存在形式出现缺失,这是容易出现的第三种认识误区。主客体间性的关系,实质是教学实践活动发生的动力机制。也就是说,在教学实践活动中,教学实践活动的事物,即客体性或客体间性如何与人建立关系,这是主客体关系得以建立的基本原理。所以,这种认识误区的存在也是教学场域网络关系认识缺陷的必然后果。

2.教学场域网络关系的要素结构

根据生产实践关系理论,"主体"主要是指个人这种社会存在物;"客体"主要是指个人在生存活动和其他活动中必定与之打交道的、各种各样的物或事物。物作为人们认识、使用或改造的客体或对象,相互之间也是处于普遍联系中的。在现实生活中,既不存在纯粹的主体间性,也不存在纯粹的客体间性。主体和客体是相互依存的关系。没有主体,就不会有客体;反之亦是如此。事实上,不但主体与主体、客体与客体共生共存,而且主体与客体也相互关联,即主客体间性。主客体间性是指主体与客体之间必然形成的关系,它是以客体作为媒介的。客体不是人静观的、认识的对象,它首先是人为了生存而取用的对象;它不是以与人无关的方式摆放在那里,而是融贯在人的全部生存活动中,是任何主体与之须臾不可分离的存在物。事实上,抽去主体和主体活动这一根本性的媒介,不但客体概念无法索解,而且客体间性乃至人们心目中的世界也不可能被组建。

有关教学过程中主客体关系已有丰富的研究。[①] 教学是促进人与文化的双重意义的建构,促进文化传承和文化育人,是两种不同存在形态的人共同创造的一种存续方式、关系形态和活动形式。[②] 因此,教学实践中所涉及的要素有教师、学生、教学内容和教学环境四个方面,其关系形成了教学场域,是一个由多个子系统组成的复合系统,教学场域中各教学子系统之间的关系如图 6-2 所示。

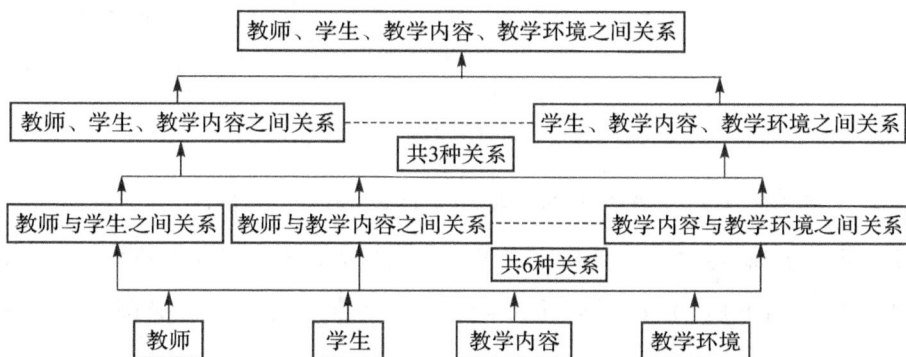

图 6-2 教学系统结构层次

资料来源:李定仁.教学论研究二十年:1979—1999[M].北京:人民教育出版社,2004:87.

从图 6-2 可以看出,教学实践活动关系包含两方面的内容:一是要素,即教师、学生、教学内容和教学环境;二是结构关系,即主体间性、客体间性和主客体间性三种关系。其中,教学内容和教学环境都属于客体性范畴,主要传递的是事物本质,即物质的、信息的和情感的三方面内容。这里的"物质"主要是物质教学条件,"信息"是指教学内容,"情感"主要是指教学文化环境下的个性化教或学的情感体验。因此,这里提出教学关系网络要素结构及运行机制,如图 6-3 所示。

---

① 潘洪建.教学认识论研究:进展、问题与前瞻[J].教育学,2014(11):83-100.
② 李定仁,徐继存.教学论研究二十年:1979—1999[M].北京:人民教育出版社,2004:87.

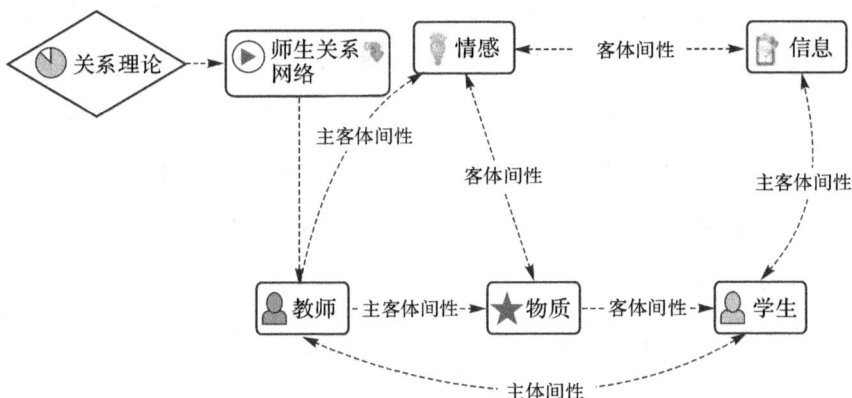

图 6-3　教学关系网络要素结构及运行机制

从图 6-3 可知,教学实践活动按照两条路径发生变化:一是教师通过物质的事物流通、传递与学生建立关系,从而出现主客体间性的建立,称为教学关系场域的隐性关系网络,在这一关系建立的同时,体现在教师与学生的显性关系上是主体间性关系的同时发生;二是师生在教学过程中都在调适与改变,从而推动客体性事物更有效地传递和实现,其动力机制是通过在教师和学生之间相互传递信息和情感来实现。在这一过程中,充分体现教学相长中客体间性和主客体间性关系的建立,从而形成完整的教学实践活动的网络关系及其运行机制。

二、教学场域师生关系网络的实证分析:社会网络分析法的视角

通过教学要素的视角,提出了大学教师教学场域的三种关系结构,即师生之间的主体间性、客体间性和主客体间性关系。在这些关系网络中,流通机制表现为,在教学物质条件保障下、在特定的师生个性体验调适下所形成的教学文化的情感交融,传递着由教学主体间知识作为资本的信息发出与接收。可以说,这些关系网络形成了复杂的场域。从一定意义上讲,教学场域问题是当前教育改革的突破口,它涉及教育观、教育质量观、学校管理观以及学生发展观等多方面的问题。因此,可用学生在教学网络中的聚类情

况反映教学场域的状况,从而得出教师教学实践活动的生成逻辑,并诠释师生教学关系网络现状。

(一)研究设计

教学场域是教学实践中主客体关系所形成的教学网络。在教学场域中,每个人只是行为的发起者,通过个体在网络关系中关联的程度表明其在教学网络中扮演的角色。在教学场域中,拥有不同资本数量、结构和质量的行动者,采取建立关系的策略是不一样的。布尔迪厄从一般意义上提出了三种不同的场域策略形式,即保守、继承、颠覆。他认为保守的策略常常被那些在场域中占支配地位、享受特权的行动者所采用。在教学场域中,作为教学网络中心行动者的教师,掌握着最多的教学资本,所以其多采取保守的策略。当然,与教师教学资本同质性比较大的学生,也会采取保守策略,希望能得到更多的利益。这也恰好说明教师教学惯习中的性情倾向系统的相对稳定性和教学策略的难以革新性,以及学生对一些课程的狂热性。处于教学关系场域中间地位的行动者(其多为教学关系网络中不同子群或块核心的行动者),则会通过一定的可达性和中间人的角色采取继承的策略,可以从中获得比较大的利益。处于教学关系网络边缘的行动者,由于无法得到网络关系中的利益,则会采取颠覆的策略。所谓的颠覆策略,就是拒绝发生关系,使资源无法顺畅地在这一行动结点处流通,这对网络有很大的破坏性,也导致分割的出现。

综上,提出以下教学场域的师生关系网络假设:

H1　行动者以及行动是关系性存在,而不是独立的个体存在者;

H2　行动者之间的关系是资源传递或者流动的渠道;

H3　在教学场域中,不同的关系群体的影响力是存在差异的;

H4　在教学场域中,不同的关系群体的权力地位是存在差异的。

(二)研究方法

本书采取社会网络分析法(Social Network Analysis,简称 SNA),近 30

年来已发展为社会科学研究的一种新范式。^① 它不仅是一种分析方法,也是收集数据的方法,更是一种关系思维的方法。因此,社会网络分析法是一种方法论,它利用图论、矩阵等数理统计原理发展而来,将关系理论从宏观推向中观和微观,将经验数据与宏观理论有机整合。因此,该方法具有理论上的适切性和方法上的合理性。在关系数据收集基础上,运用 UCINET 分析软件进行数据统计分析。

1. 样本特征

样本选取以广东为主,涉及四川、云南、江苏、湖北、上海、江西、山东、广西等省市 15 所普通本科院校,发放 1500 份问卷,有效问卷 1278 份,有效回收率 85.2%,主要样本特征如表 6-2 所示。

表 6-2　样本人口特征基本情况（$N=1278$）

	缺失值	男	女	缺失值	大一	大二	大三	大四
人数	5	482	791	8	127	381	220	542
42.4%	比例	0.4%	37.7%	61.9%	0.6%	9.9%	29.8%	17.2%

2. 研究工具

调查问卷使用自编"大学生学习网络调查问卷",该问卷分为基本人口特征和以"在您的大学学习、生活等成长过程中,对您影响、帮助或求助过的老师或同学中,在您想到的人当中,请列举您认为比较重要的前 5 人当中的如下资料(请按重要程度依次列举)"为指导语,调查学生学业成长网络关系现状,并分别对列举重要人的年龄、性别、交往原因、交往地点、交往媒介、交往时间、交往层次、交往范围、相识时间、认识途径、交往程度、交往关系、交往内容和亲密程度等方面进行深入调查。从社会网络研究的类型看,这是个体行动—集体社会网络结构类型,属于 2—模网络,这里的集体社会网络结构把题项的各个选项看作一个集体的概念范畴。这一类型最初关注的是

---

① 刘军.社会网络分析导论[M].北京:社会科学文献出版社,2004:3.

小世界现象。也就是说，个体行为方式会彼此联结，进而决定了大社会或局部团体的集体结构形态。

通过数据整理，运用 SATI 软件转化为矩阵数据集。在此基础上，用社会网络分析工具 UCINET 6.0 进行教学网络关系的现状分析。另外，由于涉及数据庞大，这里仅挑选出第一重要人的身份进行初步的数据分析，获得初步的研究结论。

三、研究结果分析

(一)描述性分析

通过 UCINET 软件进行数据描述性分析，结果如表 6-3 所示。除其他未明确身份群体 288 人外，同班同学群体有 237 人，宿舍成员有 211 人，班主任有 125 人，辅导员有 103 人，师兄姐 83 人，专业课教师 85 人，系领导 74 人，基础课教师 47 人，其余身份群体人数都低于 30 人。从群体人数分布来看，教学场域的关系网络主要发生在学生之间，这说明，学生之间的信息流动远远高于教师。

表 6-3 样本群体描述性分析（N=1355）

	1 身份A	2 身份B	3 身份C	4 身份D	5 身份E	6 身份F	7 身份G	8 身份H	9 身份I	10 身份J	11 身份K	12 身份L	13 身份M	14 身份N	15 身份O	16 身份P	17 身份Q
Nean	0.055	0.076	0.0952	0.035	0.063	0.017	0.005	0.007	0.005	0.012	0.007	0.003	0.175	0.065	0.019	0.156	0.213
Std Dev	0.227	0.265	0.289	0.183	0.242	0.123	0.072	0.086	0.072	0.108	0.081	0.054	0.380	0.246	0.137	0.363	0.409
Sun	74.000	103.000	125.000	47.000	85.000	23.000	7.000	10.000	7.000	16.000	9.000	4.000	237.000	83.000	26.000	211.000	288.000
Variance	0.052	0.070	0.084	0.034	0.058	0.017	0.005	0.007	0.005	0.012	0.007	0.003	0.144	0.061	0.019	0.131	0.162
SSQ	74.000	103.000	125.000	47.000	85.000	23.000	7.000	10.000	7.000	16.000	9.000	4.000	237.000	83.000	26.000	211.000	288.00
MCSSQ	59.959	95.170	113.469	45.370	73.663	22.610	6.962	9.926	6.964	15.811	8.940	3.980	135.548	82.285	25.501	178.143	226.78
Euc Norm	8.602	10.149	11.180	6.856	9.220	4.795	2.646	3.162	2.646	4.000	3.000	2.000	15.395	9.391	5.099	14.526	16.971
Minimum	0.000	0.000	0.000	0.000	0.000	0.000	0.000	0.000	0.000	0.000	0.000	0.000	0.000	0.000	0.000	0.000	0.000
Moxinun	1.000	1.000	1.000	1.000	1.000	1.000	1.000	1.000	1.000	1.000	1.000	1.000	1.000	1.000	1.000	1.000	1.000
N of obs	1355.000	1355.000	1355.000	1355.000	1355.000	1355.000	1355.000	1355.000	1355.000	1355.000	1355.000	1355.000	1355.000	1355.000	1355.000	1355.000	1355.000

注：身份题项的有效问卷数是 1355 份，因此，单独分析此题项使用该有效数据。

（二）派系密度分析

通过2—模派系分析可知,大学生交往群体分为两个派系,其中,师兄师姐、宿舍成员、班主任和其他人为一个派系,其余10个群体为另一派系,其派系密度分别为0.154和0.045;从学生个体网的派系分析来看,两个派系密度分别为0.157和0.043,这说明无论从教师还是学生个体网的派系分布来看,派系内部之间的交流程度非常低,这是不利于信息传递的,这将影响到教学的成效。

（三）中心性分析

点度中心性数值越大,说明其在网络中拥有的权力越大,居于中心位置的行动者与其他行动者有更多的关联,居于边缘位置的行动者则与其他行动者关联较少。由表6-4可知,在所列出的可能与学生成长发生关系的身份群体中,其先后顺序为:系领导、同班同学、师兄师姐、宿舍成员、班委会干部、专业课教师、辅导员、基础课教师、创新创业与就业类指导教师、学生会干部、班主任、课代表、实践实习指导教师、公选课教师、师弟师妹、毕业论文指导教师和其他。前四位影响最大的身份群体是系领导、同班同学、师兄姐和宿舍成员。这说明,这四类人具有较大的影响力,处在网络的中心位置。点度数中心势数值越大,代表网络的整体中心性越高;反之,则整体中心性越低。从中心性分析结果可知,图的点度中心势为36.25%。

表6-4　中心性分析

序号	身份	Degree	Nrm Degree	Share	序号	身份	Degree	Nrm Degree	Share
1	系领导	7.000	43.750	0.219	10	学生会干部	1.000	6.250	0.031
13	同班同学	6.000	37.500	0.188	3	班主任	1.000	6.250	0.031
14	师兄师姐	2.000	12.500	0.063	12	课代表	1.000	6.250	0.031
16	宿舍成员	2.000	12.500	0.063	9	实践实习指导教师	1.000	6.250	0.031
11	班委会干部	2.000	12.500	0.063	6	公选课教师	1.000	6.250	0.031

续　表

序号	身份	Degree	Nrm Degree	Share	序号	身份	Degree	Nrm Degree	Share
5	专业课教师	2.000	12.500	0.063	15	师弟师妹	1.000	6.250	0.031
2	辅导员	1.000	6.250	0.031	8	毕业论文指导教师	1.000	6.250	0.031
4	基础课教师	1.000	6.250	0.031	17	其他	1.000	6.250	0.031
7	创新创业与就业类指导教师	1.000	6.250	0.031					

四、结论与讨论

大学教学场域中的行动者及其行动是相互依赖的,而非独立的,群体积聚存在差异,同班同学和宿舍成员是教学场域的主体,师生关系较弱,这将影响到教师资本在教学场域中的流通,或者师生教学相长将受到影响。通过中心性影响,得出大学教学场域中,系领导和同班同学在教学场域中的影响力最大,处于核心地位。大学教学场域的关系网络的密度很低,这说明大学教学场域的关系群体交流程度低,不利于大学教师的教学资本的传递与流通。

(一)教学场域存续的主体性:大学教与学的松散结构性特征

教师和学生是教学要素,师生交往形成了教学网络,创生了特定的教学场域。在这个教学网络中,教师和学生都是教学实践的行动者,他们通过教学活动中的各种交往发生关系,交往则不受限于教师与学生一对一、一对多的交流沟通,他们在交往中传递着教师和每一位学生全部的生活经验与智慧。这里的生活经验和智慧,既指人类的也指个体的,人类是教学知识的创生者,个体是生活知识的创造者。个体通过生活知识的创造,而经过历史的积累,形成了人类丰富的知识体系,从而使人类知识传承成为经久不衰的活动,使个体知识的创造被赋予了特殊的价值和意义。教学活动不仅仅是知识财富的传递过程,也是生活经验的积累和创生过程,从而形成循环交互效应。因此,教学是师生交往共同建构意义的世界。在交往中相互交换各自的知识,既实现在交往中个性化、创造性地占有知识,还丰富对事物多方面的认识,交往的意义在于对师生生命的全部丰富性的开放。

(二)教学场域的活动本质:教学资本实现的过程

教学资本是教学要素作用的本质所在,那么,教学资本如何传递,也就是教学资源如何转化为教学资本,实现其效能?[①] 教学即交往,所以,它涵盖教学交往过程中动态生成的教学情境,这是教学可资利用的生成性资源。这种资源生成是开放的教学交往的产物,也是推进教学交往的有利资源。[②]因此,教学资本的生产途径是交往中诞生的关系存在,生成的空间是教学关系组成的教学网络。

布尔迪厄认为,社会是一种空间,它包含一系列彼此重叠的场域。场域存续依赖于场域间流动的资本形式所构成的一系列客观历史关系。每个场域都具有自身的规则,从而界定了一个社会建构的空间,行动者根据他们在空间里所处的位置而行动,以求改变或维持其空间的范围或形式。因此,场域是由资本力量所构成的既定系统,被赋予了特定引力的关系形式。布尔迪厄同时也指出,场域是由各种位置之间的客观关系构成的网络或构型。场域表现形式是关系,这些关系又独立于这些关系所限定的人群。[③] 所以,在教学场域关系网络中,主体性、客体性、主体间性和客体间性以及主客体间性之间是特定的教学资本要素发生关系的过程,在这个过程中,每种关系都有特定的群体。

---

① 许国动.大学教师教学资本效能研究——基于大学生优势项目的调查[J].高校教育管理,2018(6):98-106.

② 王凯.论教学交往中的资源生成[J].现代教育论丛,2005(3):9-12.

③ Bourdieu P,Wacquant L. An Invitation to Reflexive Sociology[M]. Chicago:The University of Chicago Press,1992:106.

(三)教学场域的关系结构:从二元对立走向关系统一

场域存续目标在于维护或改变力量的构型,其中有各种资本通过不同力量发生流动。只有在与一个场域的关联中,资本才得以存在并且发挥作用。[1] 资本赋予了支配某种场域的权力,即场域中的位置是与资本密切相联系的,人们是根据各自占有资本的多寡和相对的分量来决定各自在场域中占据何种分量。正是资本使得人们能控制自己的命运和别人的命运。布尔迪厄的场域是一种社会结构观。规则和资源是结构的主要因素。[2] 因此,在任何一个场域中都充满着资源的流动。这里的资源就是布尔迪厄所指的资本的各种类型。在教学场域中,资本的各种类型是通过物质、信息和情感等方式得以实现的。

教学场域使得人人参与网络式互动,作为网络中节点的每个人既是信息的接受者,又是重组者、传递者和生成者。师生在课堂教学中处于多元变动之中。[3] 教学场域关注的是课堂里存在的每一个具体鲜活的、洋溢着生命活力的个人,关注学生个体经验与种族经验,个体精神世界与社会共有精神财富交流沟通的状态强调学生对社会共有精神财富创造性地占有,那么教学过程中生成性的教学情境就是人的教学的真实状况。[4] 教学中生成性教学情境是通过教学关系状态形成的特定的网络时空。在教学场域中,每个行动者都是物质、信息、情感的传递者,没有主体、客体之分。这就破解了教学基本要素中教师与学生谁是主体、谁是客体、谁是主导等由来已久、争论不休的难题。在教学场域中,无论是教师还是学生都是教与学的行动者,打破了传统的二元对立的教学要素中对人的认识,转而形成了一元的统一认识,这也是布尔迪厄社会实践理论视阈下的场域概念的初衷。每个行动者

① Bourdieu P, Wacquant L. An Invitation to Reflexive Sociology[M]. Chicago: The University of Chicago Press, 1992:101,106.

② 林聚任. 社会网络分析:理论、方法与应用[M]. 北京:北京师范大学出版社, 2009:55-57.

③ 叶澜. "新基础教育"发展性研究报告集[M]. 北京:中国轻工业出版社, 2004:22-23.

④ 王凯. 论教学交往中的资源生成[J]. 现代教育论丛, 2005(3):9-12.

都是网络中的结点,他们所占据的网络位置,决定着他们传递的功能和作用。许多教师对生成性教学情境的忽视、排斥远远多于对它的认识与思考。[1] 教学情境能影响到教师教学资本的可实现价值,因而研究教学场域是现存的提高教学有效性、高等教育走内涵式发展道路、促进教师教学发展的有效路径。

布尔迪厄进一步指出,文学场域经历三个阶段:自主的获得、双重结构的出现和象征财富的生产的生成过程。[2] 文学场域的自主性是逐渐脱离权力场的控制而形成的,权力场的控制越小,它的自主性就越大。尽管教学场域不能化约为文学场域的运作规律,与其他场域一样,它具有自身特殊的历史,也具有自身特殊的逻辑。但它的自主性的生成过程也是逐渐摆脱权力场的控制过程,是创新主体独立人格的形成过程。因此,教学场域是大学生主体性不断生成的过程。

第七章 从职员到专业者:大学教师教学实践行动模式续谱

大学教师教学发展已经成为高等教育内涵式发展的关键领域,促进大学教师教学发展的身份认同,这是将大学教师既作为工具也作为目的的价值追求。本书通过大学教师教学惯习的概念图谱和内涵分析,大学教师教学惯习转化成教学信念与教学策略的关系,依据生成性结构理论框架,运用扎根理论方法,将经验材料与理想构型相结合,生成具有本土化意义的大学

---

① 王凯.论教学交往中的资源生成[J].现代教育论丛,2005(3):9-12.

② 皮埃尔·布尔迪厄.艺术的法则:文学场的生成与结构[M].刘晖,译.北京:中央编译出版社,2001:431.

教师角色身份认同理论体系，从而将大学教师教学发展的自我内生性转化为内隐性与外显性统一的理论体系，诠释大学教师的教学惯习，得出大学教师教学实践的行动模式续谱，促进大学教师教学的自我发展的终极追求。

在现实生活中，人的行动与惯习分不开，不同的社会实践场域[①]中，行动者的惯习[②]有差异。惯习是行动者的实践逻辑，它是实践活动的发生机制。正如布尔迪厄所说，所有的思考都开始于这一点：行动者的行动是如何被规范的又不是遵从规则的产物？[③] 在大学教学场域中，教师教学实践活动的惯习是什么？ 如何理解大学教师教学实践逻辑？ 教学惯习受到哪些因素的影响？ 教学惯习的外在表现是什么？ 这里提出了一个倾向系统[④]，惯习不断随经验而改变，它具有很强的策略性，推动着人们做出相应的反应。[⑤] 它是外在策略选择的影响因素。之所以将这个概念迁移到教学实践中，是因为教学能力及其表现是二元概念，而惯习不仅是内在素质，更是内外统一的体现，这使理论与实践相结合成为可能。

---

① 在布尔迪厄的概念体系中，资本、场域和惯习三个概念始终浑然一体，它们是有机组成部分，无论在何种语境下提到其中之一，需将其放在三者中进行认识和理解，否则，就会出现偏颇。

② 在一些文献中，学者把惯习看作个体的内化，这是简单的"决定与被决定"的二元思维的结果。或者，这些都是在特定的语境下强调性情倾向。布尔迪厄十分强调惯习概念的"主观的客观化和客观的主观化"，另外，布尔迪厄倡导打破二元对立的固定思维模式。

③ Bourdieu P. In Other Words: Essays toward a Reflexive Sociology [M]. Stanford: Stanford University Press, 1990: 65.

④ "disposition"（译为"性情倾向"或"习性"，也称为"秉性"或"禀性"），是布尔迪厄的重要概念之一，他力图通过"disposition"这一"主观性"的概念与"position"这一"客观性"的概念之间的语源上的一致性，来克服主观主义与客观主义之间的对立以及笛卡尔式的身心二元论。参阅宫留记. 资本：社会实践工具——布尔迪厄的资本理论[M]. 开封：河南大学出版社，2010：173.

⑤ 涂艳国，王卫华. 论教师的教学惯习对教学机制的影响[J]. 教育研究，2008(9)：53-57.

一、概念图谱与内涵

(一)惯习:性情倾向与策略选择

惯习是持久存在、可以变化的性情倾向系统,潜意识发挥作用、个人的知识和对世界的理解、历史性与开放性及能动性,[①]每时每刻都作为各种知觉、评价和行动的母体发挥作用。[②] 它是一种可持续的、可转换的倾向系统,这涉及行动者内化的和导致行为产生的机制;发生条件是实践的、默会的、继承的和认知的范畴;属性具有创新性、生成性和经验性。作为一种生成的自发性,关键在于情境性,它遵循着实践的逻辑,带有确定了与世界的联系。[③] 也就是说,实践逻辑的步骤很少是完全严密的,也很少是完全不严密的。[④]

惯习具有双重结构,即主观精神状态与客观实践[⑤],这里也隐含了惯习的内外统一性。因此,惯习指向内化的性情倾向系统,或禀性系统[⑥]与外化行为或策略。性情倾向系统是有组织的活动的结果,接近结构的含义,它也

---

① 张国举."场域—惯习"论:创新机制研究的新工具[J].中共中央党校学报,2005(3):32-35.

② Bourdieu P. Outline of a Theory of Practice [M]. Cambridge:Cambridge University Press,1977:82-83.

③ 布尔迪厄.科学的社会用途——写给科学场的临床社会学[M].刘成富,张艳,译.南京:南京大学出版社,2005:19.

④ 布尔迪厄.实践感[M].蒋梓骅,译.南京:译林出版社,2003:19.

⑤ 宫留记.资本:社会实践工具——布尔迪厄的资本理论[M].开封:河南大学出版社,2010:177.

⑥ 禀性,也就是以某种方式进行感知、感觉、行动和思考的倾向,这种倾向是每个人由于其生存的客观条件和社会经历而通常以无意识的方式内在化并纳入自身的。它是:a.持久的,这是因为这些禀性深深扎根在我们身上,并倾向于抗拒变化,这样就在人的生命中显示某种连续性。b.可转移的,这是因为在某种经验的过程中获得的禀性(例如家庭的经验)在经验的其他领域(例如职业)也会产生效果;这是人作为统一体的首要因素。c.系统的,这是因为这些禀性倾向于在它们之间形成一致性。参阅菲利普·柯尔库夫.新社会学[M].钱翰,译.北京:社会科学文献出版社,2000:36.

指一种存在方式，一种习惯状态尤其是身体习惯状态，特别是一种预定倾向，一种趋向，一种取向。① 行动者策略取决于场域位置，不同位置占据者的行动策略也不同，如支配地位倾向于采取保守性的策略来维护现有场域中的力量格局；新进者希望逐步接近支配地位，往往采取继承策略来扩大资本的数量和质量；被支配地位的行动者一般采取颠覆性策略来改变场域中的力量格局。②

总之，惯习存在于行动者内外，指导其行为，显示其风格；既表达个性和禀赋，作为社会结构长期内化的结果，可在实证经验观察下准确把握，又具有不确定的模糊特征，不断再产生新的社会结构，渗透着它所属的社会群体的阶层性质；既具有稳定性和持续性，记载其阅历、生存心态和生活风格，又在不同境遇下实施创新，无时不在制约性社会条件下发生变化，是集历史经验与实时创造于一体的"主动中的被动"和"被动中的主动"（见图 7-1），是社会客观制约条件和行动者主观的内在创造力的统一。③

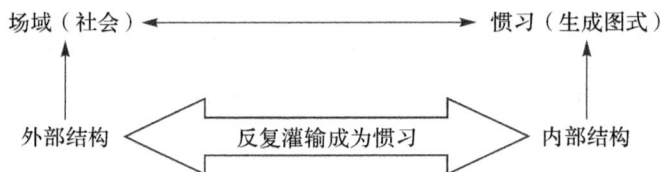

图 7-1　惯习的内外关系

（二）教学惯习：一种实践性知识

教师教学惯习是教师对教学实践的感知、评价和思维图式在行动中表现出来的性情倾向。教学惯习不同，教学活动中所表现出来的行动方式也不同。④ 当前，我国教师行业仅存在行业间差距和行业内的地位差异，不存

---

① Bourdieu P. Outline of a Theory of Practice ［M］. Cambridge：Cambridge University Press，1977：214.

② 宫留记.布尔迪厄的社会实践理论[J].理论探讨,2008(6)：57-60.

③ 宫留记.布尔迪厄的社会实践理论[J].理论探讨,2008(6)：57-60.

④ 涂艳国,王卫华.论教师的教学惯习对教学机制的影响[J].教育研究,2008(9)：53-57.

在阶级之分,只有社会地位的差异。因为相同情境决定相同或相近的惯习,处于相同阶级位置上的人具有相同的惯习①,所以,教学惯习差异是情景因素,体现在教学知识中,它是专业知识,即学科理论知识和学科教学知识或教学实践性知识,其来源、指向和属性如图 7-2 所示。

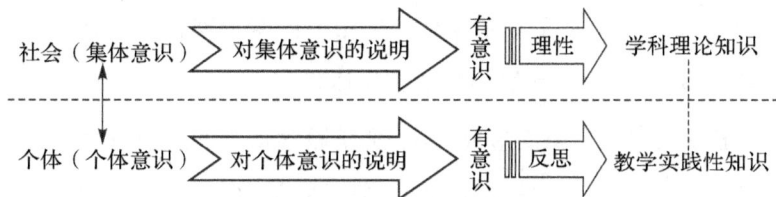

图 7-2　教师专业知识来源、指向及其属性

人们不是通过有意识行为参与游戏的,而是随游戏而生,而且信念、幻想和投入之关系是彻底的、无条件的,因为它的这种存在是无意识的。② 教学知识作为教学思维和行为倾向,教师便具备了通过教学实践活动再生产教学实践活动结构的能力,这里指实践性知识。因此,教师间所处的情景的最大不同是教学实践性知识③的差异。惯习是一种观念,可以回答如何活动的问题。④ 因此,教学惯习可以简化为教学观念,更准确地说,它是一种信念,是教师实践性知识要素构成的四要素之一。⑤ 其中,主体、问题情景和行动中反思三要素都可以归结为性情倾向系统的影响因素,这些都是差异的条件变量。因此,教学信念不同可以看作教学惯习的最大差异。

① 侯均生.西方社会学理论教程[M].天津:南开大学出版社,2004:357.

② 布尔迪厄.实践感[M].蒋梓骅,译.南京:译林出版社,2003:102.

③ "教学实践性知识"实质等同于"教师实践性知识",是从特殊到一般的差异,属于特殊形态。"教学实践性知识"是教师通过教学经验的反思和提炼所形成的对教学的认识;教师对其教学经历进行自我解释而形成经验,上升到反思层次,形成具有一般性指导作用的价值取向,并实际指导自己的惯例性教学行为。有关"教师实践性知识",参阅陈向明.对教师实践性知识构成要素的探讨[J].教育研究,2009(10):66-73;有关教师经验、教师实践性知识和教师理论性知识,参阅陈向明,赵康.从杜威的实用主义知识论看教师的实践性知识[J].教育研究,2012(4):108-114.

④ 宫留记.布尔迪厄的社会实践理论[J].理论探讨,2008(6):57-60.

⑤ 陈向明.对教师实践性知识构成要素的探讨[J].教育研究,2009(10):66-73.

(三)教学信念：本体论的契合

教师的教学习性就是指教师在长期的生活、学习、教学工作实践中逐渐习得并内化而成的教学信念和行为倾向系统，是教师理解外部教学世界的内在依据，是教师教学实践行动的内在指南。[①] 教师的教学信念除了认识成分外，还有情感成分，着重表现为对教学相关因素的确信不疑的态度。[②] 因此，教学信念是教师教学性情倾向的具体体现。

教师教学实践性知识的形成过程，也是教学信念的生成过程(见图7-3)。其中，教师与教学实践活动的存在具有同一性，教学实践活动不外在于教师，而教师借由认知再生产教学实践活动，这实际成为教师置身其间的世界，实践性知识和认知图式也和置身的世界共同生成，被教学实践活动所影响、塑造。教师介于主观和客观之间，教师是任何知觉和认识的出发点，又具有客体属性，这使得主观性范畴和客观性范畴之间具备了本体论意义上的契合，这样，教师与教学惯习之间就形成了主观的客观化和客观的主观化的生成互动过程，这是大学教师描述性知识生成的过程，诠释了教师意象[③]的存在。

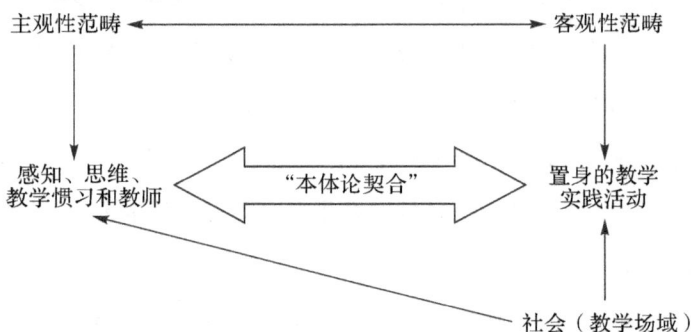

图7-3　教师教学实践性知识的生成

---

① 周永清.关于教师资本与教师教学习性关系的辩证思考[J].教书育人,2009(8):12-14.

② 郭晓娜.教师教学信念研究的现状、意义及趋势[J].外国教育研究,2008(10):92-96.

③ 威廉·F.派纳,等.理解课程:历史与当代课程话语研究导论[M].张华,等,译.北京:教育科学出版社,2003:792.

（四）概念框架及其内涵

信念是一个具有复杂和丰富内涵的概念，教学信念内隐于教师的心灵世界，到目前为止，我国学术界对此还没有完全一致的认识。[①] 从布尔迪厄的惯习到教学惯习的提出、认识以及影响因素的探索，试图回答教师从外在到内在一系列问题。所以，本书的主要概念为行动模式、教学信念、教学策略、课堂事件和课程发展与框架因素。[②] 其中，人们不断拓展框架因素的概念。现已经确定了 3 种类型的教学框架：物质的和行政的框架、法律的框架以及课程的框架。[③] 课堂事件是情景化的，交织着许多蕴含结构与意义的环境。[④] 所以，课堂事件是教学情景因素。

"扎根理论"方法最容易犯的错误是缺乏理论指导或理论束缚过大，同时概念框架就是一种理论，但只是一种尝试性的、不完善的理论。[⑤] 不能因为现有的理论产生的概念框架可能遮蔽扎根理论的生成而回避概念框架的提出。当然，概念框架的提出，是在现有理论选择批判的基础上，通过研究者的理论想象力，把隐而不显的理论放到一起[⑥]，这是扎根理论生成的逻辑起点。

---

① 郭晓娜. 教师教学信念研究的现状、意义及趋势[J]. 外国教育研究，2008(10)：92-96.

② 框架因素理论所探讨的基本问题涉及现代社会的文化再生产以及学校在这一进程中的角色。框架因素产生于 20 世纪 60 年代，当时达勒夫提出了一个评价教育进程的模型。主要观点是，如果不对教与学的过程及影响这些过程的有关因素加以考虑，要有效地比较教育的结果是不可能的。也就是说，教育现象必须同时在结构层次以及社会行为层次上加以研究。详细参阅 T. 胡森，T. N. 波斯尔斯韦特. 教育大百科全书：教学[M]. 郭华，等，译. 重庆：西南师范大学出版社，2011：20-22.

③ L. W. 安德森. 教育大百科全书：教学[M]. 郭华，綦春霞，审译. 重庆：西南师范大学出版社，2011：21.

④ King N R. Recontextualising the curriculum[J]. Theory into Practice，1986，25(1)：36-40.

⑤ 马克思威尔. 质的研究设计：一种互动的取向[M]. 朱光明，译. 重庆：重庆大学出版社，2007：25-26.

⑥ 马克思威尔. 质的研究设计：一种互动的取向[M]. 朱光明，译. 重庆：重庆大学出版社，2007：38.

该概念框架及关系如图 7-4 所示,其中,教学信念与教学策略之间的关

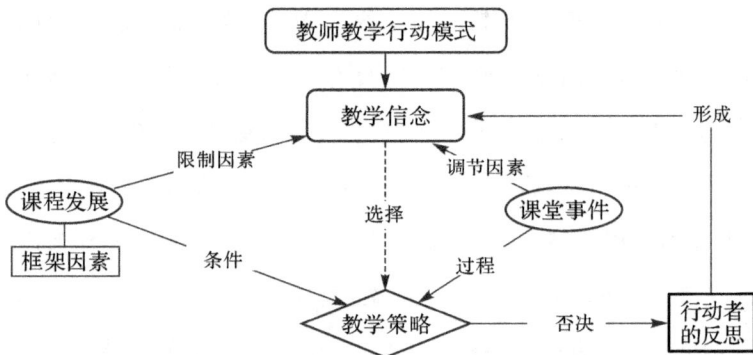

图 7-4 大学教师教学惯习研究的概念框架及关系

系并不明确,目前仅知道,教学信念对教学策略的选择产生影响。同时,教学策略和教学信念形成了交互反馈机制循环系统,行动者的反思起到循环的关键作用。不同的循环系统表现出不同的行动模式,这正是本书研究的关键所在。概念框架之间的特定关系是大学教师教学实践活动行动模式的重要解释。本书核心概念的规范性定义[①]和操作性定义如图 7-5。

二、理论框架:实践性知识的视角

以色列弗勒玛·埃勒巴兹提出,在其他事物中,教师拥有多种类型的实践知识,包括自我的、环境的、客观事物的、课程发展的以及他们用来理解和组织课堂的教学方面的知识。这些信息被组织到一个层级中去,底层是实践(行动)的通用法则,中间是实践准则(对行动的看法),顶部是镜像(对行

---

① 教学信念、框架因素、课堂事件、课程发展、教学策略与行动模式分别参阅文献:郭晓娜.教师教学信念研究的现状、意义及趋势[J].外国教育研究,2008(10):92-96;T.胡森,T.N.波斯尔斯韦特.教育大百科全书:教学[M].郭华,等,译.重庆:西南师范大学出版社,2011:20-22;King N R. Re-contextualising the curriculum[J]. Theory into Practice,1986,25(1):36-40;谢艺泉.教师参与课程发展:权与责[J].比较教育研究,2003(2):71-76;车文博.当代西方心理学新词典[Z].长春:吉林人民出版社,2001:157;王思斌.多元嵌套结构下的情理行动——中国人社会行动模式研究[J].学海,2009(1):54-61.

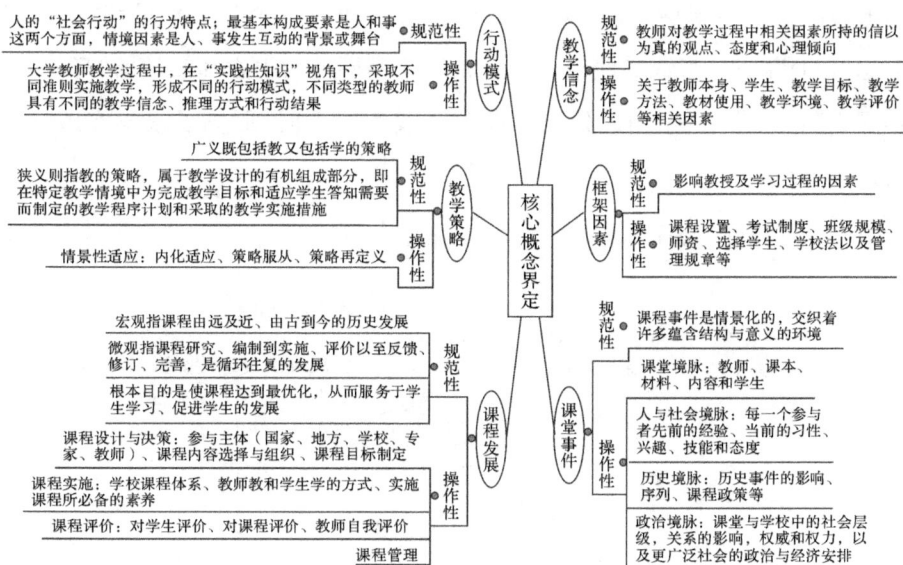

图 7-5　核心概念的规范性与操作性内涵

动的预期）。教师的描述性知识在形成他们自己的镜像并进而形成各自的实践准则和通用法则方面起到重要的作用。[①] 在框架因素领域所做的一切研究工作都可以看作发展课程理论的组成部分。因此，概念框架是课程发展的一部分，它具有广泛的理论。

因此，大学教师教学行动模式续谱是教师的描述性知识，表征是教师意象和隐喻，用来理解和组织课堂的教学方面的知识，也是教师镜像（对行动的预期）的体现；实践性是教师教学实践准则的描述，教师教学策略是教学的通用法则；另外，教师的描述性知识对自己的镜像、实践准则和通用法则方面起到重要的作用，二者究竟是什么关系，这是分歧所在，即教师教学实践行动模式变异的因素。

在该理论分析框架（见图 7-6）中，贯通于大学教师教学惯习与教学策略中的三条虚线（FJ、FI 和 FH），代表大学教师在教学实践活动过程中时所采

---

① Elbaz F. Research on teachers' knowledge：The evolution of a discourse[J]. Journal of Curriculum Studies，1991，23(1)：1-19.

用的"环境的、客观事物的、课程发展的"分视角。三个分视角最终与"教学信念(FO)"融汇,形成实践准则。正是因为不同的大学教师教学的"环境的、客观事物的、课程发展的"分视角以及实践准则不同,形成了教学实践行动模式续谱。

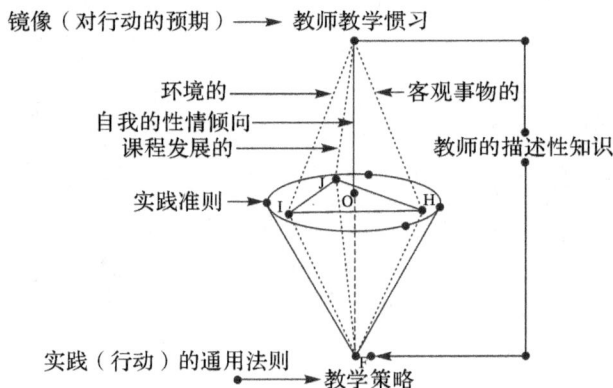

图 7-6　本书理论视角

三、研究设计

(一)研究目的与意义

教师教学实践行动模式如何形成?通过对这个问题的回答,以范式、结构等的思维图式作为桥梁与日常教学实践活动相联结,注重发掘教师教学实践认知与思维的深层次无意识,从教学实践性知识的集体性中发现其有效性基础,获得教师的描述性知识。

布尔迪厄提出行动者的心态和行为结构的双重特征,是在行动者的成长过程中,共时地进行着内在化和外在化的双重运动。双重结构充分体现在教学惯习中,对应的是能力和策略。[①] 关于教学发展的能力说或素质说,

---

① 宫留记.资本:社会实践工具——布尔迪厄的资本理论[M].开封:河南大学出版社,2010:41.

始终停留在内化层面,而没有实现内化和外化的统一,双重结构超越内在素质论,提出内外统一的整合论。

(二)主问题、子问题及其关系

对教师观念和观念系统的绝大多数表述都存在以下三个问题:第一,民族中心主义的问题。大多数来自西方,特别是美国;第二,很少能说明过去的教师对自己的描述性观念的推论性观念。人种志学者认为,大多数描述是外部的或"非位的",只是很少内部的或"着位的";第三,倾向于关注与教师工作内容相关的观念和观念系统。虽然学生学习过程管理和课堂成就在大多数教师日常工作安排中占重要位置,对学习者管理和教师纪律方面的问题常常更为重要。[①] 因此,社会现象学的四个主要领域为:行动者的性情倾向与外在结构的关系、结构主义分析中的能动性、把认知结构与社会结构联系起来以及具有普遍性的物质与符号方面的问题。

大学教师教学发展已经成为关注的焦点,首先应弄清楚教师教学实践活动的运作机制,换言之,教学实践活动如何发生?这就弥补了教师教学观念与观念系统存在的问题,深化了社会现象学研究领域。基于这样的认识,本书的主要问题是实践性知识视角下大学教师教学实践产生怎样的行动模式。该问题分解为三个子问题,大学教师教学信念是怎样生成的?实践性知识视角下大学教师教学实践产生怎样的行动模式?大学教师教学策略是如何选择的?(见图 7-7)

(三)研究方法

1.方法论

结构主义在 20 世纪法国哲学史中占据特殊的地位,它用新的论述模式,取代了传统思想主体与客体二元对立模式及主体中心主义原则;结构主义彻底改变了整个西方思想和文化的人的"标准化"及其"正当性"基础。结构

---

① L. W. 安德森.教育大百科全书:教学[M].郭华,綦春霞,审译.重庆:西南师范大学出版社,2011:212.

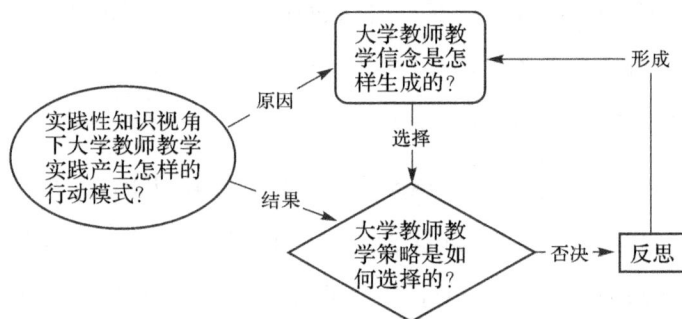

图 7-7　研究问题结构及其关系

主义把哲学家的注意力集中地从限制人的自由的语言,转向作为思想和文化的基础的语言。20世纪从语言学和人类学方向之外的领域普遍地扩展开来,出现了后结构主义、解构主义以及布尔迪厄的生成结构主义。[①]　生成结构主义是指不断的自我生成和客观的生成过程。惯习体现生成结构主义,那么,结构与行为之间是怎样的生成惯习?这是方法论意义。

生成结构主义离不开作为思想和文化基础的语言。波特概括了话语分析的原理:话语是行动取向的、情境性的和建构性的。话语分析在方法论上有优先性,马尔凯等曾认为:对科学话语的社会生产做系统研究,发展关于科学的行动和信念的令人满意的社会学分析,是极为根本的一步。只有了解行动者如何对其行动的解释进行社会建构,行动者如何通过语言构成其行动特征后,才能对科学中的行动和信念的性质这类长久悬而未决的问题提供答案。话语分析所提供的正是这样一种对科学家语言运用的分析。

2.研究方法

采用扎根理论方法。扎根理论是由两位美国学者格拉泽(Barney Glaser)和施特劳斯(Anselm Strauss)在1967年出版的合著《扎根理论的发现》中创立的,目的是建构新的理论或概念命题,主要应用于未被完全理解

————————

① 宫留记.资本:社会实践工具——布尔迪厄的资本理论[M].开封:河南大学出版社,2010:41.

的现象。① 它是通过访谈、观察、焦点团体以及各种已有文献资料等方法收集某一主题资料，分析这些资料并进行概念归类，将这些分类合成为探索性的理论，然后收集更多的资料验证这一理论是否恰当；重复和持续地进行，进一步发展概念分类，通过收集每一类新型的资料来修正提出的理论，是一种自下而上建立中层理论的研究路径，最终要找到行动者在处理某个问题时的行为变异，并以理论的形式呈现出各种行为模式。

3.资料收集与分析

本书通过理论抽样，选取 3 名普通本科高校教师进行深度访谈，并在深度访谈基础上，选取 5 名高校教师进行焦点团体访谈。在扎根理论编码技术运用的基础上，采取连续比较单个案与跨个案的分析方法。

根据赛德曼模型，会对每位研究参与者进行 3 次访谈。赛德曼模型中的第一次访谈聚焦于研究参与者的个人生活史。第二次访谈主要关注"研究参与者目前经历的具体细节……基于这些经验，研究参与者可能形成最终的观点"。第三次访谈中，要求参与者反思他们以往经验的意义。② 在第二次访谈中，主要采取个人叙事的方法，叙事根据"主题、语调、风格、动机和特性"来进行单独编码。叙述的主体部分将在个人观点历时性和共时性的变化中进行比较，分析教师的个人叙述或者生命叙事。从表面上看，个人叙述或者生命叙事被认为是关于个体社会环境和生命经历的信息库；在深层次上，生命叙事即使不能帮助建构，也能揭示出叙述者的观点。

（1）初次抽样

结合扎根理论与教学惯习的前提，以"大学教师"为研究对象，研究大学教师的"教学信念"，选择大学教师 A 进行访谈。A 任教近 20 年，个人发展与经历紧密相联，从一名普通初中教师发展成本科院校的年轻副教授，从中

---

① 托马斯·W.李.组织与管理研究的定性方法[M].吕力，译.北京：北京大学出版社，2014：50.

② 洛柯，等.如何撰写研究计划书[M].朱光明，李英武，译.重庆：重庆大学出版社，2009：255-256.

专到研究生,从学科教学到科教融合,有着丰富的经验与体会。本次访谈问题就是教学信念是如何形成的。

此次访谈是开放性访谈,从 A 的教学现状追溯到教学乃至个人成长,试图从 A 的个人生活史发现对如今教学信念形成的影响。在 A 生命故事叙述中,有几个故事令人深受启发。故事 1:一次职业类课程的省级大赛,由于是省级性质的教学大赛,A 投入大量精力,讲课过程也很成功。在叙述过程中,不仅看出 A"内职业生涯"取向的教学信念,也感受到 A 反复强调教学投入对教学效果的影响。故事 2:A 谈起 20 年前做实习教师的糟糕教学经历,说明新手教师教学水平有待提高。A 一再强调,在这么多年中,他不断地改善自己的教学方式和方法,再次印证了"教学有法,但无定法"。故事 3:A 回想起小学一年级的学习经历,A 亲身经历了一位严师,自己因害怕而出现成长转折点。故事 4:A 叙述了访学经历,介绍了导师的课堂风格带来的深远影响。在 A 看来,一般的课堂总感觉时间很长,但在导师课堂上,时间总是很短,且不知不觉地过完,这种耳目一新的教学风格和方式,给 A 很大的启发,决定在今后教学生涯中,尝试这种教学风格和方式。

从初步抽样及分析看,大学教师教学信念的形成是阅历的结果,但当我们拥有各种各样的教学信念以后,为什么不同的情景下会采取不同的教学策略?为什么不同的教学策略会带来不同的教学效果?在下一步理论抽样中,选择了教学信念与教学策略倾向性明显的教师进行访谈。

(2)再次理论抽样

根据初步抽样结论,选取了另一位普通本科师范院校的教师 B。B 工作已经有 20 年,其中 10 年工程师,10 年的教学工作,从工科到文科硕士、博士、博士后乃至访问学者,经历十分丰富,性格温文尔雅,学识渊博,为人亲切坦诚。本次访谈的主要问题是描述在教学工作中的各种教学风格、方式和效果,并介绍其看法。

B 介绍了从一名被分配去开设课程的新教师到专注自己学科领域的科教融合历程,详细介绍了互动式、体验式、实践式等教学方式的感受,从中感受到教学风格和方式的选择受到各种因素的影响。通过生命故事如被培训"听"的经历,学会理解纯粹传授式对学生的"折磨",因而他持续调整教学方式,形成了自己的教学风格。当然,他也分析了访学课程中受到的启发和思考,从中深刻感受到 B 以学生为中心的教学信念的形成和教学策略的选择的过程。从访谈中,能够深刻地体会到 B 强烈的教学责任感。

B 的个案明确了教学信念与教学策略的选择非简单的直接关系,而是受到各种因素的影响。至此,教学信念的形成与个人教学乃至成长经历有密切关系。从访谈文本发现,核心类属教学策略是在各种因素下形成的情景性适应策略,从 B 的生命叙事中得出,情境性适应策略伴随着教学经历不断从内化适应策略到策略服从再到策略再定义的核心类属的形成过程,也明确了课堂事件这一条件类属和课程发展这一支援类属。因此,笔者查阅了相关文献,形成实践性知识分析的视角,进而思考教师教学实践行动模式续谱,以及这些教学模式是如何形成的。

(3)第三次理论抽样

在核心类属明确之后,进行了新的理论抽样。这次访谈的教师 C 来自普通本科艺术院校,从教艺术类课程近 15 年,从硕士到博士再到访学经历,也具有丰富的教学经验和个人成长阅历。此次访谈不仅为了发现新核心类属,检验类属饱和度,同时也关注大学教师教学行动模以及如何解释各类属的关系。

C 从教学谈起,深入介绍了自身的教学信念,并从学生、领导、课程发展以及学院整体视角,详细介绍了教学过程中如何实现情境性适应。从 C 的个人生命叙事中看出,C 非常注重理论与实践的结合,也感受到 C 对教学发展的期待以及对学生的期待。从访谈结果来看,教学实践行动模式续谱是教师身份认同的变化过程,形成了教师专业社会化的理想构型,从执行国家意志的官僚主义者到自己权力范围内的教育者和创新者,最后到根据自身信念和对愈加不稳定的未来教育优先权的评估指导一般目的的专业人员。

三次理论抽样基本实现了大学教师教学行动模式的类属饱和,在第二次理论抽样中,也感受到属性和维度达到了一定的密度,所以,理论抽样至此完成。当然,要想继续完成新的教学行动模式的发现,需要重新调整整体的分析结论,这也就说明了扎根理论生成的结果只是暂时性的结论,随着历史的发展以及研究者的成长,不同的研究结论将会不断出现,这就再次体现了扎根理论方法的生成性这一本质特征。

(4)焦点团体

焦点访谈选取 5 位高校教师作为对象,主要内容是再次简单描述他们在教学经历中所采取的各种教学策略以及支撑的教学信念乃至个人信念,同时关注教师教学策略是如何考虑的,以及焦点团体中其他教师又持有何种观点或如何评价不同的教学行动模式、类属、属性和维度及其关系。

5 位教师表达了在教学中所采取的教学策略及其认识,虽然他们的策略和信念有差异,但目前尚未对结论有更大的补充和完善。这需要在未来研究中,考虑焦点团体中,教师参与的同质性、异质性以及焦点团体技术干预,以获得更多的收获。

(5)现实资料

在分析大学教师教学行动模式过程中,查阅大量档案资料,以期对结论有所启发。

四、研究过程分析

在最初个案微分析基础上,按照理论抽样进行下一个个案抽样及整体分析,直至最终理论抽样,然后进行更加开放的文献资料阅读后,进行综合分析。在综合分析阶段,由于访谈文本资料很多,按照扎根理论编码表建立的语言构式的标准,很难进行综合分析。为避免文本资料的碎片化,本编码表以句子或语义段落为单位,不仅体现整体性,而且有利于研究成果呈现,从而化繁为简,支撑开放编码。

(一)一级开放编码

开放性编码是一种不受限制的模式,由数据本身"自然呈现"。研究者需要以连续一致的方式创建尽可能多的范畴来组织、解释和匹配经验数据。容易出现的问题是,这个非结构化方法会很快变得笨拙和过于复杂,因此,它大多用于编码的初始阶段。

对于可能陷入编码中的笨拙与复杂的问题,采取三个方法进行克服,一是进行语义编码,而不仅仅进行语言构式选择;二是完全采取连续单个个案编码和修正的过程,不断完善编码结构,这两步主要是归纳法完成;三是呈现维度分析,一般涉及程度、大小、频次等变化的代码,进行整体优化调整,主要进行演绎分析,实现结构化的编码表。总之,这是资料分析的基础和关键环节,直接决定生成理论的信度和效度。

本书主要对 3 个(TA-TC)5 万余字深度访谈经验资料进行阶段性与总结性分析,采取微分析与大数据分析,坚持连续与整体相结合。鉴于理论生成不受影响,文本分析不求全部囊括,但求维度、密度饱和即可。通过文本资料最终的优化整合,析出 437(S1-S437)个语义句(段),形成 47 个维度(见图 7-8)。

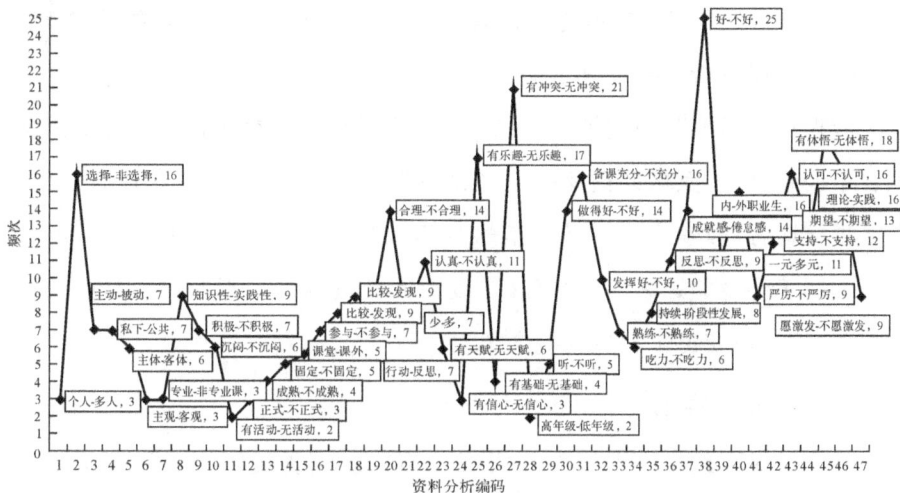

图 7-8 一级开放编码频次

注:访谈资料析出 437 个语义句(段),受篇幅所限,各个编码的具体语义句(段)不再显示。

从分析可知,每个维度所包括的经验材料的多少不一,从语义句(段)出现的频次可以看出,尤其在课程开设上老师有无选择权,教师在各种教学方式下布置任务的合理与否的认识,课堂教学过程有无兴趣,教与学过程中参与主体内在和外在冲突严重与否,教师对待教学认真程度或者投入程度,教学过程的自我效能感,教学效果好坏,对待职业发展态度,教学过程有无得到外在支持,教学过程的体悟程度,教学过程中是否强调理论与实践结合等11个维度备受重视,这些是教学过程中的重要考量维度。

(二)二级轴心编码

二级轴心编码是将经验数据与概念类属匹配的过程。首先,要根据维度进行概念类属的提出,这一环节相当于聚类分析,从经验材料逐渐向理想构型升华,这一环节重视理论敏感度和理论的想象力。其次,选择一个类属并判断数据是否适用于该类属,然后再选择另一个类属并判断所有剩余数据是否适用于这一类属。这个过程重复进行,直到数据被评估完,每个数据都在某个类属中。这样,便对数据的基本结构有了基本的认识。

因此,47个维度分属不同概念类属。依据实践性知识理论视角,对维度进行概念类属分析,如图7-9所示。

依据理论框架与4类轴心编码结果可知,框架因素既属于客观的因素,也属于课程发展,虽然课程发展有主观和客观之分,但二者又难以且也没有必要进行区分;教学方式是教学策略的组成部分,但不等同于教学策略;课堂事件属于环境的因素;教学信念是教师的性情倾向。因此,运用本书的理论框架,较好地获得了相应的概念类属。

(三)三级选择编码

对类属重要性排序涉及核心类属、情景类属、支援类属和结果类属,判断类属的重要性,主要通过研究问题和经验材料进行演绎分析。其中,核心类属的识别尤为重要。根据施特劳斯提出的核心类属识别的标准,教学信念是该研究结果中的核心类属,教学方式作为教学策略的组成部分,为结果类属,框架因素是教学信念得以发生的支援类属,课堂事件是教学信念得以实现的情景类属。

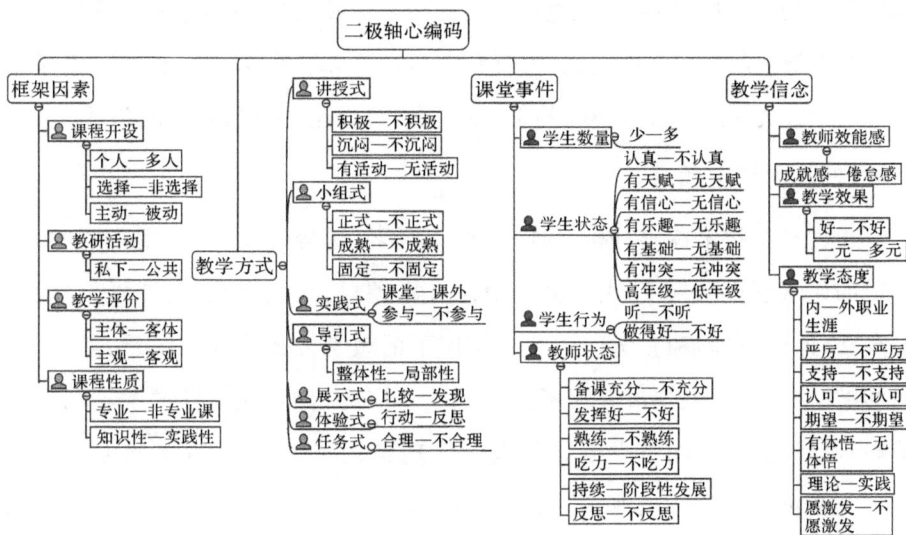

图 7-9　二级轴心编码结构

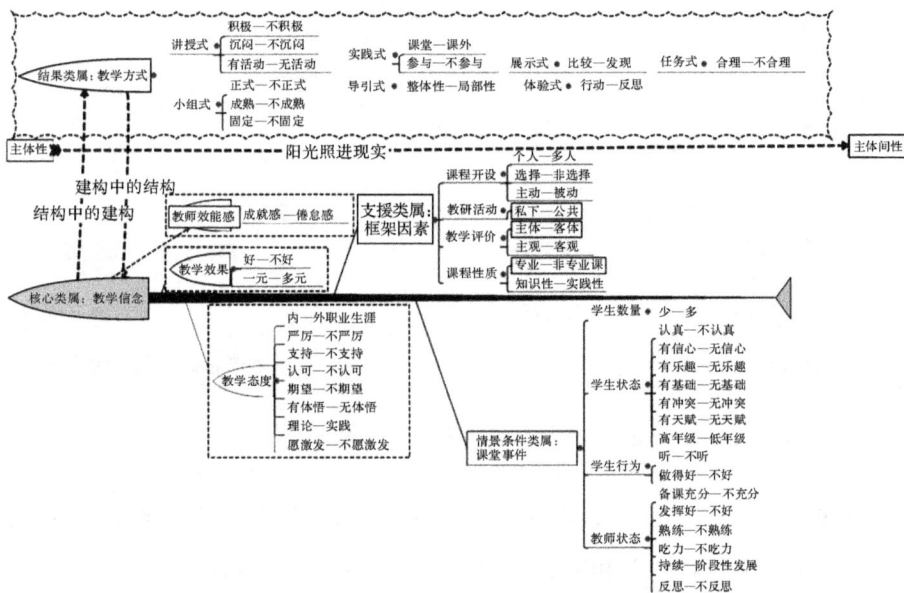

图 7-10　三级选择编码结构关系

从图 7-10 可知,教学信念与教学方式分属于教师教学实践活动的内隐和外显的两个方面,二者关系是一种互动中的建构——建构中的结构和结构中的建构,是动态的生成性过程。这种动态生成性过程中,教育信念依支援类属和情景类属的变化而变化,从而形成不同的结果类属。也就是说,教学信念与教学方式之间有着复杂的关系,而不是简单的互动与决定论的关系。

(四) 四级实质理论

通过三级技术编码分析发现,当框架因素(课程发展)的程度不同时,在特定的课堂事件条件下,由于教学信念存在差异,首先,形成由课堂事件、框架因素(课程发展)和教学信念共同作用下的教学方式选择的结果;其次,不同的教学方式中,表现出教师不同情境性适应的差异,这就形成了不同教学策略;最后,选择不同教学策略的教师体现着教育职员、教育者和专业人员这三种角色身份的行动模式续谱(见图 7-11)。

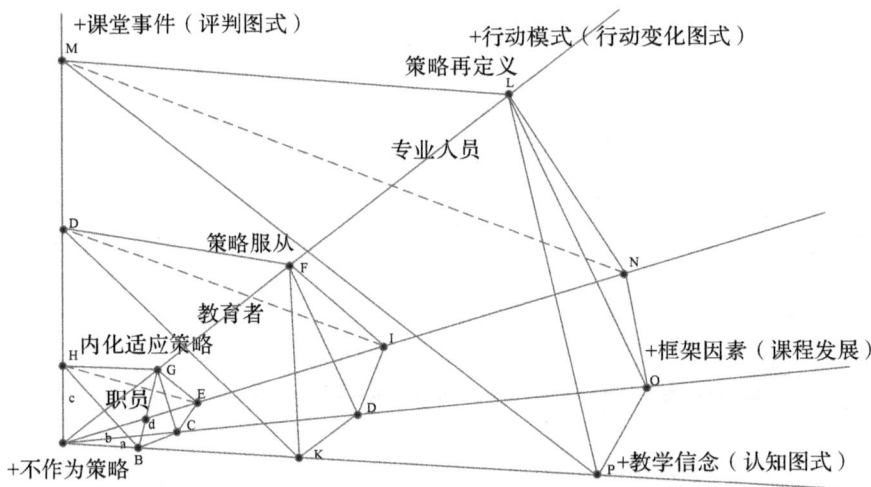

图 7-11 大学教师教学行动模式结构

从图 7-11 中可知,大学教师教学实践活动中,课堂事件和框架因素(课程发展)在特定的时空下相对稳定,或者说是各自内部的变化,不会对外部产生太大的影响,在相对稳定的二者作用下,会产生不同的教学信念,这三个因素相互作用促成教学方式的选择,进而体现出不同的教学策略,实现不同的教学行动模式。从这些因素与因素之间,以及因素内部各种元素组合的作用可以看出,大学教师教学行动模式非常复杂,在这里仅仅说明具有明显特征的三种行动模式。事实上，行动模式本身也有程度上的差异及变化过程，可能产生无限多的行动模式，这就是具有变异性的行动模式续谱。

五、初步发现与讨论

(一)初步发现

教师教学行动模式的探索形成了教师教学惯习的内容结构，也明确了教学性情倾向与策略匹配性理论。从大学教师教学行动模式续谱看出，教师作为教学行动者，表现出不同的角色行动模式。

第一，职员型教师行动模式。它是一种按照各级各类教学组织要求，极其严格按照教学计划与目的的执行者，采取的教学策略是内化适应，它是个体服从传统共识性的教学认识论，认为这些情境中的规定能够实现最佳的教学效果。第二，教育者教师行动模式。它是在自己权力范围内对各级教学组织及其教学计划以适应教学情景，采取的是策略服从的教学策略，虽然服从了共识性的教学认识，但仍保留某些个人行为。第三，专业化教师行动模式。它根据自身的个人哲学和对愈加不稳定的未来的教育优先权的评估来指导一般教学计划与目的，采取的是策略再定义，也就是说，教师在情境中从事创造性活动，从某种意义上说，实际上是改变了这个情景。

从以上结论可以得出大学教师教学实践的行动模式续谱。当然，并不是说哪种行动模式或优或劣，而仅仅是适应性选择的结果，适应性环境则是最好的行动方式。也就是说，教学倾向系统与教师教学策略之间存在着特定的逻辑关系。

(二)讨论

教师教学实践行动模式不固属于某一教师，因为理想的理论模型的获得来自众多的经验材料，经过类属化过程成为理想的理论模型，就像艺术一样，来源于生活而又高于生活。这些理想模型从经验材料中获取，但又不局限于某一特定教师的经验材料，只有在特定的情景性条件下，才会选择相应的行为模式。布尔迪厄认为,社会法则有受特定时空限制的规律性,一旦支撑它们的制度性条件不复存在,它们也就维持不下去。[①]

　　大学教师教学性情倾向与教学策略选择之间有着内在的逻辑关系,不同的性情倾向会采取不同的教学策略。研究表明,教学惯习与教学策略之间,不是简单的线性相关,而是复杂的变异关系。教学策略的选择不是主观随意的选择,它不仅是教师个体历史也是教学实践活动双重作用的结果。当教师无法对某种教学策略驾驭时,教学策略与教学情景出现冲突,因为策略的不适性而导致教学效果式微。这也正如布尔迪厄对策略的见解:最能获利的策略,常常是那些通过一种客观地适应客观结构的习性产生出来的,显得不是带着最纯真的、诚实的假象的策略。[②] 也就是说,教学策略的选择不是靠理性选择的,而是靠教师阅历和具体的教学实践活动形成的,但这并不是说教学策略选择能力提升不重要,而这种能力的获得就是教学反思。因为教学工作要比其他工作更容易拥有一些反思的机会,这也是获得教学实践性知识的必要条件,应善于将教学反思变成自己教学发展的一种习惯和生存状态。

　　教学策略的选择靠教学场域中的实践感所决定。教学策略选择涉及内化适应、策略服从和策略再定义[③],这与布尔迪厄的保守、继承和颠覆策略表现形式相对应。教学策略的选择意味着教学改革的选择,这是改革的痛点。教学改革涉及过程、目标、方法、内容、评价和师生角色,不同的知识观下产生不同的教学改革行为。[④] 知识观就是教学惯习的核心内容,属于教学信念,教学信念很难进行改变,当它们在具有某种社会地位的人——特别是在

---

① 皮埃尔·布尔迪厄,华康德.实践与反思:反思社会学导引[M].李猛,李康,译.北京:中央编译出版社,2004:56.

② Bourdieu P. Outline of a Theory of Practice[M]. Cambridge: Cambridge University Press,1977:214.

③ L. W. 安德森.教育大百科全书:教学[M].郭华,綦春霞,审译.重庆:西南师范大学出版社,2011:284.

④ 潘洪建.教学认识论研究:进展、问题与前瞻[J].中国教育科学,2014(3):165-191,164,239-240.

那些被统治者——那里得以实现时,它代表了对该世界最彻头彻尾的接受,亦即一种最绝对的保守主义。这种对世界的前反思性的接受关系,体现出一种最极端的墨守成规。[①] 在布尔迪厄看来,行动者的策略目的在于获利,这里是指功利性和非功利性,本书结论并不能说明教师教学策略选择的获利目的,这点值得深入探究。

研究发现,教学策略的选择是一种情境性适应的结果,这种情境性适应是一种前反思性的适应,正如布尔迪厄的惯习,可以说是一件不得已而为之的事情,这是一个结合了客观必然性的产物,它产生了策略,即使这些策略不是建立在对客观条件有足够了解的基础上,不是在此基础上通过有意识地得到清晰的系统阐释的目标而产生的,但这种策略最终表明它是客观的、适合于环境的。[②]

六、可靠性、伦理及反思

定性研究的质量涉及可信任性、可推广性、可确认性和可复制性。[③] 可信任性与被描述的和确认的现象的准确度和完整度有关。在样本访谈过程中,被访样本做到了准确和完整描述。可推广性与研究结论的普遍性有关。研究结论虽然基于经验事实,但也有演绎和二者共同作用下形成的理想模型,具有外部推广性,但由于经验资料都是来自普通本科院校,在研究型院校是否能够得到推广,仍需经验资料进行验证。可确认性与研究的客观性有关,研究过程始终以理论悬置为主导,尤其是在材料收集和分析阶段,尽可能不受经验和理论的影响。可复制性与可靠性有关,它意味着研究结果

---

① 皮埃尔·布尔迪厄,华康德.实践与反思:反思社会学导引[M].李猛,李康,译.北京:中央编译出版社,2004:108.

② 包亚明.布尔迪厄访谈录——文化资本与社会炼金术[M].上海:上海人民出版社,1997:12.

③ Marshall C,Rossman G B. Designing Qualitative Research[M]. Thousand Oaks:Sage,1995:143-145.

的动态质量。由于本书关注实践性知识，从始至终都十分重视实践性，在坚持经验材料的基础上，提出理想模型，随着时间的推移，实践的逻辑是不会变化的。因此，研究结论具有一定可靠性。

研究过程除了始终坚持扎根理论方法规范，从研究样本选取到访谈的完成，整个过程都将访谈者作为参与者，明确访谈的目的、内容、方式和结果，始终坚持对研究成果做尽可能的讨论等，以保证整个研究的伦理性要求。

扎根理论的生成是一个非常漫长的过程，需要顿悟才能趋于完善。由于时间和精力所限，有待进一步斟酌，仅在方法上确保技术性可靠。当然，如何使经验材料与研究结论联系更紧密，还需要不断完善。在整个研究过程中，笔者始终坚持反思理论悬置与理论敏感、经验基础与理想构型、资料分析与文献阅读这三方面的问题，但这需要研究经验确保扎根理论方法的正确运用和研究结果的质量。

扎根理论是一种生成性的方法论，这就需要持续性解释，扎根理论持续不断地对数据进行解释，在此过程中，研究者随着样本资料的连续分析过程需要不断地修正和调整已有解释，这是扎根理论的生成性特征。在本书中，通过样本资料的连续分析，逐渐形成最终的类属、属性和维度，并生成基本的理论。当然，这种持续性解释仅仅是一个阶段，今后仍需要更加深入地持续解释。

经验数据的使用。自 Glaserhe 和 Strauss(1967)创立扎根理论以来，"研究者对数据进行强加的解释"还是"从数据中获取存在的判断"，迄今为止，未达成共识，都是研究者个人做出自己的选择。笔者认为，在维度分析阶段，坚持"从数据中获取存在的判断"，但随着理想模型的浮现，越来越偏重"研究者对数据进行强加的解释"，这导致不同的理论敏感和理论想象力的研究者得出的构想会有一定的差异。

在抽样中，初次抽样是建立想法、猜想和假说，这是归纳的过程。这些构念由理论抽样不断得到检验，这就是演绎的过程。依据相关文献进行归纳与演绎的调整，最后呈现经验数据以进行检验，这就是理论悬置与文献阅读结合的艺术。可见，扎根理论研究是一种终身修炼的方法论。

从个体实践活动走向群体实践社区

第八章　大学教师教学发展路径:从实践社区秩序走向生活位序

　　教师发展日益成为一门显学,各级各类教师发展成为每个教师内在需求。教师教学发展需求更多是体现教师对自身素质或相关条件如何更好地适应高校人才培养及紧跟社会时代发展的一种平衡性趋向。[①] 教师教学发展离不开获得教学资本的场域和实现教学资本传递的教学场域,无论何种场域都需要在群体网络中实现,因此,教师教学发展离不开教师共同体。所以,教学发展的主体既涉及教师个体,也关涉教学共同体的发展。该共同体是以对教学专业化的高度认可为基础,以学校为基地,以学生的学习与发展状况为核心议题,以持续不断获得关于教与学的知识和技能为己任,以教学实践为载体,以共同学习、研讨为形式,在团体情境中相互沟通与交流,最终实现整体教学成长的组织。这种组织是在学校的日常教学活动中形成的,一般以学校为单位,也有的是校际或区域间的联合体。[②] 这种联合体实质就是实践社区的概念。实践社区在各种文献中得到了极大的关注,但很大程度上仍然不了解其在全球组织中的潜力。[③] 在实践社区建设过程中,所面临的挑战包括缺乏时间和难以找到共同的目标。随着社会的发展,实践社区

----

　　① 潘小明.大学的组织特性与教师教学发展[J].教育探索,2014(2):10-14.
　　② 陈凯泉.大学教师教学发展的困境与对策:信息化与学习科学的视角——兼论校本教学发展的组织与制度[J].远程教育杂志,2012(6):24-30.
　　③ Lee K L,Turner N. PMO managers' self-determined participation in a purposeful virtual community of practice[J]. International Journal of Project Management,2017,35(1):64-77.

发展陷入了瓶颈期,尤其是认知社区的轮廓、分布和结构不能在实验室这样单一分析场所进行研究[1],通过在组织中进行的严格研究基础上的理论发展的新时期,成功地走出当前的危机成了实践社区进一步发展亟须解决的问题。[2] 所以,大学教师教学发展路径是校本实践社区模式下,以行动共同体、学习共同体和话语共同体作用下的教师教学领导力的发展为框架,教学领导力的发展是大学教师教学力[3]发展的外化形式,是大学教师从胜任走向卓越的必然选择。

大学是典型的学习型组织,这种学习型组织成员之间又是松散的学术型学习组织,大学教师在其中更多强调的是学术自由与主体性地位,教师发展遵从的是个人逻辑,即专业化发展的逻辑。大学教师在组织中发展,院校组织发展又要求共同体治理秩序的逻辑。大学教师共同体秩序是一种组织法则,体现的是大学组织和国家意志,属于国家逻辑。于是,在大学教师教学发展过程中,专业发展的个人逻辑与组织治理秩序的国家逻辑之间存在着矛盾冲突张力的空间。因此,个体与共同体之间的冲突需要孕育一种适合二者矛盾缓冲的文化氛围,这就需要院校组织的治理理念发生根本的变革,促进大学教师共同体从治理秩序走向生活位序,这可以使大学教师拥有发展的空间,找到适合的位置,让每个教师真正从治理思维的枷锁中解放出来,最大化地释放教师主体性功能,从而营造适合大学教师教学发展的生命共同体的氛围。因此,大学教师教学发展根源于实践社区的知识交流与学习,从泛在性的实践社区治理秩序走向校本组织下的生命共同体的生活位

① Lorenz M D. Possibilities of enacting and researching epistemic communities[J]. Sociological Research Online,2010,15(2):13.

② Murillo E. Communities of practice in the business and organization studies literature[J]. Information Research an International Electronic Journal,2011,16(1):464.

③ 教学力是教师将在生命场域变化过程中获得的各种资源作为教学的资本,从而具备教学可行力,通过教师在教学关系场域中教学惯习的内在性情倾向系统所决定的外在教的策略与学的行动者发生关系,实现教师教学影响力,激发学生追随力,提升学生学习力的力量。参阅:许国动.我国大学教师教学力发展研究[D].广州:华南师范大学,2015.

序,从而形成个体与院校组织互动、共生共存的校本教师共同体文化。

一、实践社区:教学资本生成及其机制建立的场域

(一)关于实践社区的理解

实践社区(CoPs)已被确定为跨越边界共享知识的一种手段。[①] 它是一群人对自己所做的事情有共同的关注或热情,并且在定期的互动中学习如何做得更好,构建一个社区公众参与(PPI)实践,通过培养社会学习、赋权和公众参与的能力来发展共同的身份。[②] 可以说,学习型社区的理念和实施正受到高等教育机构的青睐。特别是温格提出的实践社区(CoP)框架的应用出现了一些成功的例子。实践社区的内容包括学习、意义和身份。[③] 因此,参与学习、知识获取与身份认同的可持续性发展是其核心要素。

实践社区的概念已经越来越流行,然而,实践社区并没有得到足够的研究。实践社区的参与者愿意从共同的实践中学习,促进彼此的目标,分享成功和失败的故事,并促进集体学习的持续发展。[④] 实践社区的内部成员通常自愿共享一些希望改进的知识或专业知识。[⑤] 研究表明,团队知识共享实践

① Fung K F M, Boushey R P, Morash R. Exploring a "community of practice" methodology as a regional platform for large scale collaboration in cancer surgery the Ottawa approach[J]. Current Oncology,2014,21(1):13-18.

② De W M, Beurskens A, Piskur B, et al. Preparing researchers for patient and public involvement in scientific research: Development of a handson learning approach through action research[J]. Health Expectations,2018,21(4):752-763.

③ Howlett C, Arthur J M, Ferreira J A. Good CoPs and bad CoPs: Facilitating reform in first year assessment via a community of practice[J]. Higher Education Research & Development,2016,35(4):741-754.

④ Soubhi H, Bayliss E A, Fortin M, et al. Learning and caring in communities of practice: Using relationships and collective learning to improve primary care for patients with multimorbidity[J]. Annals of Family Medicine,2010,8(2):170-177.

⑤ Tremblay D G, Psyche V. Analysis of processes of cooperation and knowledge sharing in a community of practice with a diversity of actors[J]. Computer Science and Information Systems,2012,9(2):917-941.

与个体团队成员知识呈正相关。[①] 所以,参与者的知识总量影响着实践社区共享交流的广度和深度。实践社区是一个支持强烈参与和相互参与的社会学习环境。相互参与是专业间协作的基础。当学生有明确的机会形成专业间合作和学习时[②],复杂的相互参与发展并在专业间学生会议中得以维持。参与者的共同目标促成了不同研究设计的集体知识,在如何回答研究问题以及进行合理研究的困难方面建立了共同点。[③] 它能够促进成员之间建立关系并促进知识交流的干预措施,有助于优化这些群体的功能。实践社区维持着参与者的知识共享,又充实了其中的社会认知结构,如学者身份、研究和教学中的实用剧目或同事之间的关系。[④] 因此,共同目标、参与、共享协作和知识量等要素成为实践社区存续发展的关键要素。

实践社区的参与前提是身份认同。有研究者认为身份不是静态的,而是不断变化的,或者说是身份的各个方面都是在持续的互动中构建的。身份的特定方面也不是静态的,而是随着时间的推移,随着人们获得与技能、专业知识和能力相关的社会资本而发生变化。当人们加入一个实践社区后,身份也会随着环境的变化而变化。传统的管理角色可能会让位于更灵活的角色,更多的个人控制责任、更多的意义构建和知识获取发生于其中。由于知识管理工作涵盖了社交媒体,因此每个级别的角色和控制重点的转

---

① Griffith T L,Sawyer J E. Multilevel knowledge and team performance[J]. Journal of Organizational Behavior,2010,31(7):1003-1031.

② Gudmundsen A C,Norbye B,Dahlgren M A,et al. Interprofessional student meetings in municipal health service-mutual learning towards a community of practice in patient care[J]. Journal of Interprofessional Care,2019,33(1):93-101.

③ Holden C A,Collins V R,Anderson C J,et al. "Men's health——a little in the shadow":A formative evaluation of medical curriculum enhancement with men's health teaching and learning[J]. BMC Medical Education,2015,15(30):210.

④ Nistor N,Daxecker I,Stanciu D,et al. Sense of community in academic communities of practice:Predictors and effects[J]. Higher Education,2015,69(2):257-273.

移有助于解决感知到的紧张关系。^① 实践社区框架允许检查正在进行的协商交互中的参与情况，在这些交互中，人们在一起工作时构建专家和新手身份。这些身份是在持续的互动中构建的。^② 实践社区可以促进人们对自我身份以及性别的认同，并且随着环境的变化，身份也会变化。也就是说，实践社区的参与者在参与过程中会影响他们的身份认同^③，参与社区的目的构成了他们调节变化的能力、个人之间的关系以及他们转变个人和群体身份的能力的基础^④，伙伴关系成功地建立了信任，建立了共享的规范和共同的兴趣，创造了参与的动机，在信息共享和参与意愿方面创造了价值^⑤，学习经历对促进个人身份的转变发展具有指导意义。^⑥ 叙事在工作场所互动中的重要功能是对构建复杂的社会身份做出的有价值的贡献。这些身份通常包括专业或工作场所身份，但也可能包括自我的其他方面^⑦，社会化实践过程

---

① Ford D P, Mason R M. A multilevel perspective of tensions between knowledge management and social media[J]. Journal of Organizational Computing and Electronic Commerce,2013,23(1-2):7-33.

② Vickers C H, Deckert S K. Sewing empowerment: Examining multiple identity shifts as a mexican immigrant woman develops expertise in a sewing cooperative community of practice[J]. Journal of Language Identity and Education,2013,12(2):116-135.

③ Kim Y S, Merriam S B. Situated learning and identity development in a Korean older adults' computer classroom[J]. Adult Education Quarterly,2010,60(5):438-455.

④ Parker M, Patton K, Madden M, et al. From committee to community: The development and maintenance of a community of practice[J]. Journal of Teaching in Physical Education,2010,29(4):337-357.

⑤ Reed M G, Godmaire H, Abernethy P, et al. Building a community of practice for sustainability: Strengthening learning and collective action of Canadian biosphere reserves through a national partnership[J]. Journal of Environmental Management,2014(145):230-239.

⑥ Rodriguez I, Goertzen R M, Brewe E, et al. Developing a physics expert identity in a biophysics research group[J]. Physical Review Special Topics Physics Education Research,2015,11(1):116.

⑦ Marra M, Holmes J. Constructing ethnicity in New Zealand workplace stories [J]. Text & Talk,2008,28(3):397-419.

中的语码转换被用作种族归属的重要指标。[①] 其中,语言是构建、维持和执行一个人的认同时至关重要的一种资源。[②] 在工作场所中,工作场所话语分析已经积聚了研究人们如何在实践社区框架下进行面对面工作场所谈话中的互动和操纵权力的势头。[③] 所以,实践社区是一个学习共同体,从中可获得身份认同和意义构建。

实践共同体理论本质上是一种社会理论,它解决了传统社会科学忽视的学习和身份认同方面的问题[④],一定程度上能够消除固定的社会类别身份的影响。[⑤] 对于处于不同地理位置的人来说,实践社区是一个强大的知识管理工具[⑥],是整合参与者学习和知识的重要机制。[⑦] 这种模式具有适应张力、赋能领导、增强合作和边界跨越等优点[⑧],能够有效促进组织内部的沟通与交流,它已成为概念化公司或组织中分散的子单位或小组运作的一种极具影响力的方式。[⑨] 情境学习理论将学习理解为一种社会文化活动,个体在参

① De F A. Code-switching and the construction of ethnic identity in a community of practice[J]. Language in Society,2007,36(3):371-392.

② McDowell J. Talk in feminised occupations: Exploring male nurses' linguistic behaviour[J]. Gender and Language,2015,9(3):1-18.

③ Mak B C N, Chui H L. Colleagues' talk and power after work hours: A community of practice in Facebook status updates[J]. Discourse Context & Media,2013,2(2):94-102.

④ Duguid P. "The art of knowing": Social and tacit dimensions of knowledge and the limits of the community of practice[J]. Information Society,2005,21(2):109-118.

⑤ Bucholtz M. "Why be normal?": Language and identity practices in a community of nerd girls[J]. Language in Society,1999,28(2):203-223.

⑥ Walczak S, Mann R. Utilization and perceived benefit for diverse users of communities of practice in a healthcare organization[J]. Journal of Organizational and End User Computing,2010,22(4):24-50.

⑦ Gau W B. How to construct shared repertoire in older adults' communities of practice[J]. Journal of Adult Development,2016,23(3):129-139.

⑧ Borzillo S, Kaminska L R. Unravelling the dynamics of knowledge creation in communities of practice though complexity theory lenses[J]. Knowledge Management Research & Practice,2011,9(4):353-366.

⑨ Lindkvist L. Knowledge communities and knowledge collectivities: A typology of knowledge work in groups[J]. Journal of Management Studies,2005,42(6):1189-1210.

与实践的过程中经历了身份发展。研究发现，个体参与实践社区会影响个体的身份认同。此外，通过模拟情境，可以使参与者接触到使其社会化的文化模式和社会文化群体。研究者建议这些经验由他们的教育者和更有能力的同伴来指导。[①] 学习的情境和社会文化视角表明，由教育技术支持的复杂任务的设计对医学教育具有潜力，可以帮助新手更接近他们的专家导师的临床结果。通过混合学习方法建立在线学生学习社区，激发学习动机和智力投入，从而支持情境认知方法。社会文化视角表明，新手与专家的互动支持了学生职业认同的发展。[②] 所以，实践共同体理论是一种社会理论，也是一种情景化的学习理论，离不开社会文化。

在许多领域，实践社区发挥了交流学习的作用。实践社区不能服务于所有类型的组织，应将其视为一种社会现象，而不是一种组织学习工具。[③]内在和外在的驱动力在社区形成过程和支持中都具有独特的作用[④]，要注重探讨技术沟通中专业意识的要素，以促进专业认同的成长，将联合企业、相互参与和共享技能与个人学习结果相联系[⑤]，开发结构化的协作模型，进而培育专业化社区。[⑥] 因此，基于实践概念提出实践社区模型——共享技能、联合企业和相互参与——并与个人学习结果联系起来。实践社区已从根本上的有机实体转变为可以有意设计和发展的实体，经常被视为知识共享和

① Singh P. Oral assessment: Preparing learners for discourse in communities of practice[J]. Systemic Practice and Action Research, 2011, 24(3): 247-259.

② Bridges S, Chang J W W, Chu C H, et al. Blended learning in situated contexts: 3-year evaluation of an online peer review project [J]. European Journal of Dental Education, 2014, 18(3): 170-179.

③ Harvey J F, Cohende P, Simon L, et al. Another cog in the machine: Designing communities of practice in professional bureaucracies[J]. European Management Journal, 2013, 31(1): 27-40.

④ Bozkurt A, Keefer J. Participatory learning culture and community formation in connectivist MOOCs[J]. Interactive Learning Environments, 2018, 26(6): 776-788.

⑤ Neufeld D, Fang Y L, Wan Z Y. Community of practice behaviors and individual learning outcomes[J]. Group Decision and Negotiation, 2013, 22(4): 617-639.

⑥ Cleary Y. Discussions about the technical communication profession: Perspectives from the blogosphere[J]. Technical Communication, 2012, 59(1): 8-28.

创造的灵丹妙药,组织创新的基础[1],因此,构建实践社区是组织创新发展的职责和使命。

(二)虚拟实践社区:教学资本获取场域的延展

虚拟实践社区(VCoPs)是一群人在网上面对面地分享实践领域的知识,它在克服与普通实践培训相关的方面发挥作用。虚拟实践社区(VCoP)被视为促进专业人士知识建设的有效手段。系统质量和个人对激励的态度显著影响 VCoP 中的知识共享行为。尽管知识共享过程正变得越来越复杂和多样化,但提供各种激励仍然是激发人们参与知识共享的关键。[2] 因此,目前研究者正在努力从系统动力学(SD)的角度揭示 VCoPs 中知识协作动机因素之间的交互动力学,揭示 VCoP 中知识协作激励因素对政策规制的动态性。研究实践网络正在兴起,以利用信息技术,虚拟社区可能是分享信息的低成本方式,并通过使领导人变得更加有效,克服了善政和可持续发展的一些障碍。[3] 从本质上讲,虚拟实践社区是持续的,涉及共同的成员目标,涉及频繁的讨论,是积极的和社交的,并以成员正在解决的问题为特征[4],可以解决人们对于知识的需求,可以减少当前知识资源的差距。当今知识经济呼唤知识共享机制,这些社区的成员是学习过程的核心。[5] 研究者认为,这种虚拟实践社区围绕着现有的核心社区形成核心,利用量子行为的比喻,把

---

① Harvey J F,Cohendet P,Simon L,et al. Another cog in the machine: Designing communities of practice in professional bureaucracies[J]. European Management Journal,2013,31(1):27-40.

② Ho L A,Kuo T H. How system quality and incentive affect knowledge sharing [J]. Industrial Management & Data Systems,2013,113(7):1048-1063.

③ Robadue D J,Bowen R,Caille G,et al. How digital is what divides us? Global networks of practice for coastal management[J]. Coastal Management,2010,38(3):291-316.

④ Macphail A,Patton K,Parker M,et al. Leading by example:Teacher educators' professional learning through communities of practice[J]. Quest,2014,66(1):39-56.

⑤ Aubry M,Muller R,Glueckler J. Exploring PMOs through community of practice theory[J]. Project Management Journal,2011,42(5):42-56.

这些社区称为实践的量子社区。①

信息和通信技术在支持实践社区方面发挥着关键作用。② GIS 高等教育的一个主要重点是开发课程或适应新技术。教育学在很大程度上反映了正规教育背景下习得和迁移的传统隐喻,这延伸到学生为工作场所做的准备。虚拟实践社区可以作为对更正规的 GIS 教育的补充,以提供一条更具情境、参与性学习的途径,也提供了从高等教育到工作场所的重要桥梁。③社交媒体(某些)越来越多地用于高等教育,以获取知识并实现全球交流。参与虚拟大学似乎丰富了实践并培养了一种变革的文化④,用社交媒体工具可以有效地克服由地理和工作场所带来的知识共享的障碍⑤,因此,它具有强大的沟通模式,同时确定哪些用户在促进沟通方面处于社区的中心,在专业间和机构间的联系也是紧密的。⑥ 总之,虚拟社区赋予时空无限的可能性。

实践社区,特别是虚拟实践社区使协作学习过程成为可能。VCoP 将具有不同特征但有共同兴趣/目标的个人联系在一起⑦,他们通过虚拟媒体进

① Ribeiro R,Kimble C,Cairns P. Quantum Phenomena in Communities of Practice [A]. The 14th Annual Conference of the United Kingdom Academy for Information System,International Journal of Information Management[C]. 2010,30(1):21-27.

② Taylor J,Joshi K D, et al. Organizational communities of practice:Review, analysis and role of information and communications technologies [J]. Journal of Organizational Computing and Electronic Commerce,2016,26(4):307-322.

③ Tate N J,Jarvis C H. Changing the face of GIS education with communities of practice[J]. Journal of Geography in Higher Education,2017,41(3):327-340.

④ Tolson D,McAloon M,Hotchkiss R,et al. Progressing evidence-based practice: An effective nursing model? [J]. Journal of Advanced Nursing,2005,50(2):124-133.

⑤ Barnett S,Jones S C,Bennett S,et al. Usefulness of a virtual community of practice and Web 2.0 tools for general practice training:Experiences and expectations of general practitioner registrars and supervisors[J]. Australian Journal of Primary Health, 2013,19(4):292-296.

⑥ Stewart S A,Abidi S S R. Applying social network analysis to understand the knowledge sharing behaviour of practitioners in a clinical online discussion forum[J]. Journal of Medical Internet Research,2012,14(6):245-264.

⑦ Isabel J Z A,Gonzalez G I,Saigi R F,et al. The co-learning process in healthcare professionals: Assessing user satisfaction in virtual communities of practice [J]. Computers in Human Behavior,2015,30(51):1303-1313.

行交流,以促进自己和他人的学习。① 除了实体的实践社区外,在线实践社区为成员提供了一个虚拟的网络平台来创建、协作和贡献专业知识。成员通过比较对互惠的规范期望和帮助其他成员的能力与实际经验来判断知识共享行为。虚拟团队是一个跨组织的虚拟实践社区,其成员根据新的实践进行内部化和执行来简化努力。② HorseQuest(HQ)是扩展推出的第一个实践社区。该组织将传统的教育内容与网络环境相适应,最大限度地优化搜索引擎,使其在网络世界中更具可发现性和相关性。它改变了教师协作和提供教育的方式。③ 这为教师的教育工作实施提供了一些经验。研究者提出了一种语义覆盖网络架构,用于从各种社交网络系统获得的标签之间的语义匹配。它被称为"共享"语义感知过程。根据语义在线用户中确定实践社区,解决了大多数知识管理系统已经采用聚合服务来向人们分发相关信息而没有考虑内容的语义的问题。④ 网络论坛为世界各地的科学家提供了一个虚拟空间,讨论性别如何影响科学领域的专业生活,无论是在学术领域还是在学术领域之外。虚拟环境提供了独特的支持形式,特别是促进了生命科学领域的指导和个性化建议的交流。⑤ 在线平台也能够为教师提供

① Thoma B,Brazil V,Spurr J,et al. Establishing a virtual community of practice in simulation the value of social media[J]. Simulation in Healthcare:Journal of the Society for Simulation in Healthcare,2018,13(2):124-130.

② Akoumianakis D,Alexandraki C. Collective practices in common information spaces:Insight from two case studies[J]. Human Computer Interaction,2012,27(4):311-351.

③ Greene E A,Griffin A S,Whittle J,et al. Development and usage of extension's HorseQuest:An online resource[J]. Journal of Animal Science,2010,88(8):2829-2837.

④ Ho M T P,Jung J J. Contextual syndication based on tag correspondences:A case study of zflickr[J]. Information—An Intemational Interdisciplinary Journal,2011,14(11):3623-3629.

⑤ Murthy D,Rodriguez A,Kinstler L. The potential for virtual communities to promote diversity in the sciences[J]. Current Sociology,2013,61(7):1003-1020.

更多的机会[①]，教师也可以通过在线平台交流学生们的实验和研究。[②] 研究表明，在线交流允许参与者认识到他人在支持和转变他们的学习中的重要存在，也促进了对他们所承担的多维角色的欣赏。[③] 总之，虚拟社区让交流更加有深度。

尽管虚拟实践社区的数量越来越多，但对组织如何帮助他们走向成功却知之甚少。研究者发现采取持续的行动来发展知识共享文化，为 VCoPs 提供足够的资源，以及监督社区的领导这三种类型的管理实践对 VCoP 的成功影响最大。[④] 20 多年来，SEDA 系列已经出版了 25 本高等教育学著作。这些不仅在知识上做出了贡献，而且还在实践中支持 SEDA 价值观念，建立了实践社区。[⑤] 随着新技术不断塑造社会，实践社区越来越需要通过学校技术促进教学和学习实践的改变。[⑥] 学者建议组织开发知识转移的组织实践和技术支持，以支持虚拟环境中的知识获取。[⑦] 也有研究者指出，仅仅将在

[①]　Ostashewski N, Moisey S, Reid D. Applying constructionist principles to online teacher professional development[J]. International Review of Research in Open and Distributed Learning, 2011, 12(6):143-156.

[②]　Cutler K, Bersani C, Hutchins P, et al. Laboratory schools as places of inquiry: A collaborative journey for two laboratory schools[J]. Early Education and Development, 2012, 23(2):242-258.

[③]　Hou H. What makes an online community of practice work? A situated study of Chinese student teachers' perceptions of online professional learning[J]. Teaching and Teacher Education, 2015, 30(46):6-16.

[④]　Bourhis A, Dube L. Structuring spontaneity: Investigating the impact of management practices on the success of virtual communities of practice[J]. Journal of Information Science, 2010, 36(2):175-193.

[⑤]　Pickford R, Brown S. Themes, orientations, synergies and a shared agenda: The first 20 years of the SEDA series of books[J]. Innovations in Education and Teaching International, 2013, 50(4):331-343.

[⑥]　Woo D J. Central practitioners' developing legitimate peripheral participation in a community of practice for changing schools[J]. Australian Journal of Educational Technology, 2015, 31(2):164-176.

[⑦]　Griffith T L, Sawyer J E. Supporting technologies and organizational practices for the transfer of knowledge in virtual environments[J]. Group Decision and Negotiation, 2006, 15(4):407-423.

线技术作为一种提供培训和/或创建在线网络的机制，忽略了互联网，是本末倒置的，应该重视对互联网的使用。① 在线实践社区中的知识共享模型需要拥有相关知识的人做出知识贡献，②其运营也依赖于成员的自愿贡献，③虚拟社区的设计涉及从"内部"平衡和利用复杂的二元性，④设计师需要意识到用现有实践社区的特征来培养他们。⑤ 研究者认为，在通过知识共享建立和维持的文化中，只要采取正确步骤促进和鼓励参与，虚拟实践社区可以成为一个有价值的工具。⑥ 技术发展使虚拟实践社区的任何组织成员动态编辑、集成和知识塑造，以及贡献个人知识变得可能。⑦ 此外，满意度和知识自我效能感都会进一步影响他们在网络实践社区中继续分享知识的意愿，⑧而影响在线实践社区内的成功参与的因素主要有情感、技术、连通性、理解规范

---

① Schlager M S, Fusco J. Teacher professional development, technology and communities of practice: Are we putting the cart before the horse? [J]. Information Society,2003,19(3):203-220.

② Jeppesen L B, Laursen K. The role of lead users in knowledge sharing[J]. Research Policy,2009,38(10):1582-1589.

③ Zhao K, Khan S S, Xia M. Sustainability of vertical standards consortia as communities of practice: A multilevel framework[J]. International Journal of Electronic Commerce,2011,16(1):11-40.

④ Barab S A, MaKinster J G, Scheckler R. Designing system dualities: Characterizing a web supported professional development community[J]. Information Society,2003,19(3):237-256.

⑤ Schwen T M, Hara N. Community of practice: A metaphor for online design? [J]. Information Society,2003,19(3):257-270.

⑥ Hamel C,Benyoucef M, Kuziemsky C. Determinants of participation In an Inuit online community of practice[J]. Knowledge Management Research & Practice,2012,10 (1):41-54.

⑦ Yates D, Wagner C, Majchrzak A. Factors affecting shapers of organizational Wikis[J]. Journal of the American Society for Information Science and Technology,2010, 61(3):543-554.

⑧ Cheung C M K,Lee M K O,Lee Z W Y. Understanding the continuance intention of knowledge sharing in online communities of practice through the post knowledge sharing evaluation processes[J]. Journal of the American Society for Information Science and Technology,2013,64(7):1357-1374.

和学习紧张五个维度。① 可见,虚拟实践社区如何可持续性发展是未来值得深入探讨的议题。

虚拟实践社区在医学领域的应用较多。比如,全科医学培训是新手和专家共享知识的实践社区,使用社交媒体工具,虚拟实践社区可以有效地克服知识共享障碍,包括地理和工作场所等。总之,以往的研究很少探索虚拟实践社区中随着时间的推移而涉及知识协作动机和行为的迭代融合的动态相互关系。② 虚拟社区对于医学研究的开展提供了诸多便利。研究者发现两个虚拟的实践社区(Endobloc 和 Pneumobloc)可以增加基层护理的全科医生和护士、医院内分泌科医生和肺科医生之间的互动。在两个虚拟实践社区中,最受欢迎的部分是电子博客和电子咨询部分。虚拟实践社区在现实临床实践中是可行的。③ 虚拟实践社区让工作场所情景发生了变革。

(三)实践社区的功能:跨界融合促进教学资本获取渠道

实践社区既具有学术功能,又具有社会功能及话语功能④,对学习环境的设计也同样具有重要作用。⑤ 实践社区可以促进有共同兴趣的人之间的协作,但通常不会一起工作。在这个社区中,研究者或实践者的特定专业身份被最小化,而成为一个为共同目标而努力的社区成员的协商身份。实践

---

① Guldberg K, Mackness J. Foundations of communities of practice: Enablers and barriers to participation[J]. Journal of Computer Assisted Learning,2009,25(6):528-538.

② Wang J,Zhang R L,Hao J X,et al. Motivation factors of knowledge collaboration in virtual communities of practice: A perspective from system dynamics[J]. Journal of Knowledge Management,2019,23(3):466-488.

③ Lara B,Canas F,Vidal A,et al. Knowledge management through two virtual communities of practice (Endobloc and Pneumobloc)[J]. Health Informatics Journal, 2017,23(3):170-180.

④ Chau D,Lee C. Discursive construction of identities in a social network educational space:Insights from an undergraduate Facebook group for a linguistics course [J]. Discourse Context & Media,2017,20(18):31-39.

⑤ Trechsel L J,Zimmermann A B,Graf D,et al. Mainstreaming education for sustainable development at a Swiss university: Navigating the traps of institutionalization[J]. Higher Education Policy,2018,31(4):471-490.

社区理论应用广泛,它的范围可以是一个区域性的小组织,也可以是全球范围性的大组织,在不同学科中都有它的身影。在劳动力市场上,"实践社区"的理念和理想假设工作场所是连贯的社区,熟练的人可以在那里为新手提供咨询和观察。在教育领域,实践社区方法是克服大学内部分裂、孤立和竞争动态的一种潜在的有价值的方法。社区成员们合作建立了各学科教师之间的信任和互惠关系。每个社区的目标是通过成员整合不同学科的观点、合作教学交流促进创新以及在其机构内展示领导能力来改进教学。① 社区成员也能通过跨越实践边界对社会经验进行语境调解。② 实践学习共同体理论建立了学习的社会基础,认为学习是通过参与社会实践和活动而发生的。实践社区可以在不同的专业群体和学科之间架起桥梁,科学与政策、科学与社会实践之间需要更密切的合作。此外,在每个社区内,专业部门之间需要更密切的合作。然而,在实践中实现这个接口是困难的。"跨界"是一种实践,通过促进科学社区和政策社区之间的知识交流,并积极塑造复杂的科学政策环境,旨在帮助这方面的工作。③ 这种虚拟实践社区可以帮助现实实践的探索。ComPratica 是一个有效的实践社区,它正在带来与教师和研究人员专业发展相关的变化,这似乎能够减少科学教育中的研究—实践差距。④ 总之,实践社区促进了参与者从参与到跨界交流的实现。

实践社区在不同领域得到了广泛的应用,在外交实践共同体方面,利用实践理论,将欧盟—北约合作作为实践的研究侧重于日常的、模式化的安全

① Pharo E, Davison A, McGregor H, et al. Using communities of practice to enhance interdisciplinary teaching: Lessons from four Australian institutions[J]. Higher Education Research & Development, 2014, 33(2): 341-354.

② Hofius M. Community at the border or the boundaries of community? The case of EU field diplomats[J]. Review of International Studies, 2016, 42(5): 939-967.

③ Posner S M, Cvitanovic C. Evaluating the impacts of boundary spanning activities at the interface of environmental science and policy: A review of progress and future research needs[J]. Environmental Science & Policy, 2019, 92: 141-151.

④ El-Hani C N, Greca I M. ComPratica: A virtual community of practice for promoting biology teachers' professional development in Brazil[J]. Research in Science Education, 2013, 43(4): 1327-1359.

生产,以及是什么使行动成为可能,例如(默契的)实用知识和共享的"背景"知识(教育、培训和经验)。[1] 这样的做法形成了一个由外交官组成的实践共同体,其基础是他们抵抗占领和给予承认的日常经验。[2] 在国际贸易中,实践社区的运作也能够促进信息共享,有利于预防一些贸易中的问题。[3] 在医学领域,实践社区已被证明是实现医疗保健高质量结果的有效模式。有医疗研究机构开发了一个实践社区 CoP 计划,CoPs 最大的挑战是参与所需的时间承诺。这种成员驱动的 CoPs 方法在其他卫生保健环境中进行探索和建模,作为一种开发和共享知识的手段,以减少护理的差异并提高放射治疗护理的质量。[4] 总之,实践社区在不同领域起到了解决实践困境的作用。

(四) 教师专业发展:意义建构、身份发展与环境塑造

实践社区被认为具有促进教师专业发展的潜力。[5] 调查结果表明,在线 CoP 的领域、社区和实践特征也可以与持续和重要的教师学习联系起来。[6] 教师能获得专业学习和认同、相关技能、资源以及信心。[7] 教育工作者可以

① Graeger N. European security as practice:EU-NATO communities of practice in the making? [J]. European Security,2016,25(4):478-501.

② Bicchi F. Europe under occupation:The European diplomatic community of practice in the Jerusalem area[J]. European Security,2016(4):461-477.

③ Savelli C J,Bradshaw A,Ben E P,et al. The FAO/WHO international food safety authorities network in review,2004-2018:Learning from the past and looking to the future [J]. Foodborne Pathogens and Disease,2019,16(7):480-488.

④ Glicksman R,Ang M,Murray E,et al. Improving quality of radiation therapy care across Ontario using a community of practice approach[J]. Practical Radiation Oncology,2019,9(2):242-248.

⑤ Marques M M,Loureiro M J,Marques L. The dynamics of an online community of practice involving teachers and researchers[J]. Professional Development in Education,2012,42(2):235-257.

⑥ Wesely P M. Investigating the community of practice of world language educators on twitter[J]. Journal of Teacher Education,2013,64(4):305-318.

⑦ Kabilan M K. Using Facebook as an e-portfolio in enhancing preservice teachers' professional development[J]. Australian Journal of Educational Technology,2016,32(1):19-31.

利用参与者共享的资源来设计课程①,还可以利用博客作为思考、反思和回应有关教学实践和困难的观点和评论的途径,从而获得专业发展。② 在教师的实践社区中流行的认知文化,在教师对工具的实际使用方面起着重要的作用③,能够允许教师们采用多种语言变体。④ 教师可使专业计划中的劳动分工和教师工作量合理化,显著提高教师满意度和保留率⑤,优化社会学习机会,有效地改变教学实践。⑥ 然而,参与 CoPs 可能是一种令人失去权利的经历,这取决于社区内外的权利行使方式。旧成员讲述的是实践的故事,个人变革性的 CPL 使他们在更广泛的社会文化背景下参与集体行动的教学,新成员则谈到了一种更加个人主义和务实的方法,侧重于职业生存。⑦ 教育工作者在学校社区内和学校社区之间应该建立协作关系,以便赋予多样化的学生权利,并在新的社会、文化和语言环境中创造积极学习体验⑧,应该将

① Gleeson M, Tait C. Teachers as sojourners: Transitory communities in short study abroad programmers[J]. Teaching and Teacher Education, 2012, 28(8): 1144-1151.

② Nambiar R M K, Thang S M. Examining Malaysian teachers' online blogs for reflective practices: Towards teacher professional development [J]. Language and Education, 2016, 30(1): 43-57.

③ Johannesen M, Habib L. The role of professional identity in patterns of use of multiple choice assessment tools[J]. Technology Pedagogy and Education, 2010, 19(1): 93-109.

④ Cho H. Under co-construction: An online community of practice for bilingual preservice teachers[J]. Computers & Education, 2016, 20(92-93): 76-89.

⑤ Duncan H W, Austin Z. Pharmacy schools as expert communities of practice? A proposal to radically restructure pharmacy education to optimize learning[J]. American Journal of Pharmaceutical Education, 2005, 69(3): 54.

⑥ Tax C L, Doucette H, Neish N R, et al. A model for cultivating dental hygiene faculty development within a community of practice[J]. Journal of Dental Education, 2012, 76(3): 311-321.

⑦ Green W, Hibbins R, Houghton L, et al. Reviving praxis: Stories of continual professional learning and practice architectures in a faculty based teaching community of practice[J]. Oxford Review of Education, 2013, 39(2): 247-266.

⑧ Chen X N. Identity construction and negotiation within and across school communities: The case of one English as a New Language (ENL) student[J]. Journal of Language Identity and Education, 2010, 9(3): 163-179.

这种可持续的变革模式嵌入当今教学系统中。① 对教育工作者和学生来说，社区显而易见地对持续互动和协作方面具有重要意义。② 实践社区理论也应用于体育教学方面，教练通常认为社交学习情境对学习是最有价值和最有影响力的。③ 因此，实践社区在教师专业化发展中具有广泛的作用。

实践社区已被确定为学习型组织的战略要务。近年来，实践社区已经成为教师专业发展中非常流行的一种教学方式。拉夫和温格对实践社区的概念化，对许多人在工作中学习的方式产生了深远的影响。在大学里 CoPs 有潜力满足正规的结构化课程无法满足研究者的持续专业学习（CPL）需求。实践社区理论在国外应用广泛。比如，爱尔兰体育学习社区中体育教师的专业发展，这些教师相互提供的支持，为解决其具有挑战性的工作环境所带来的问题而发展的能力，以及作为社区成员的动力，使他们能够在困难的环境中坚持教学。④ 实践社区应作为教师发展计划的一部分，同共同目标的价值、与核心价值观相对应的内容、连续性意识、同行指导等共同出现。⑤ 就教师实际使用知识工具而言，教师实践社区中普遍存在的知识文化对教师的选择起着重要作用。教师的专业身份也是塑造他们对工具的态度的一个重

---

① Cebrian G. The I3E model for embedding education for sustainability within higher education institutions[J]. Environmental Education Research,2018,24(2):153-171.

② Gardner K,Bridges S,Walmsley D. International peer review in undergraduate dentistry:Enhancing reflective practice in an online community of practice[J]. European Journal of Dental Education,2012,16(4):208-212.

③ Bertram R,Culver D M,Gilbert W. An university sport coach community of practice:Using a value creation framework to explore learning and social interactions[J]. International Journal of Sports Science & Coaching,2017,12(3):287-302.

④ Tannehill D,MacPhail A. Teacher empowerment through engagement in a learning community in Ireland:Working across disadvantaged schools[J]. Professional Development in Education,2017,43(3):334-352.

⑤ Steinert Y,Boudreau J D,Boillat M,et al. The osler fellowship:An apprenticeship for medical educators[J]. Academic Medicine,2010,85(7):1242-1249.

要因素。① 教师在实践社区的学习互动中,构建个人实践知识和身份的实践。教师教育者创造了更多的与个人实践知识相关的意义,未来教师在与之交换意义的话语资源中占有相当大的份额。尽管存在一定的局限性,但共同备课是构建新语言教师个人实践知识和职业认同的一个很有前途的策略。② 同时,虚拟实践社区要求教师专业角色更改为包括共同促进的学习环境中的促进者角色,允许共享责任和角色,③从教师教育者到教师导师的转变需要教师身份的发展,这种身份在课堂教师所在的实践社区中得到认可和重视,④教师需要转变身份以适应新的工作秩序,这一过程可以通过社区中的各种权力关系来塑造和重塑。⑤ 所以,实践社区弥补了传统的教师专业化发展路径的不足。

实践社区是教师学习的一种新方式。但是让教师在这些学习环境中保持活跃是一个非常具有挑战性的过程。因此,设计有效的教师专业发展在线实践社区环境中至关重要。⑥ 有研究者通过将社会实践的本质、学习关系、身份认同、课堂参与、合法的外围参与作为一个建构来考察和批判这些特征和建构本身。在正式和非正式学习环境中,参与具有复杂性和多维性,

---

① Johannesen M, Habib L. The role of professional identity in patterns of use of multiple choice assessment tools[J]. Technology Pedagogy and Education, 2010, 19(1): 93-109.

② Morton T, Gray J. Personal practical knowledge and identity in lesson planning conferences on a preservice TESOL course[J]. Language Teaching Research, 2010, 14(3): 297-317.

③ Hunuk D. A physical education teacher's journey: From district coordinator to facilitator[J]. Physical Education and Sport Pedagogy, 2017, 22(3): 301-315.

④ Smith E R. Faculty mentors in teacher induction: Developing a cross-institutional identity[J]. Journal of Educational Research, 2011, 104(5): 316-329.

⑤ Liu Y C, Xu Y T. The trajectory of learning in a teacher community of practice: A narrative inquiry of a language teacher's identity in the workplace[J]. Research Papers in Education, 2013, 28(2): 176-195.

⑥ Baran B, Cagiltay K. Motivators and Barriers in the Development of Online Communities of Practice[A]. Annual Meeting of the American Educational Research Association, Eurasian Journal of Educational Research[C]. 2010, 10(39): 79-96.

然而这正是参与生态学的题中应有之义。① 线上实践社区是教师进行教学的平台之一，可以为早期职业科学教师和科学家之间的合作建立一个学习社区②，也为实践社区的出现提供了一个媒介。③ 就学生而言，实践社区的主要好处包括更真实的学习环境，以及在专业实践中更有意义的角色。④ 在线平台创新了教练教育方法，更好地为教练提供处理复杂工作所需的专业技能。⑤ 这种虚拟实践社区有助于将来自多个学校的教师聚集在一起，分享学习影响人格发展的教学法、实践和学生学习，学生们还能够在认知和行为层面上识别出关于性格发展的新的有意学习。⑥ 所以，关于教师学习的实践社区也越来越多了。澳大利亚昆士兰科技大学（QUT）实行的同行伙伴计划是基于实践社区方法论而设计的，目的是将学术人员聚集在一起，以促进教学实践。该项目增强了对教学的投入和洞察力。⑦ 澳大利亚一所大学建立了教师网络，以便更好地促进学生对气候变化这一复杂的社会环境问题的跨学科学习。该项目最积极的方面是同行提供的合作和对教学创新的支持。

---

① Boylan M. Ecologies of participation in school classrooms[J]. Teaching and Teacher Education,2010,26(1):61-70.

② Kim H J, Miller H R, Herbert B, et al. Using a Wiki in a scientist teacher professional learning community: Impact on teacher perception changes[J]. Journal of Science Education and Technology,2012,21(4):440-452.

③ Yalvac B,Ayar M C,Soylu F. Teaching engineering with Wikis[J]. International Journal of Engineering Education,2012,28(3):701-712.

④ Austin Z,Duncan H W. Faculty,student and practitioner development within a community of practice[J]. American Journal of Pharmaceutical Education,2005,69(3):55.

⑤ Stoszkowski J,Collins D. Using shared online blogs to structure and support informal coach learning,part 1:A tool to promote reflection and communities of practice[J]. Sport Education and Society,2017,22(2):247-270.

⑥ Yoon K, Armour K M. Mapping physical education teachers' professional learning and impacts on pupil learning in a community of practice in South Korea[J]. Physical Education and Sport Pedagogy,2017,22(4):427-444.

⑦ Barnard A,Croft W,Irons R,et al. Peer partnership to enhance scholarship of teaching:A case study[J]. Higher Education Research & Development,2011,30(4):435-448.

为了在行政结构主要以学科为基础的大学中加强教师合作，需要承认跨学科学习的好处，同时认识到需要财政和其他资源来支持合作教学举措。[1] 有学者认为，丹麦国家蹦床队的实践可以被认为是一个实践社区。在包含各种学习资源的实践中，运动员可以成为彼此的表现分析者，通过使用隐喻和线索来指导彼此，这些隐喻和提示揭示了如何克服具体的实际挑战的实际意义。运动员可以成为对方的陪练伙伴，一起执行他们的运动。在这种形式的互动中，直接感受并影响对方的表现意味着两名运动员都会遇到学习的机会。[2] 也就是说，实践社区为教师提供了极大的帮助。

对近 20 年来文献的研究发现，实践社区是教师专业发展的理想路径，同时，伴随着现代信息技术的发展，虚拟实践社区将为教师专业发展带来无限可能。通过实践社区丰富的思想分析发现，实践社区的要素、功能及其未来发展的挑战与趋势都较为清晰。然而，实践社区存在的最大的问题就是对其创建与可持续性发展的动力根源的探讨。如果将实践社区狭隘地理解为专业发展的真实或虚拟的共同体，那么，专业发展与组织发展和个体职业追求下的生命的自我实现会相割裂，教师教学发展的融合路径将难以实现，教师生命意义和价值将失去活力和动力。因此，教师教学发展的路径不仅仅是实践社区的可持续性发展，而且需要走向更加广义的生命共同体的实践社区。

二、生命共同体的实践路径：行动研究下的可行能力发展

大学教师教学力是大学教师教学发展的本质特征，这离不开大学教师成长

① Pharo E J, Davison A, Warr K, et al. Can teacher collaboration overcome barriers to interdisciplinary learning in a disciplinary university? A case study using climate change [J]. Teaching in Higher Education, 2012, 17(5): 497-507.

② Lund O, Ravn S, Christensen M K. Jumping together: Apprenticeship learning among elite trampoline athletes[J]. Physical Education and Sport Pedagogy, 2014, 19(4): 383-397.

的场域和实现的场域,发展的本质是不断获得更多的教学资本,形成与教学情景相适应的教学惯习,它是一种教师个体内生式发展的结果,但离不开实践平台的构建,这是因为"721"学习法则指出,学习主体对于学习而言非常重要;学习的根基是真实的实践;反馈是学习不可或缺的环节;同伴是比较重要的学习资源。[①]所以,它是一种内在与外在相统一、个体与群体相融合的实现发展方式。

(一)行动研究:校本模式下教师共同体的实践路径

学校教师能够通过行动研究来改善自己的教育教学行为,促进他们自身和其他教师的专业发展。美国高校教师教学发展的实践在理念上体现"教师为本,学校为主"。[②][③] 大学教师教学发展是校本模式下的行动研究,实质是一种教学学术的体现,这是将大学教学看作学术内涵组成部分的重要体现。通过大学教师的行动研究,可以用探究的视野,行动中不断反思的过程,获得教学实践性知识,从而获得教学资本,实现教学力的发展。

大学教师的教学学术意识正在日益增强,他们正在把教学作为探究的过程,通过多元方法努力改进课程与教学,以便提升学生的学习和发展。教师们聚焦于课程设计和强调学生学习的质量及其改进的做法,有助于满足公众对高校作为杰出学术中心的期望。通过参与教育教学研究,可以显著提高教师素质,实现由"教书匠型"教师向"专家型"教师的转化,这已被相关的教学改革试验所证实。[④] 由于他们行动所依据的知识或理论是自己经由较严谨的研究所创生的,非道听途说或盲从权威而来,这样所积累的教学信念,较不宜为外部权威所动摇,且也较难被内部的欲望与冲动所左右,而更能为理智所导引,

---

① 吴振利.论自我指导性大学教师教学发展——以"721"学习法则和自我指导性学习过程为基础[J].黑龙江高教研究,2012(9);5-8.

② 顾瑶韵.美国高校教师教学发展的实践[J].教育评论,2012(6);156-158.

③ 吴振利.美国国王学院教师教学发展研究[J].国家教育行政学院学报,2011(11);91-94.

④ 林崇德,申继亮,辛涛.教师素质的构成及其培养途径[J].中国教育学刊,1996(6);16-22.

因此成为自由人之可能性也将大增。① 所以,在校本模式下的行动研究过程中,教师不仅实现了实质自由的发展,具备教学力发展的可行能力,而且形成了较强的信念,促使其更加灵活地认知、反思和驾驭教学情景,从而促进与教学情景相适宜的教学惯习的生成。其中,反思性实践者通过批判地思考自己的实践达到专业自我发展,而行动研究者在作为反思性实践者的同时,还要用研究技术强化自己的反思,使其系统化。② 这里使用研究技术反思,实际上就是通过行动研究开展教学学术,以真正实现大学教师教学力的发展。

行动研究为专业人员提供了一种前进的方式,这种方式包含一种思想,提供系统、严密的数据来扩充专业人员的资源,专业人员可利用这些资源达到改善实践的目的。专业自我发展秉持了这样的理念,即一个人应该想要去改善实践,不断寻求各种改善实践的方式。③ 简言之,当大学教师具备了可行能力,他们才会追求他们所向往的生活方式,这才可以真正从意愿和动机的源头促进教师行动研究的实现,从而促进大学教师从前职业化阶段的知识视野走向专业化发展的专业权威,实现教学生命的卓越人生,其成长发展阶段、过程与结果如图8-1所示。

因此,应加强校本化教师教学共同体建设以增强教师教学发展组织的凝聚力,并据此改变教师教学专业发展的自发或盲目的缺陷。在教师教学共同体中,教学成为公共的交流空间,校本化教学活动有利于形式多样的共同体的形成,创生组织特性,促进教师教学发展。也就是说,大学组织不是被动地受群体或个体教师教学过程的影响,而是可以主动影响其群体或个体教师的教学过程。教师教学发展工作如果不能有效地防范和克服大学组织自身的一些局限性和缺陷,就很容易使校本教师发展工作"形散神散",始

---

① 吴家莹.新教育学的建构——创新教育知识的经验[M].台北:学富文化事业有限公司,2011:98.

② 登斯库姆.怎样做好一项研究——小规模社会研究指南(第三版)[M].陶保平等,译.上海:上海教育出版社,2011:106.

③ 登斯库姆.怎样做好一项研究——小规模社会研究指南(第三版)[M].陶保平等,译.上海:上海教育出版社,2011:105.

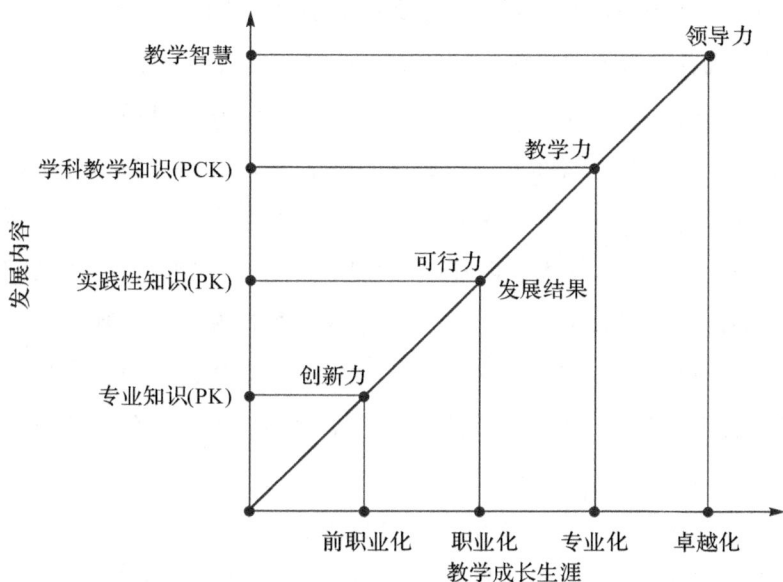

图 8-1　大学教师教学发展内容、过程与结果

终处于被动、停滞或僵化的状态，这自然也会妨碍教师个体或群体主动、持续和有效地进行教学发展。[①] 因此，教师教学共同体建设的实质是院校组织提供的组织支持。当然，院校组织在教学共同体建设过程中——正如实践社区所面临的挑战——教师参与教学交流的动力和积极性面临挑战。因此，构建从治理秩序下的教学共同体走向生命位序的教学共同体，成为解决教师参与动力不足的有效策略。

（二）可行能力发展：行动研究实现的理论基础

从大学教师专业发展角度来说，发展的实质是提升教师的创新力，创新力提升教师资本，但不等同于教师的教学发展，而仅具备了发展的可行能力，是一种实质的自由。当教师有能力追求向往的存续方式的时候，教学力实现才成为可能。阿马蒂亚·森的可行能力[②]视角下，发展就是扩展人们的

---

① 潘小明.大学的组织特性与教师教学发展[J].教育探索，2014(2)：10-14.

② 可行能力指的是此人有可能实现的、各种可能的功能性活动组合。功能性组合反映了一个人认为值得去做或达到的多种多样的事情或状态。

实质自由。[①] 自由不仅是首要目的也是主要手段。因此,可行能力就是一种自由,是实现各种可能的功能性活动组合的实质自由。一个社会成功与否,主要应根据该社会成员所享有的实质自由来评价。这一评价焦点是实现的功能性活动(即一个人实际能够做到的),或者此人所拥有的由可选组合构成的可行能力集(即一个人的机会)。[②] 所以,大学教师实质自由即可行力的发展,这是大学教师教学力得以发展的学理性基础。同时,可行力的实现离不开工具自由的实现,工具性影响因素是指选择有效手段达到目的的方式或途径。工具性影响因素有外部政治自由、经济条件、社会机会、透明性保证和防护性保障等五个方面。[③] 这是在大学教师教学发展的实质自由和工具自由的双重作用下实现的。

在大学教师专业化发展自觉行为基础上,大学教师通过开展行动研究,丰富教师教学学术水平,使其科教融合得以实现,从而具备了教学可行力,在工具自由的作用下,政治自由提供了话语共同体形成的可能,经济条件和社会机会为教师学习共同体提供了机制保障,透明性保证和防护性保障提供了行动共同体的可能,基于这种开放的心态,校本化的教师教学共同体更容易形成教学观摩、合作交流与知识分享的机制,并因此促进教师群体与个

---

① 实质自由包括免受困苦的基本可行能力,以及能够识字算数、享受政治参与等的自由。参阅阿马蒂亚·森.以自由看待发展[M].任赜,于真,译.北京:中国人民大学出版社,2002:30.

② 阿马蒂亚·森.以自由看待发展[M].任赜,于真,译.北京:中国人民大学出版社,2002:62-63.

③ 政治自由,广义而言(包括通常所称的公民权利),指的是人们拥有的确定应该由什么人执政而且按什么原则来执政的机会,也包括监督批评、拥有政治表达与出版言论不受审查的自由、能够选择不同政党的自由等的可能性。经济条件,指的是个人分别享有的为了消费、生产、交换的目的而运用其经济资源的机会。社会机会,指的是在社会教育、医疗保健及其他方面所实行的安排,它们影响个人赖以享受更好的生活的实质自由。透明性保证所涉及的是满足人们对公开性的需要,在保证信息公开和明细的条件下自由地交易。防护性保障提供社会安全网,以防止受到影响的人遭受沉重痛苦,甚至在某些情况下挨饿以至于死亡。防护性保障的领域包括固定的制度性安排,以及临时性应需而定的安排。参阅阿马蒂亚·森.以自由看待发展[M].任赜,于真,译.北京:中国人民大学出版社,2002:32-33.

体教学专业能力的发展。① 这使大学教师教学力发展的机制平台建设成为可能,在大学教师教学力的实质自由和工具自由共同作用下,促进大学教师教学领导力的发展,实现大学教师教学生涯从胜任到卓越的发展历程。

三、共同体的行动框架:三向度模型构建

2012 年,我国教师发展示范中心启动建设,带动了高校教师发展中心的建设风潮。有研究指出,努力探索建立适合本校实际、具有本校特色的教师教学发展中心运行机制是实现中心职能的重要保障。② 大学教师教学发展的路径已成共识,教师教学发展中心建设也为大学教师教学发展提供了制度化保障,但大学教师教学发展的行动框架尚处于摸索探索之中。目前,以项目推动教师教学发展是教师教学发展中心的追求。然而,在缺乏行动框架背景下,难以实现可持续性发展。在校本模式下的行动研究路径选择基础上,还需要不断探索行动框架。行动研究分为技术性、实践性、解放性行动研究③,这三种行动研究类型构成了共同体行动的三向度模型。

(一)行动共同体:技术性取向下的职业化平台

大学教师教学发展的行动共同体,不是传统模式下校本模式的行动研究,也不等同于专业化发展的个体自我内生式发展,而是多元利益相关者共同形成的行动实践社区或者虚拟行动实践社区,所产生的连锁效应推动多元行动者参与其中。同时,行动研究离不开咨询性活动,这种咨询性仅仅是提供新视角而非答案。特别是在实践性行动研究和解放性行动研究中,研

---

① 潘小明.大学的组织特性与教师教学发展[J].教育探索,2014(2):10-14.
② 潘懋元,等.2014 年中国高等教育研究回顾与述评[J].高校教育管理,2015(2):1-7.
③ 登斯库姆.怎样做好一项研究——小规模社会研究指南(第三版)[M].陶保平等,译.上海:上海教育出版社,2011:108.

究的目的是提高实践者的理解力,研究可能要依赖一些外来者的建议。^① 这与传统的行动研究区别在于,这里是基于行动实践社区的行动研究。在这个行动实践社区中,内在系统已经承担了外部咨询的功能,可以在实践社区共同体中相互碰撞,充分释放大学教师的创新力,使可行力有效转化为教学力,从而协同营造一种积极的、以行动实践为显著特征的教学文化,乃至发展成以科教融合为特征的育人文化,保持大学使命的责任和自主性,坚持大学理想,消解学术资本主义与教学资本主义的冲击,从而实现大学利益相关者在实质自由与工具自由作用下的完满的职业人生。

(二)学习共同体:实践性取向下的专业化平台

专业发展与实践社区紧密关联,而教学却往往被视为大学教师个人化的工作。近年来,随着教学实践及相关理论研究的深入,这一观念开始受到质疑与挑战,不少学者试图揭示教学工作内含的社群特性。^② 在实践方面,在国内外高校中,以促进青年教师学术发展为目标的专门机构及项目也陆续开展,例如建立教学发展促进中心,成立高校教师学习社群。在研究方面,不乏有学者试图阐释高校初任教师如何通过情境化的教学实践参与,提升教学实践胜任力并形塑教师身份。透过这些研究可见,由于博士阶段以科研训练为核心,多数初任教师教学方面的训练较为薄弱,入职初期普遍面临发展教学这一紧迫任务的挑战,这导致了工作不适感和压力感的产生。^{③④} 初任教师面临教学压力,既有研究呈现出两种景象:一是他们在院校、院系

① 登斯库姆.怎样做好一项研究——小规模社会研究指南(第三版)[M].陶保平等,译.上海:上海教育出版社,2011:109.

② Kogan M. Higher education communities and academic identity[J]. Higher Education Quarterly, 2000,54(3):207-216.

③ Warhurst R P. 'Cigars on the flight-deck':New lecturers' participatory learning within workplace communities of practice[J]. Studies in Higher Education,2008,33(4):453-467.

④ Solem M N, Foote K E. Concerns, attitudes and abilities of early career geography faculty[J]. Annals of the Association of American Geographers,2004,94(4):889-912.

恰当的支持下获得教学发展，如与院系中的"学术老手"结成指导关系①，或参加院校、院系组织的教学发展促进项目②；二是他们处于孤军奋战的状态③。事实上，院校尤其院系是初任教师教学发展的主要情境，他们需经历"摸门道"的社会化学习过程，才能逐渐了解、适应并融入既有的教学文化。④这一过程或遭遇冲突和压力，也可能获得帮助与支持。

实践社区作为学习型组织，引领式青年教师教学发展⑤就是一种松散式学习共同体的实践，这种模式以达到基本的教师胜任力为最低限度的目标要求。在学习实践社区中，应该从胜任走向卓越，如何让青年教师胜任，如何使熟练教师走向卓越，这才是学习实践社区的共同目标。因此，不同类型的学校，在组建学习共同体的过程中，要根据学校性质和类型进行准确的定位，以便符合学校发展定位。否则，所有的实践社区都将难以为继，无法发挥应有的效用。为了摆脱这种致命（阻碍学术自由）的抉择，布尔迪厄呼吁开创一种新型的参与方式——集体性知识者，从而使知识的生产者们能够首先通过确立自身作为群体的独立存在，而成为自主的主体，去影响政治。⑥这就是说，大学教师教学发展的工具，即资本是存在于集体性知识者群体中

① Cawyer C S, Simonds C, Davis S. Mentoring to facilitate socialization: The case of the new faculty member[J]. International Journal of Qualitative Studies in Education, 2002,15(2): 225-242.

② Warhurst R P. 'Cigars on the flight-deck': New lecturers' participatory learning within workplace communities of practice[J]. Studies in Higher Education, 2008,33(4): 453-467.

③ Solem M N, Foote K E. Concerns, attitudes and abilities of early career geography faculty[J]. Annals of the Association of American Geographers, 2004,94(4): 889-912.

④ Reynolds A. Charting the changes in junior faculty: Relationships among socialization, acculturation and gender[J]. The Journal of Higher Education, 1992,63(6):637-652.

⑤ 杜国民,于晓梅,寇平平.呼伦贝尔学院引领式青年教师教学发展模式的探索与构建[J].呼伦贝尔学院学报,2005(5):65-68.

⑥ 皮埃尔·布尔迪厄,华康德.实践与反思:反思社会学导引[M].李猛,李康,译.北京:中央编译出版社,2004:61.

的,也就是说,需要建立学习共同体,这是因为从成员制中自然形成利益,这是使利益成为凝聚力的基础。成员们并不是有意识地追求这种凝聚力的。那些精心组织起来的俱乐部团体的情况也是这样,它们之所以精心组织,目的是集中社会资本获得全方位的好处。所以,大学教师教学发展的资本来源离不开集体性知识者形成的学习共同体。

由于教师教学学术发展不仅仅是教师个体性的活动,更是学习共同体的体验,若缺乏共同体验的活动,活动参与者以及活动本身的效果都是存在缺陷的。合作研究作为分享的过程是一种实践联合体,在分享共同愿景中,提供相互支持的条件,并在共享实践中实现研究的价值;相反,缺乏分享的实践效果会大打折扣,甚至影响实践活动参与者对实践本身的价值评价。[①]基于专业学习共同体的研究者[②],在追求合作知识和有价值活动时,其对某一主题或领域具有的共同兴趣越浓厚,在专业现象、工具和理解方法的对话形式上往往越能超越学校组织内部的限制。这些特征恰恰是实践社区的优势所在。在这个实践社区中,学习共同体被认为具有 3 个重要的要素:共同的事业、相互投入的承诺、共享的经验。[③] 对于大学教师教学发展来说,为了推动大学功能的实现,大学教师有着科教融合发展的共同的事业;合作研究既是教师专业发展的一种手段和形式,也是标志和内容,教师应注重研究对教学的促进作用,即教研相长。大学教师因为创新力使融合发展成为可行力,可行力是一种实质自由,是一种向往所追求的那种生活方式。当工具自由一旦具备,大学教师就表现出相互投入的承诺,因为他们有着共同的自我实现的人生理想。合作是教师发展的一个重要路径,主要指教师同事间的一种人际互动方式或关系状态,而且主要被作为谋求教师发展与学校教育

---

① 张立新,付一书.教师教学学术发展:合作研究的视角[J].黑龙江高教研究,2012
(12):26-30.

② Riel M,Fulton K. The role of technology in supporting learning communities
[J]. Phi Delta Kappan,2001,82(7):518-523.

③ Wenger E. Communities of Practice: Learning, Meaning and Identity [M].
Cambridge:Cambridge University Press,1998:49.

改善的一种手段或策略。^① 由于大学教师以自由看待发展的独立个性特征，教师学习共同体注定是一种非正式松散合作性方式，以非正式松散合作为基本方式推动教师教学发展，主要依靠相聚而融、彼此敞开、相互走近、相观而善、相呼而应、相互切磋和相互借鉴实现教学上的共同发展。^② 实践社区促进了这样的学习共同体的发展。

普林斯顿大学又提出了四点学习原则^③，其核心观点之一就是大学教师教学发展离不开共同体。匹兹堡大学柯伯杰等学者的研究发现，由 2 到 5 名拥有类似教学或科研需求的教师组成学习小组是一种很有效的专业发展模式。^④ 我国大学着力建设的教学发展共同体主要有两类：新入职教师的共同体和以教学基金项目资助的教学研究与改革课题小组；有研究设计了基于教师学习共同体的"学习—实践—发表"高校教师教学能力发展模式，取得了一定的成效。该项目试点的成功证明了教师发展应当以教师真实需求为基础，面向实践；同时，组织发展既是教师发展的保障，也是教师发展的重要内容。^⑤ 这同样说明了教师教学发展离不开组织，即共同体。利特尔的研究表明，教师发展以四类成长为标志：知识的成长、技能的成长、判断力的成长（与课堂有关的一切）以及教师共同体的成长。^⑥ 所以，大学教师学习共同体是大学教师教学专业化发展平台，是教师行动模式走向专业人员行动模式

---

① 饶从满，张贵新. 教师合作：教师发展的一个重要路径[J]. 教师教育研究，2007(1)：12-16.

② 吴振利，饶从满. 论非正式松散合作性高校教师教学发展[J]. 教育研究，2011(1)：73-77.

③ Guiding Principles [EB/OL]. (2010-10-27) [2015-03-24]. http://www.princeton.edu/hr/learning/principles/.

④ 柯伯杰，熊卫雁，叶会元. 构建高等教育教学标准：教师专业发展中心在四所世界一流大学的实践与应用[J]. 北京大学教育评论，2014(2)：27-46.

⑤ 宋文红，任祺. 变革中的高校教师发展——2013 高校教师发展国际研讨会会议综述[J]. 中国大学教学，2014(7)：51,93-96.

⑥ Little J W. Teacher Development and Educational Policy [A]. Fullan M, Hargreaves A (eds.). Teacher Development and Educational Change[C]. London：Falmer Press，1992：186.

的必然选择,这是实现卓越人生追求的必然归宿。因此,实践社区概念下的共同体教师教学发展模式是大学教师间或密或疏的联盟,如果成员间相互联系比较紧密、活动频繁、组织性强且具有相对比较明确的目的,那么就是学习共同体、教学共同体或研究共同体等;如果成员间虽然经常接触却无明确的目的,频繁联系却相对松散、组织性不强,那么就更像学科联盟、教学联盟或学习联盟等。但是,无论是共同体还是联盟,其成员间的关系都是扎根在组织中,是组织使成员走在了一起,使成员能够彼此支持、帮助,相互交流、合作,从而自觉或不自觉地实现了共同体成员的发展。① 因此,应鼓励教师加强教学研究,从知识整合、创新的目的出发,鼓励组建教学团队,形成稳定的创新机制;将教学团队与研究团队建设结合起来,实现知识创新和技术创新的组织诉求。由自发的、零散的短时间合作到自觉的、有系统的长时间合作是学习型实践社区向纵深发展的必然。

促进学习共同体的实践社区的发展,需要实施"教师团队评价"项目,促进教师整体专业发展。按照系统论的观点,个体优秀并不能说明系统整体优化,面向教师团队的教学评价工作,可以使评价工作发挥更大作用。教师团队评价能够充分激发教师的上进心与集体荣誉感,调动教学团队的教学管理与改革的积极性,促进教师团队建设,有效提高团队的整体教学质量。目前,有关教学团队评价的实践已经积累了一些经验,如运用统计学知识,对教师个体评价的自然分进行标准化处理,即将自然分转化为标准分,并以教师团队为样本进行统计。② 当然,利用团队评价促进学习共同体的实践社区的发展,仍是传统管理理念下的实践行为,促进大学教师学习共同体的实践社区发展,最终需要发挥实践社区身份认同的作用,将学习转化成文化认同。文化认同是一种正向的文化价值判断,即指文化群体或文化成员承认群内新文化或群外异文化因素的价值效用符合传统文化价值标准的认可态

---

① 吴振利.美国大学教师教学发展研究[D].长春:东北师范大学,2010:128.
② 薛素铎,李庆丰,李振泉,等."四维一体"教学质量保障体系的思想与实践[J].中国大学教学,2008(6):64-67.

度与方式。经过认同后的新文化或异文化因素将被接受、传播。① 这种文化认同的形成需要通过行动共同体的共同参与，才能够促进学习型组织文化的形成和发展。

(三)话语共同体:解放性取向下的卓越化平台

教师领导"课堂革命"，构建师生共同体，具备领导学生学的能力，是教学发展的首要条件。教师领导力概念下的学校改革，就是以校为本、立足课堂、以学生学习为中心。开发教师的领导力，实质上是教师教学发展的过程，教学发展所储备的也正是教师带给学生和同事的"正能量"。在教师领导力视阈下，每位教师都应该在教学发展中发挥影响力，同事间协作互助的共同体、同事间非正式的松散性合作、教研室向教学团队转型是理想的发展之路。建设行动共同体、学习共同体离不开话语共同体，即教师领导力。教师领导力的实现，能够将"同地干事"的群落融进"合作成事"的团队，将教师领导力汇聚成教学发展所必需的团体动力，提升教师教学力发展所需的话语权力，这是实践社区的活力标志。

教师领导力在本质上是一种专业影响力，主要体现在参与学校事务的能力、影响同事的威信力、驾驭自身教育教学工作的能力。② 领导力这一理念赋予了教学学术的主体性和教学发展的领导权，即释放一种非正式、隐形、自发，融合专业专长、人格修养、人脉魅力的正面影响力——感召学生、带动同事的能力，所期待的生成土壤是师生间、同事间营造的学习共同体。③ 话语共同体担当起领导者角色——行动研究者、反思性实践者、课程开发者、质量评估者、理论建构者，不再是职员型的教学行动模式，而是走向专业权威的专业型教学行动模式，这些角色正是教学发展的本然诉求，也丰富了教学发展的内涵。教师教学发展的过程应该是自身领导力完全释放的过

①　冯天瑜.中华文化辞典[Z].武汉:武汉大学出版社,2001:20.

②　胡继飞,古立新.我国教师领导力现状及其影响因素的调查研究——以广东省为例[J].课程·教材·教法,2012(5):111-116.

③　严金波.领导力视域下英语教师的教学发展[J].教育评论,2013(6):69-71.

程,是教师自主领导下的合作、学习、创新、反思等行动过程。教学发展逻辑归宿应该是教师对这些组织的领导作用,教师领导力则成为学生、教师、学校三位一体的凝聚力。教师领导力的实现,不仅仅是行动共同体和学习共同体得以发展的动力机制,而且是话语共同体更加有力地推动大学教师教学发展的保障。

大学教师话语共同体以促进学生学业成就为目的,大学教师教学发展应以人才培养为己任,以课程发展为介质,立足教学实践活动和教学反思,借助师生教学场域、同事间的合作智慧,在教师领导力作用下建设师生学习共同体、校本模式下的行动共同体,走自主超越和团队合作的发展之路,促进学生成长、教师专业化发展和教师职业完满。教师领导力的实现是卓越人生的体现,因此,话语共同体是教师教学卓越化发展的平台。

四、结　语

大学教师教学发展的行动框架就是大学教师行动共同体、学习共同体和话语共同体共同作用下的校本实践社区,大学教师在这一实践社区中,不仅仅是技术应用的共同体,更是实践性学习的共同体,也是解放性的话语共同体。在这一校本模式下行动研究中所形成的实践社区,不仅仅是院校治理视野下的专业性组织,不单单强调正式组织的治理秩序,更是身份重构、意义建构和学习发展的生命共同体,大学利益相关者都能够成为实践社区中的一员,找到自己相应的位置,参与共享交流,相互促进自我改变的生活位序的实践社区,从而促进大学教师教学场域中具备丰富的可获得的资源;在积极的教学场域中转化成教学资本,从而成长为专家型教师教学行动模式的惯习;获得教学影响力,提升学生追随力,促进学生可持续性发展。大学教师教学发展融于集职业化、专业化和卓越化于一体的自我完满的卓越人生之中,其关系结构如图8-2所示。

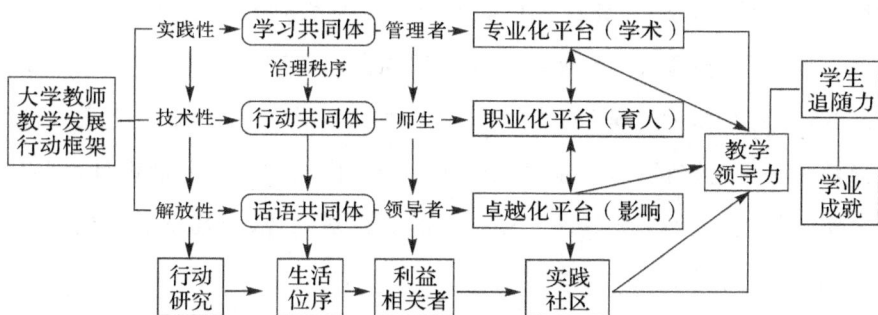

图 8-2 大学教师教学发展的行动框架

技术性行动研究是指外部专家建议实践者在实践中检验理论对教育实践的作用。教师教学共同体的技术性行动研究需要加强教学学术的自主发展,深入开展教学研究,使大学教师教学发展成为自我实践反思的内在动机,这需要经济条件和社会机会机制保障。实践性行动研究是指外部专家与实践者形成合作伙伴关系,帮助实践者清晰地表述关切的问题,共同设计改革行动的策略,监控和观察问题情景和所实施的行动,并对研究过程和结果进行反思。在这里,实践性行动研究主要指管理者作为大学教学改革的参与者和推动者,为大学教师技术性行动研究提供透明性保障和防护性保障,让大学教师参与到技术性行动研究的机制保障设计中。解放性行动研究是指外部专家帮助实践者形成自己的教学学术共同体,由实践者自己的教学学术共同体引导实践者群体进行自我反思研究,外部专家不以权威顾问角色出现,而是与研究群体平等协作。在这里,解放性行动研究是现代教学学术秩序体制的解放,这里主要指领导者在引领大学发展过程中,应该展现更多的人文关怀,释放现代大学学术秩序的能量,推动教授治学和学术自由的发展,促进大学领导者引领生命共同体秩序建立,通过政治自由保障新秩序形成。

当然,这里仅仅给出了行动框架的宏观平台的发展路径,从该路径走向实践发展,离不开大学教师科教融合之路,科研发展的创新力赋予大学教师可行力,可行力使大学教师在意愿上走向个体自我内生式的自觉和自为的发展道路,而该部分的行动框架,实际上是大学教师教学发展的工具自由,也就是说,大学教师教学发展离不开外部驱力,只有外部驱力与自我内生力相结合,才能够真正实现大学教师教学发展。同时,大学教师教学发展的路径虽然说是行动路径,但更多的是从理念到操作的过渡环节的设计,而真正走向实践的发展,仍需要具体的操作化的实践活动,从而真正从理论走向实践,从意愿走向行动。

参考文献

（一）中文文献

阿马蒂亚·森.以自由看待发展[M].任赜,于真,译.北京:中国人民大学出版社,2002:30,32-33,62-63,292.

安·格雷.文化研究:民族志方法与生活文化[M].许梦云,译.重庆:重庆大学出版社,2009:78.

安然.特色学科教学建设是高职院校教育内涵发展的必然要求[J].职业技术,2009(9):73-74.

包亚明.文化资本与社会炼金术:布尔迪厄访谈录[M].包亚明,译.上海:上海人民出版社,1997:12,190.

毕润林,姚莉.加强教学活动评析 促使观念向行为转化[J].学前教育研究,1998(3):44-45.

博耶.关于美国教育改革的演讲[M].涂艳国,方彤,译.北京:教育科学出版社,2002:78.

布伦特·戴维斯,余洁.概念研究:设计发展教师学科知识[J].全球教育展望,2011(7):3-14.

曹霞,姚利民,黄书真.论教师、学生、学校因素对高校课堂有效教学的影响[J].大学教育科学,2012(1):25-31.

曹月新,张博伟.高校教师教学能力培养问题研究[J].东北师大学报(哲学社会科学版),2016(2):208-213.

柴崴,刘琴.以质量提升谋求内涵发展——写在全面提高高等教育质量工作会议召开之际[N].中国教育报,2012-03-22.

常咏梅.基于体验教学理论的教学活动设计研究——以师范生"信息化教学"公共课为例[J].电化教育研究,2012(3):88-90,95.

车文博.当代西方心理学新词典[Z].长春:吉林人民出版社,2001:157.

陈欢欢,曾立人,李欣,朱乾娜.Second Life 中基于 PBL 的教学活动设计和评价[J].现代教育技术,2010(6):93-96.

陈娟.基于学生学习力的中学音乐教师教学力的提升[J].考试周刊,2013(33):178-179.

陈凯泉.大学教师教学发展的困境与对策:信息化与学习科学的视角——兼论校本教学发展的组织与制度[J].远程教育杂志,2012(6):24-30.

陈丽,赵刚.大学教师教学发展中心的生成逻辑与现实困境[J].教师教育研究,2016(4):20-25.

陈强,程灵.高校教师教学发展项目的一体化设计[J].福建江夏学院学报,2013(2):106-112.

陈伟,易芬云.从遮蔽到去蔽:教学学术发展的制度分析[J].高教探索,2010(4):73-77.

陈向明,王红艳.从实践性知识的角度看教师的知识分子属性[J].全球教育展望,2010(1):51-56,62.

陈向明,赵康.从杜威的实用主义知识论看教师的实践性知识[J].教育研究,2012(4):108-114.

陈向明.对教师实践性知识构成要素的探讨[J].教育研究,2009(10):66-73.

陈向明.实践性知识:教师专业发展的知识基础[J].北京大学教育评论,2003(1):104-112.

崔军,汪霞,胡小芃.英国高等教育"教学卓越框架":形成、实施及评价[J].教育研究,2018(7):146-154.

崔军.大学教师教学发展若干问题的思考[J].煤炭高等教育,2010(4):71-73.

崔友平.资本理论述评及启示[J].当代经济研究,2000(8):33-39.

大卫·科伯.高等教育市场化的底线[M].晓征,译.北京:北京大学出版社,2008:1.

戴健林,黄敏儿.从 IQ 到 EQ:智力内涵的新建构[J].心理科学,1997(6):568-569.

董方旭.以角色转变促进高校青年教师的教学发展[J].高教研究与实践,2012(3):37-40.

董玉琦,刘益春,高夯,包正委.协调发展 共同成长——2011 高校教师发展国际研讨会会议综述[J].中国大学教学,2012(5):92-96.

杜国民,于晓梅,寇平平.呼伦贝尔学院引领式青年教师教学发展模式的探索与构建[J].呼伦贝尔学院学报,2005(5):65-68.

樊小杰,吴庆宪.提升研究型大学青年教师教学能力:制度创新与文化重构并举[J].高等教育研究,2014(9):50-55.

菲利普·柯尔库夫.新社会学[M].钱翰,译.北京:社会科学文献出版社,2000:36.

冯涛.教师在线实践社区中的知识共享系统框架与共享策略[J].中国电化教育,2012(6):56-62.

冯天瑜.中华文化辞典[Z].武汉:武汉大学出版社,2001:20.

冯瑷.外语教育技术学初建背景下高校外语课程的机遇与挑战——2013 第十届全国教育技术与外语教学学术研讨会述评[J].外语电化教学,2014(1):76-80.

宫留记.布尔迪厄的社会实践理论[J].理论探讨,2008(6):57-60.

宫留记.资本:社会实践工具——布尔迪厄的资本理论[M].开封:河南大学出版社,2010:序 2,118,173.

顾明远.教育大辞典(第一卷)[Z].上海:上海教育出版社,1990:184.

顾瑶韵.美国高校教师教学发展的实践[J].教育评论,2012(6):156-158.

郭丽君,吴庆华.地方高校青年教师发展需求探析[J].现代大学教育,2013(5):106-111.

郭晓娜.教师教学信念研究的现状、意义及趋势[J].外国教育研究,2008(10):92-96.

郭燕,徐锦芬.我国大学英语教师专业发展共同体建设研究[J].外语界,2015(5):79-87.

过福堂.中小学提升教学力初探[J].江西教育,2019(17):38-41.

韩瑞婷.远程教育与互联网信息传播技术的教学实践生态文化融合[J].现代远距离教育,2013(6):29-34.

郝恂,龙太国.试析教学主体、客体及主客体关系[J].教育研究,1997(12):43-47.

何晓雷,邓纯考,刘庆斌.美国大学教学学术研究20年:成绩、问题与展望[J].比较教育研究,2012(9):29-33.

和学新.师生主体性双向建构与基础教育课程改革[J].教育研究,2002(9):69-70.

洪明.西方"反思性教学"的兴起与成因[J].上海教育科研,2002(6):13-15.

侯均生.西方社会学理论教程[M].天津:南开大学出版社,2004:357.

胡锋吉.高校教师教学发展中心建设的理论思考与策略设计[J].中国大学教学,2013(3):61,73-74.

胡继飞,古立新.我国教师领导力现状及其影响因素的调查研究——以广东省为例[J].课程·教材·教法,2012(5):111-116.

胡森.国际教育百科全书(第四卷)[M].贵阳:贵州教育出版社,1990:421.

胡新华,周月.MOOC冲击下高校教师的因应策略:学习体验视角[J].现代教育技术,2014(12):19-25.

胡中锋,刘学兰.现代智力观及其对教育课程改革的启示[J].课程·教材·教法,2002(5):22-26.

胡中锋.成功智力及其对基础教育改革的启示[J].现代教育论丛,2002(2):1-4.

黄海涛,张华峰.如何评价大学教育质量——美国大学校际学生学习成果评估项目解析[J].比较教育研究,2014(9):48-53.

黄洁.基于学业评价的高校教学质量保障体系研究[J].浙江树人大学学报(人文社会科学版),2011(3):111-114.

黄自团,袁顶国.教学力与学习力:要素、共生与培养路径[J].教育理论与实践,2014(14):3-5.

解书,马云鹏,李秀玲.国外学科教学知识内涵研究的分析与思考[J].外国教育研究,2013(6):59-68.

金子元久.大学教育力[M].徐国兴,等,译.上海:华东师范大学出版社,2009:68.

科林·费希尔,等.博士、硕士研究生毕业论文研究与写作[M].徐海乐,钱萌,译.北京:经济管理出版社,2005:27-30,55.

柯伯杰,熊卫雁,叶会元.构建高等教育教学标准:教师专业发展中心在四所世界一流大学的实践与应用[J].北京大学教育评论,2014(2):27-46.

L.W.安德森.教育大百科全书:教学[M].郭华,綦春霞,审译.重庆:西南师范大学出版社,2011:21,212.

劳伦斯·P.洛柯,等.如何撰写研究计划书[M].朱光明,李英武,译.重庆:重庆大学出版社,2009:255-256.

李宝斌.教学学术发展的阻滞与突破[J].高等教育研究,2015(6):80-86.

李秉德.对于教学论问题的回顾与前瞻[J].华东师范大学学报(教育科学版),1989(3):55-60.

李定仁,徐继存.教学论研究二十年:1979—1999[M].北京:人民教育出版社,2004:87.

李贵安,李铁绳,党怀兴.高校教师教育教学能力发展与课堂教学模式创新——以陕西师范大学为例[J].中国大学教学,2012(6):26-28.

李建军.教学主张:教师专业发展的内在维度[J].教育科学研究,2009(1):68-71.

李莉春,孙海兰.教师实践性知识之生成过程:一项案例研究[J].全球教育展望,2010(3):26,63-70.

李林凤.新形势下高校教师教学发展路径探讨[J].学理论,2013(12):255-256,265.

李芒,蔡旻君.论信息化教学的文化特征[J].中国电化教育,2012(9):1-6.

李颖.高校外语翻转课堂中的教师教学能力研究[J].中国外语,2015(6):19-26.

联合国教科文组织.全球教育发展的历史轨迹:国际教育大会60年建议书[M].北京:教育科学出版社,1999:534.

梁永平.职前教师学科教学知识发展的理论与实践路径[J].课程·教材·教法,2013(1):106-112.

林崇德,申继亮,辛涛.教师素质的构成及其培养途径[J].中国教育学刊,1996(6):16-22.

林杰,李玲.美国大学教师教学发展的背景与实践[J].中国大学教学,2007(9):87-90.

林金辉,潘赛.研究型大学青年教师教学能力结构的实证研究[J].江苏高教,2010(6):82-84.

林聚任.社会网络分析:理论、方法与应用[M].北京:北京师范大学出版社,2009:54-57.

林文生.透过校本课程发展平台更新教师教学知识[J].西南大学学报(社会科学版),2010(6):61-66.

林一钢,潘国文.探析教师实践性知识及其生成机制[J].全球教育展望,

2013(10):42-48.

刘国军,付睿.FD 视角下博士生教学发展探析[J].研究生教育研究,2014(3):18-22.

刘军.社会网络分析导论[M].北京:社会科学文献出版社,2004:3.

刘俊,廖毕文.教师如何提高教学力[J].考试周刊,2015(61):162.

刘鹂.论教师教育者教学能力要素、结构与特征[J].课程·教材·教法,2016(9):95-101.

刘丽玲.显性教学实践、隐性教学实践与研究性学习——一种教育社会学的分析[J].课程·教材·教法,2003(5):76-78.

刘旭东,吴银银.我国教师实践性知识研究十年:回顾与反思[J].教师教育研究,2011(3):17-24.

刘义兵,郑志辉.学科教学知识再探三题[J].课程·教材·教法,2010(4):96-100.

刘志波,齐嫒.班班通:从校园信息化建设走向课堂信息化应用[J].中国电化教育,2010(8):64-68.

卢静.教学力:素质教育视阈下高校教师的必备素质[J].天中学刊,2012(5):118-119.

卢钰,徐碧波,焦宇.从文化差异角度反思翻转课堂在我国学校中的应用[J].中国电化教育,2015(8):110-116.

陆国栋,孙健,朱慧.教师教学发展的融合理念与现实探索[J].中国高等教育,2014(6):32-34,46.

陆国栋,张存如.基层教学组织建设的路径、策略与思考——基于浙江大学的实践与探索[J].高等工程教育研究,2018(3):130-136,141.

吕达,周满生.当代外国教育改革著名文献(美国卷·第三册)[M].北京:人民教育出版社,2004:23.

吕渭源.概念与教育科学的发展[J].湖北大学学报(哲学社会科学版),1999(1):87-91.

吕渭源.教学模式·教学个性·教学艺术[J].中国教育学刊,2000(1):29-32.

马必学,刘晓欢.提升学校教学力 促进高职院校内涵建设[J].中国高等教育,2008(21):44-46.

马必学,石芬芳.论高职院校教师教学力的提升[J].当代教育论坛(上半月刊),2009(6):95-97.

马丁·登斯库姆.怎样做好一项研究——小规模社会研究指南(第三版)[M].陶保平,等,译.上海:上海教育出版社,2011:105,106.

马福贵,房彬.在线实践社区对区域教师实践性知识影响研究[J].现代教育技术,2015(5):72-77.

马克思,恩格斯.马克思恩格斯全集:第19卷[M].中共中央马克思恩格斯列宁斯大林著作编译局,译.北京:人民出版社,1963:405.

马克思,恩格斯.马克思恩格斯全集:第3卷[M].中共中央马克思恩格斯列宁斯大林著作编译局,译.北京:人民出版社,1960:43.

马克思,恩格斯.马克思恩格斯选集:第1卷[M].中共中央马克思恩格斯列宁斯大林著作编译局,译.北京:人民出版社,1995:54.

马龙海,许国动,熊文渊.现代大学学术秩序的伦理目标:一个调和的视角[J].高教探索,2015(4):23-27.

马兴建.关于高职院校发展中教学资本建设问题的探讨[J].纺织教育,2010(4):1-3,20.

南京师范大学教育系.教育学[M].北京:人民教育出版社,1984:376.

潘发勤.全球知识经济背景下的学术资本主义——《学术资本主义》读后[J].北京大学教育评论,2009(4):180-186.

潘洪建,徐继存.教学艺术研究方法论检讨[J].教育评论,2000(3):41-42.

潘洪建.教学认识论研究:进展、问题与前瞻[J].中国教育科学,2014(3):165-191,164,239.

潘丽芳.教师实践性知识构成的调查研究——以上海市小学教师为例[J].开放教育研究,2014(2):80-87.

潘懋元,等.2014年中国高等教育研究回顾与述评[J].高校教育管理,2015(2):1-7.

潘懋元,罗丹.高校教师发展简论[J].中国大学教学,2007(1):7-8.

潘懋元.大学教师发展与教育质量提升——在第四届高等教育质量国际学术研讨会上的发言[J].深圳大学学报(人文社会科学版),2007(1):23-25.

潘小明.大学的组织特性与教师教学发展[J].教育探索,2014(2):10-14.

潘小明.论高校教师教学发展的意义和策略[J].宁波大学学报(教育科学版),2013(6):54-60.

皮埃尔·布尔迪厄,华康德.实践与反思:反思社会学导引[M].李猛,李康,译.北京:中央编译出版社,2004:134,145,155.

皮埃尔·布尔迪厄.科学的社会用途——写给科学场的临床社会学[M].刘成富中,张艳,译.南京:南京大学出版社,2005:19.

皮埃尔·布尔迪厄.实践感[M].蒋梓骅,译.南京:译林出版社,2003:19,102.

皮埃尔·布尔迪厄.艺术的法则:文学场的生成与结构[M].刘晖,译.北京:中央编译出版社,2001:431.

齐放.20世纪西方主要教育哲学流派关于师生关系的论述及其启示[J].外国教育研究,1999(6):14-18.

屈廖健.美国大学教师发展中心教师发展项目研究——以密歇根大学学习与教学研究中心为例[J].国家教育行政学院学报,2016(5):90-95.

R.J.斯腾伯格.成功智力[M].吴国宏,钱文,译.上海:华东师范大学出版社,1999:11.

饶从满,张贵新.教师合作:教师发展的一个重要路径[J].教师教育研究,2007(1):12-16.

施良方.学习论[M].北京:人民教育出版社,2001:382.

石芬芳.略论工学结合环境下高职教师教学力的提升[J].职教论坛,2008(24):20-23.

时伟.大学教师专业发展模式探析——基于大学教学学术性的视角[J].教育研究,2008(7):81-84.

宋秋前.开展行动研究,提高教学实践水平[J].中国教育学刊,1999(1):56-58.

宋文红,任祺.变革中的高校教师发展——2013高校教师发展国际研讨会会议综述[J].中国大学教学,2014(7):51,93-96.

宋鑫,林小英,魏戈,游蠡."教学学术"视角下的大学教学现状研究——基于北京大学的大样本调查[J].中国大学教学,2014(8):87-93.

宋鑫,魏戈,游蠡,林小英.国内一流大学教师教学现状探究——基于北京大学的实证调查[J].高等理科教育,2014(6):9-19.

宋燕."教学学术"国外研究述评[J].江苏高教,2010(2):67-70.

宋燕.我国大学教学专业化的问题反思与出路探寻[J].国家教育行政学院学报,2010(4):63-67.

苏强,吕帆,林征.大学教师教学发展的理性思考与超越之维[J].教育研究,2015(12):52-58,72.

苏珊·R.考米维斯,等.大学生领导力[M].马龙海,等,译.北京:中国人民大学出版社,2014:341.

孙彩云,庄国波,翟建军.基于教学力提升的高校教师教学评价模式研究[C]//南昌工程学院经济贸易学院.2012管理创新、智能科技与经济发展研讨会论文集.南昌工程学院经济贸易学院,2012:4.

孙芬,冯素玲.基于情感资本提升的大学课堂教学有效性探索[J].中国电力教育,2009(2):3-5.

孙艳霞.教学学术视角下的高校教师教学监控能力标准探析[J].河北大

学学报(哲学社会科学版),2012(3):26-30.

汤姆·拉思.盖洛普优势识别器 2.0:《现在,发现你的优势》升级版[M].常霄,译.北京:中国青年出版社,2012:20.

唐泽静,陈旭远.学科教学知识视域中的教师专业发展[J].东北师大学报(哲学社会科学版),2010(5):172-177.

涂艳国,王卫华.论教师的教学惯习对教学机制的影响[J].教育研究,2008(9):53-57.

托马斯·W.李.组织与管理研究的定性方法[M].吕力,译.北京:北京大学出版社,2014:50.

王宝玺,朱超颖.国外"教学学术"概念发展脉络演进[J].全球教育展望,2018(4):64-73.

王丹凤.教学学术视角下的大学教师专业发展研究[D].长春:东北师范大学,2008:18.

王发成.教师应该具备什么样的教学力[J].河北教育(综合版),2011(1):36-37.

王洪海,韩树安.职教教学力和学习力的创新探讨[J].科技创新导报,2011(15):151.

王加强."教"可教吗?——教师教育理论前提的哲学反思[J].教育学报,2012(5):37-43.

王靖,雷洪德.美国精英文理学院教师教学发展的组织支持[J].高等工程教育研究,2016(5):172-177.

王静巍.论教学力[J].教书育人,2002(4):7-8.

王凯.论教学交往中的资源生成[J].现代教育论丛,2005(3):9-12.

王力娟,邱意弘,王竹筠.学术性教学向教学学术转化的途径及挑战[J].江苏高教,2017(3):54-59.

王沛,关文军,王阳.中小学教师教育教学能力的内涵与结构[J].课程·教材·教法,2010(6):92-96.

王升.关于教学艺术论与教学论发展轨迹的思考[J].教育理论与实践,1999(6):35-39.

王思斌.多元嵌套结构下的情理行动——中国人社会行动模式研究[J].学海,2009(1):54-61.

王文君,王卫军.教师信息化教学能力实践分析[J].现代远距离教育,2012(3):67-74.

王晓瑜.大学教师发展教学学术的若干理论问题探究[J].教师教育研究,2009(5):13-18.

王玉衡.美国大学教学学术运动[J].清华大学教育研究,2006(2):84-90.

王玉衡.试论大学教学学术运动[J].外国教育研究,2005(12):24-29.

王玉萍.论外语教师 PCK 发展路径[J].外语界,2013(2):69-75.

威廉·F.派纳,等.理解课程:历史与当代课程话语研究导论[M].张华等,译.北京:教育科学出版社,2003:792.

卫武.高校教师课程教学团队资本化研究[J].中国电力教育,2013(2):145-146,166.

魏宏聚.柯兰迪宁实践性知识观中的"教师喻像"内涵诠释[J].教师教育研究,2006(3):43-46.

吴家莹.新教育学的建构——创新教育知识的经验[M].台北:学富文化事业有限公司,2011:98.

吴立保.学习范式下的教师发展:理论模式与组织建设[J].教育研究,2017(4):103-111.

吴明隆.结构方程模型——AMOS 的操作与应用[M].重庆:重庆大学出版社,2010:240.

吴太胜.大学生学科学习力及其生成和发展的教育范式[J].辽宁教育研究,2007(8):58-61.

吴也显,刁培萼.课堂文化重建的研究重心:学习力生成的探索[J].课程·教材·教法,2005(1):19-24.

吴振利,饶从满.论非正式松散合作性高校教师教学发展[J].教育研究,2011(1):73-77.

吴振利.论自我指导性大学教师教学发展——以"721"学习法则和自我指导性学习过程为基础[J].黑龙江高教研究,2012(9):5-8.

吴振利.美国大学教师教学发展研究[D].长春:东北师范大学,2010:34-35,128.

吴振利.美国国王学院教师教学发展研究[J].国家教育行政学院学报,2011(11):91-94.

吴振利.新世纪美国大学教学特色分析[J].国家教育行政学院学报,2014(11):91-94.

夏睿.现代西方教育哲学流派关于师生关系研究述评[J].社会工作,2008(2):40-42.

项贤明.大众化过程中大学教学理念的变革[J].高等教育研究,2004(1):75-79.

谢金祥,杨爱青.教学活动的情感性与艺术性[J].北方论丛,1999(3):174-175.

谢艺泉.教师参与课程发展:权与责[J].比较教育研究,2003(2):71-76.

邢红军,陈清梅,胡扬洋.教师教育学院:学科教学知识中国化的实践范本[J].现代大学教育,2013(5):97-105,113.

熊冬炎,丁长江.从"传统教育"和"现代教育"之争看教学论的发展趋势[J].辽宁师范大学学报(社会科学版),1987(2):43-46.

休·拉福莱特.伦理学理论[M].龚群,主译.北京:中国人民大学出版社,2008:386.

徐继存.论教学理论的批判[J].教育评论,1999(2):41-44.

徐娜,曲如,王晓辉.大学生学习效果的相对有效性评价研究[J].东北电力大学学报,2012(3):94-97.

徐鹏,刘艳华,王以宁,张海.整合技术的学科教学知识(TPACK)测量方法国外研究现状及启示[J].电化教育研究,2013(12):98-101.

徐萍.高校教学学术能力的构成及其发展研究[J].教师教育研究,2016(5):18-23.

徐向平.由社区学院向大学的转换——美国社区学院学生转换问题研究[J].比较教育研究,2014(9):32-37.

徐延宇,李政云.美国高校教师发展:概念、变迁与理论探析[J].黑龙江高教研究,2010(12):50-53.

徐云杰.社会调查设计与数据分析:从立题到发表[M].重庆:重庆大学出版社,2011:212.

徐章韬.数学课堂教学两种知识基础比较研究[J].中国教育学刊,2013(4):69-73.

许国动.大学教师教学力发展研究[D].广州:华南师范大学,2015.

许国动.大学教师教学资本效能研究——基于大学生优势项目的调查[J].高校教育管理,2018(6):98-106.

许国动.当代大学生领导力模型与实现路径的理论分析[J].北京邮电大学学报(社会科学版),2011(6):110-116.

许国动.我国高等教育改革政策伦理目标演变及启示——从道德论走向德性论[J].现代教育管理,2013(3):64-68.

许洁英.促进学生学习的评价:特点、要求与策略[J].教育测量与评价(理论版),2008(4):4-7.

许世红,胡中锋.究竟什么是智力?——人类智力研究的三种方式[J].华南师范大学学报(社会科学版),2011(2):153-156.

薛素铎,李庆丰,李振泉,等."四维一体"教学质量保障体系的思想与实践[J].中国大学教学,2008(6):64-67.

薛晓源,曹荣湘.全球化与文化资本[M].北京:社会科学文献出版社,2005:7,72,547.

雅斯贝尔斯.什么是教育[M].邹进,译.北京:生活·读书·新知三联书店,1991:152-153.

闫志明,李美凤.整合技术的学科教学知识网络——信息时代教师知识新框架[J].中国电化教育,2012(4):58-63.

闫志明,徐福荫.TPACK:信息时代教师专业化的知识基础[J].现代教育技术,2013(3):5-9.

严金波.领导力视域下英语教师的教学发展[J].教育评论,2013(6):69-71.

严金波.英语教师教学发展的思考——学生访谈的叙事分析[J].内蒙古师范大学学报(教育科学版),2012(12):47-51.

阎乃胜.角色论视阈下教师教育教学能力的构成探析——基于教师资格认证的考察[J].教师教育研究,2010(2):44-48.

颜建勇,黄珊.大学教师教学学术与学科学术发展的逻辑一致性研究[J].现代大学教育,2018(4):10-15.

杨爱君.免费师范生教学能力研究[J].教师教育研究,2012(4):45-50.

杨卉.基于教师在线实践社区的教师PCK知识发展活动设计及评价研究[J].电化教育研究,2015(10):113-120.

杨洁.我国高校教师教学发展中心:现状、问题与突破[J].教育发展研究,2018(9):23-27.

杨绪辉,沈书生.设计思维方法支持下的创客教育实践探究[J].电化教育研究,2018(2):74-79.

姚元锦,朱德全.师范生教学知识发展的影响因素分析:框架与实证[J].湖南师范大学教育科学学报,2018(2):37-47.

姚元锦,朱德全.师范生教学知识自觉:表征、尺度与路向[J].西南大学学报(社会科学版),2018(3):95-102.

叶澜."新基础教育"发展性研究报告集[M].北京:中国轻工业出版社,2004:22-23.

叶伟敏.美国大学青年教师教学发展研究[D].福州:福建师范大学,2013:3.

尹静,王笃勤.教育设计研究与教师实践性知识的构建[J].河北大学学报(哲学社会科学版),2013(2):65-68.

有本章,丁妍.教师发展(FD)的课题——日本的视角[J].复旦教育论坛,2006(6):5-12.

于凤梅.论教师的专业品位[J].现代教育科学(中学教师),2014(4):40-41.

于开莲,赵南,张慧.幼儿园教师整合技术的领域教学知识(TPACK)调查研究[J].电化教育研究,2019(3):118-123.

俞吾金.主体际性、客体际性和主客体际性——马克思实践唯物主义关系理论探要[J].河北学刊,2007(2):1-6.

约瑟夫·A.马克思威尔.质的研究设计:一种互动的取向[M].朱光明,译.重庆:重庆大学出版社,2007:25-26,38.

岳慧君,高协平.教师教育教学发展视角下的高校教学团队建设探讨[J].中国大学教学,2010(5):13-16.

曾祥尤.利用三级教研网络提升农村中小学教师教学力的研究[J].天津教育,2019(21):43,45.

张博."教师主导"辨析——兼论幼儿教师在教育活动中的角色和作用[J].学前教育研究,2002(2):30-32.

张楚廷.教学要素层次论[J].教育研究,2000(6):65-69.

张广君,曾华英.论走向人本化的教学[J].天津师范大学学报(社会科学版),2007(3):72-76.

张国举."场域—惯习"论:创新机制研究的新工具[J].中共中央党校学报,2005(3):32-35.

张会杰.成为自己教学的研究者:高校教师教学发展的重要途径——兼论高校教师教学发展中心对教师教学研究的促进[J].现代大学教育,2014

（5）：93-99，113.

张瑾.大学英语后续课程与教师专业发展——基于学科教学知识的视角[J].江苏高教，2013（6）：83-84.

张劲英，孙凯.高校学生学业成就评价研讨——兼评国内外研究与实践[J].现代教育管理，2013（10）：62-65.

张静.面向 TPACK 发展的设计型教师教育课程——缘起、模式及启示[J].远程教育杂志，2013（5）：83-88.

张静宁.美国本科教育中的"教学资本主义"述评[J].现代大学教育，2013（5）：87-91，111.

张立新，付一书.教师教学学术发展：合作研究的视角[J].黑龙江高教研究，2012（12）：26-30.

张立忠，熊梅.论教师实践性知识的内涵与结构[J].课程·教材·教法，2010（4）：89-95.

张茂林.教师专业成长与 PCK 的互动研究[J].教育研究与实验，2016（4）：40-44.

张容，陈培玲，陈磊.构建"教师教学发展"体系 提升本科教学质量[J].中国高校师资研究，2012（2）：51-53.

张熙.分布式领导视域下高校教师教学发展的组织建设[J].高校教育管理，2017（5）：102-109.

张湘韵.从大学教学与科研的关系看大学文化的嬗变[J].高校教育管理，2015（2）：34-37.

张漾滨.关于提高高校青年教师教学力的若干思考[J].湖南社会科学，2009（4）：160-162.

张银霞.情境学习理论视角下高校初任教师的教学发展与创新——基于国内两所高校的质性分析[J].中国人民大学教育学刊，2014（3）：127-138.

赵超.布尔迪厄的知识社会学及对法国知识社会学传统的继承与发展[D].天津：南开大学，2009：11.

赵建中.校园文化与学生素质教育[J].青海师范大学学报(哲学社会科学版),1999(2):109-112.

赵世旻.提高课堂教学力应有这样几种意识[J].贵州教育,2010(22):24-25.

赵学凯.外语电化教学实践应注意的问题[J].中国电化教育,2001(3):23-25.

赵艳,赵蔚,李绿山,刘东亮.学习分析视域下小学教师整合技术的学科教学知识(TPACK)研究——以东北 C 市为例[J].现代远距离教育,2015(5):42-48.

赵义泉,刘宝忠,钟萌萌."心理资本教学"理论建构[J].现代中小学教育,2014(1):88-91.

郑武,吴枫,邓欣.浅谈高职院校内涵建设中的教与学[J].科教导刊,2014(9):182-183.

周川.简明高等教育学[M].南京:河海大学出版社,2006:197.

周光礼,马海泉.教学学术能力:大学教师发展与评价的新框架[J].教育研究,2013(8):37-47.

周卫勇.构建以教育教学能力为目标取向的本科小学教育专业教学体系[J].课程·教材·教法,2010(8):88-92.

周详,杨斯喻.从"科教分立"到"科教融合":大学功能的结构、变迁与实现[J].首都师范大学学报(社会科学版),2017(3):153-159.

周永清.关于教师资本与教师教学习性关系的辩证思考[J].教书育人,2009(8):12-14.

朱继洲.建设具有本校特色的教师教学发展中心[J].高等工程教育研究,2014(4):89-93.

朱继洲.建设一流研究型大学必须重视青年教师的教学发展[J].中国大学教学,2013(4):20-22.

朱晓苑,费红艳.创新模式下英语教师的主体作用[J].中国大学教学,

2007(5):84-86.

（二）外文文献

Abdek F,BouJaoude S. An exploratory study of the knowledge base for science teaching[J]. Journal of Research in Science Teaching,1997,34(7):673-699.

Abu J M,Shawareb A. Classroom teachers' technology pedagogical content knowledge in Jordan［C］//The 6th international conference on education,research and innovation. Seville,Spain,2013:1008-1014.

Adams P E,Krockover G H. Beginning science teacher cognition and its origins in the preservice secondary science teacher program[J]. Journal of Research in Science Teaching,1997,34(6):633-653.

Akoumianakis D,Alexandraki C. Collective practices in common information spaces:Insight from two case studies［J］. Human Computer Interaction,2012,27(4):311-351.

Alake T E,Biemans H J A,Tobi H,et al. Inquirybased science teaching competence of primary school teachers:A Delphi study[J]. Teaching and Teacher Education,2013,7(35):13-24.

Alestete J W. Post-tenure Taculty Development:Building a System for Faculty Development and Appreciation[M]. Francisco:Jossey-Bass,2000:50.

Altbach P G. Academic freedom:International realities and challenges[J]. Higher Education,2001(41):205-219.

Altun T. Examination of classroom teachers' technological pedagogical and content knowledge on the basis of their demographic profiles［J］. Croatian Journal of Education-Hrvatski Casopis za Odgoj i obrazovanje,2013,15(2):365-397.

Anderson M S. The complex relations between the academy and industry:Views from the literature[J]. The Journal of Higher Education,

2000,72(2):227.

Anderson S E, Putman R S. Special education teachers' experience, confidence, beliefs and knowledge about integrating technology[J]. Journal of Special Education Technology,2020,35(1):37-50.

Andrews T C, Auerbach A J J, Grant E F. Exploring the relationship between teacher knowledge and active-learning implementation in large college biology courses[J]. CBE-LIFE Sciences Education,2019,18(4):48.

Annetta L A, Frazier W M, Folta E, et al. Science teacher efficacy and extrinsic factors toward professional development using video games in a design-based research model: The next generation of STEM learning[J]. Journal of Science Education and Technology,2013,22(1):47-61.

Atran S, Medin D, Ross N. Evolution and devolution of knowledge: A tale of two biologies[J]. Journal of the Royal Anthropological Institute, 2004,10(2):395-420.

Aubry M, Muller R, Glueckler J. Exploring PMOs through community of practice theory[J]. Project Management Journal,2011,42(5):42-56.

Austin Z, Duncan H W. Faculty, student and practitioner development within a community of practice[J]. American Journal of Pharmaceutical Education,2005,69(3):55.

Ball D L, Thames M H, Phelps G. Content knowledge for teaching what makes it special[J]. Journal of Teacher Education, 2008, 97 (5): 389-407.

Barab S A, MaKinster J G, Scheckler R. Designing system dualities: Characterizing a web supported professional development community[J]. Information Society,2003,59(3):237-256.

Baran B, Cagiltay K. Motivators and barriers in the development of online communities of practice [C]//Annual meeting of the american educational

research association. Eurasian Journal of Educational Research，2010（39）：
79-96.

Baran E,Chuang H H,Thompson A. TPACK：An emerging research
and development tool for teacher educators[J]. Turkish Online Journal of
Educational Technology,2011,19(4):370-377.

Baran E，Correia A P，Thompson A D. Tracing successful online
teaching in higher education：Voices of exemplary online teachers[J].
Teachers College Record,2013,10(3):3.

Barnard A，Croft W，Irons R，et al. Peer partnership to enhance
scholarship of teaching：A case study[J]. Higher Education Research &
Development,2011,30(4):435-448.

Barnett S，Jones S C，Bennett S，et al. Usefulness of a virtual
community of practice and Web 2.0 tools for general practice training：
Experiences and expectations of general practitioner registrars and
supervisors[J]. Australian Journal of Primary Health, 2013, 19（4）：
292-296.

Beckman T J,Cook D A,Mandrekar J N. What is the validity evidence
for assessments of clinical teaching? [C]//Annual scientific meeting of the
association for the study of medical education. Tyne，England：Journal of
General Internal Medicine,2005(12):1159-1164.

Beckman T J，Ghosh A K，Cook D A，et al. How reliable are
assessments of clinical teaching? A review of the published instruments
[C]//The 27th annual meeting of the society of general internal medicine.
Chicago,IL:Journal of General Internal Medicine,2004(9):971-977.

Beijaard D，Meijer P C，Verloop N. Reconsidering research on teachers'
professional identity[J]. Teaching and Teacher Education,2004,20(2):107-128.

Belenky D M, Nokes M, Timothy J. Mastery approach goals and

knowledge transfer：An investigation into the effects of task structure and framing instructions[J]. Learning and Individual Differences,2004,36(1)：53-73.

Bell A,Mladenovic R,Segara R. Supporting the reflective practice of tutors：What do tutors reflect on？ [J]. Teaching in Higher Education,2010,15(1)：57-70.

Benson S N K,Ward C L. Teaching with technology：Using TPACK to understand teaching expertise in online higher education[J]. Journal of Educational Computing Research,2013,48(2)：153-172.

Bergquist W H,Phillips S R. A Handbook for Faculty Development[M]. Washington,D. C. ：The Council for the Advancement of Small Colleges,1975：3-4.

Bertram C,Mthiyane N,Mukeredzi T. It will make me a real teacher：Learning experiences of part time PGCE students in South Africa[J]. International Journal of Education Development,2013,33(5)：448-456.

Bertram R, Culver D M, Gilbert W. An university sport coach community of practice：Using a value creation framework to explore learning and social interactions[J]. International Journal of Sports Science & Coaching,2017,12(3)：287-302.

Bicchi F. Europe under occupation：The European diplomatic community of practice in the Jerusalem area[J]. European Security,2016,25(4)：461-477.

Bledsoe G B. Faculty development in higher education enhancing a national resource[R]. Washington,D. C. ：National Education Association,1991：11-12.

Bloemeke S,Suhl U,Kaiser G. Teacher education effectiveness：Quality and equity of future primary teachers' mathematics and mathematics pedagogical content knowledge[J]. Journal of Teacher Education,2011,62 (2):154-171.

Bogler R,Caspi A,Roccas S. Transformation and passive leadership: An initial investigation of university instructors as leaders in a virtual learning environment [J]. Educational Management Administration & Leadership,2013,62(3):372-392.

Bok D. Universities in the marketplace: The commercialization of higher education[M]. Princeton:Princeton University Press,2003:3.

Borzillo S,Kaminska L R. Unravelling the dynamics of knowledge creation in communities of practice though complexity theory lenses[J]. Knowledge Management Research & Practice,2011,9(4):353-366.

Bourdieu P, Wacquant L. An invitation to reflexive Sociology[M]. Chicago:The University of Chicago Press,1992:101,106.

Bourdieu P. Handbook of Theory and Research for Sociology of Education[M]. New York:Greenwood Press,1986:248.

Bourdieu P. In other words:Essays toward a reflexive sociology [M]. Stanford:Stanford University Press,1990:65.

Bourdieu P. Outline of a theory of practice [M]. Cambridge: Cambridge University Press,1977:82-83,214.

Bourdieu P. Education:Culture,economy and society[M]. New York: Oxford University Press,1989:46-58.

Bourhis A,Dube L. Structuring spontaneity:Investigating the impact of management practices on the success of virtual communities of practice [J]. Journal of Information Science,2010,36(2):175-193.

Boylan M. Ecologies of participation in school classrooms [J]. Teaching and Teacher Education,2010,26(1):61-70.

Bozkurt A,Keefer J. Participatory learning culture and community formation in connectivist MOOCs[J]. Interactive Learning Environments, 2018,26(6):776-788.

Brazer S D, Bauer S C. Preparing instructional leaders: A model[J]. Educational Administration Quarterly,2013,49(4):645-684.

Brew A, Ginns P. The relationship between engagement in the scholarship of teaching and learning and students' course experiences[J]. Assessment & Evaluation in Higher Education,2008,33(5):535-545.

Bridges S, Chang J W W, Chu C H, et al. Blended learning in situated contexts:3-year evaluation of an online peer review project[J]. European Journal of Dental Education,2014,18(3):170-179.

Brunner M, Kunter M, Krauss S, et al. How is the content specific professional knowledge of mathematics teachers related to their teacher education and in-service training? [J]. Zeitschrift fur Erziehungswissenschaft,2006,9(4): 521-544.

Bucholtz M. "Why be normal?":Language and identity practices in a community of nerd girls[J]. Language in Society,1999,28(2):203-223.

Carpenter T P, Fennema E, Franke M L. Cognitively guided instruction: A knowledge base for reform in primary mathematics instruction[J]. Elementary School Journal,1996,97(1):3-20.

Cawyer C S,Simonds C,Davis S. Mentoring to facilitate socialization: The case of the new faculty member [J]. International Journal of Qualitative Studies in Education,2002,15(2): 225-242.

Cebrian G. The I3E model for embedding education for sustainability within higher education institutions [J]. Environmental Education Research,2018,24(2):153-171.

Celik I, Sahin I, Akturk A O. Analysis of the relations among the components of technological pedagogical and content knowledge(TPACK):

A structural equation model [J]. Journal of Educational Computing Research,2014,51(1):1-22.

Chai C S,Chin C K,Koh J H L,et al. Exploring Singaporean Chinese language teachers' technological pedagogical content knowledge and its relationship to the teachers' pedagogical beliefs[J]. Asia-Pacific Education Researcher,2013,22(4):657-666.

Chai C S, Koh J H L, Tsai C C, et al. Modeling primary school preservice teachers' technological pedagogical content knowledge (TPACK) for meaningful learning with information and communication technology (ICT)[J]. Computers & Education,2011,57(1):1184-1193.

Chai C S,Koh J H L,Tsai C C. Exploring the factor structure of the constructs of technological,pedagogical,content knowledge (TPACK)[J]. Asia-Pacific Education Researcher,2011,20(3):595-603.

Chai C S, Koh J H L, Tsai C C. Facilitating preservice teachers' development of technological, pedagogical and content knowledge (TPACK)[J]. Educational Technology & Society,2010,13(4):63-73.

Chai C S,Koh J H L,Tsai C C. A review of technological pedagogical content knowledge[J]. Educational Technology & Society, 2013, 16 (2): 31-51.

Chai C S, Lim C P. The internet and teacher education:Traversing between the digitized world and schools[J]. Internet and Higher Education, 2011,14(1):3-9.

Cheah Y H,Chai C S,Toh Y. Traversing the context of professional learning communities:Development and implementation of technological pedagogical content knowledge of a primary science teacher[J]. Research in Science & Technological Education,2019,37(2):147-167.

Chen W Y, Rovegno I. Examination of expert and novice teachers' constructivist oriented teaching practices using a movement approach to elementary physical education［J］. Research Quarterly for Exercise and Sport,2000,71(4):357-372.

Chen X N. Identity construction and negotiation within and across school communities:The case of one English as a new language (ENL) student［J］. Journal of Language Identity and Education,2010,9(3):163-179.

Cheung C M K, Lee M K O, Lee Z W Y. Understanding the continuance intention of knowledge sharing in online communities of practice through the post knowledge sharing evaluation processes［J］. Journal of the American Society for Information Science and Technology,2013,64(7):1357-1374.

Clark J M,Houston T K,Kolodner K,et al. Teaching the teachers national survey of faculty development in departments of medicine of US teaching hospitals［J］. Journal of General Internal Medicine,2004,59(3):205-214.

Coleman J S, et al. Equality of educational opportunity［M］. Washington,D. C. :Government Printing Office,1966:280.

Cottrell S A,Jones E A. Researching the scholarship of teaching and learning:An analysis of current curriculum practices［J］. Innovative Higher Education,2003 (3):169-181.

Cowling W R. Pattern,participation,praxis and power in unitary appreciative inquiry［J］. Advances in Nursing Science,2004,27(3):202-214.

Crooks S M,Klein J D,Savenye W,et al. Effects of cooperative and individual learning during learnercontrolled computerbased instruction［J］. Journal of Experimental Education,1998,66(3):223-244.

Crow M L,et al. Faculty development centers in southern universities [M]. Atlanta:Southern Region Education Board,1976:3.

Cutler K,Bersani C,Hutchins P,et al. Laboratory schools as places of inquiry: A collaborative journey for two laboratory schools [J]. Early Education and Development,2012,23(2):242-258.

Davidowitz B,Potgieter M. Use of the Rasch measurement model to explore the relationship between content knowledge and topic specific pedagogical content knowledge for organic chemistry [J]. International Journal of Science Education,2016,38(9):1483-1503.

De F A. Code-switching and the construction of ethnic identity in a community of practice[J]. Language in Society,2007,36(3):371-392.

De J E, Bitzer E. Student eterugvoer-perspektief op "top-" universiteitsdosente se onderrig a student feedback perspective on the teaching of "top" university lecturers[J]. Tydskrif vir Geesteswetenskappe,2013,53(4):651-667.

De W M, Beurskens A, Piskur B, et al. Preparing researchers for patient and public involvement in scientific research: Development of a hands-on learning approach through action research [J]. Health Expectations,2018,21(4):752-763.

Dennick R. Long-term retention of teaching skills after attending the teaching improvement project: A longitudinal, self-evaluation study[J]. Medical Teacher,2003,25(3):314-318.

Dewi F,Lengkanawati N S,Purnawarman P. Teachers' consideration in technology integrated lesson design A case of indonesian EFL teachers[J]. International Journal of Emerging Technologies in Learning,2019,14(18):92-107.

Dezhamkhooy M. The interaction of body, things and the others in constituting feminine identity in lower socio-economic ranks of Bam，Iran[J]. Archaeol Journal of the World Archaeological Congress，2011，7（2）：372-386.

Diamond C T P. Accounting for our accounts-autoethnographic approaches to teacher voice and vision[J]. Curriculum Inquiry，1992，22(1)：67-81.

Dixon C，Brandt C. Contrasting facilitation styles for sustainable learning［C］//The 10th international technology，education and development conference. Valencia，Spain：INTED Proceedings，2016：862-870.

Dochy F，Alexander P A. Mapping prior knowledge frame work for discussion among researchers［J］. European Journal of Psychology of Education，1995，10(3)：225-242.

Doolan M A. The role of the tutor：Guiding learners through the process of collaborative learning driven by assessment［C］//3rd international conference on education and new learning technologies. Barcelona，Spain，2011：3311-3319.

Dotger S，McQuitty V. Describing elementary teachers' operative systemsa case study[J]. Elementary School Journal，2014，115(1)：73-96.

Duguid P. "The art of knowing"：Social and tacit dimensions of knowledge and the limits of the community of practice[J]. Information Society，2005，21(2)：109-118.

Duncan H W，Austin Z. Pharmacy schools as expert communities of practice? A proposal to radically restructure pharmacy education to optimize learning[J]. American Journal of Pharmaceutical Education，2005，63(3)：54.

Easton L B. From professional development to professional learning

[J]. Phi Delta Kappan,2008:755-761.

Elbaz F. Research on teachers' knowledge: The evolution of a discourse[J]. Journal of Curriculum Studies,1991,23(1):1-19.

Elliott J. Action research for educational change[M]. Philadelphia: Open University Press,1991:1-42.

El-Hani C N,Greca I M. ComPratica:A virtual community of practice for promoting biology teachers' professional development in Brazil[J]. Research in Science Education,2013,43(4):1327-1359.

Feixas M,Fernandez A,Lagos P,et al. Factors conditioning university teachers' training transference: A study on teachers' transfer of competencies[J]. Infancia Y Aprendizaje,2013,36(3):401-416.

Figg C,Jamani K J. Exploring teacher knowledge and actions supporting technology enhanced teaching in elementary schools: Two approaches by preservice teachers[J]. Australasian Journal of Educational Technology,2011,27(7):1227-1246.

Ford D P,Mason R M. A multilevel perspective of tensions between knowledge management and social media[J]. Journal of Organizational Computing and Electronic Commerce,2013,23(1-2):7-33.

Fung K F M,Boushey R P,Morash R. Exploring a "community of practice" methodology as a regional platform for large scale collaboration in cancer surgery the Ottawa approach[J]. Current Oncology,2014,21(1):13-18.

Gao P, Chee T S, Wang L L, et al. Self reflection and preservice teachers' technological pedagogical knowledge:Promoting earlier adoption of student-centred pedagogies [J]. Australian Journal of Educational Technology,2011,27(6):997-1013.

Gardner K, Bridges S, Walmsley D. International peer review in undergraduate dentistry: Enhancing reflective practice in an online community of practice[J]. European Journal of Dental Education,2012,16(4):208-212.

Gau W B. How to construct shared repertoire in older adults' communities of practice[J]. Journal of Adult Development,2016,23(3):129-139.

Gelula M H,Yudkowsky R. Using standardised students in faculty development workshops to improve clinical teaching skills[J]. Medical Education,2003,37(7):621-629.

Gess N J,Southerland S A,Johnston A,et al. Educational reform, personal practical theories and dissatisfaction:The anatomy of change in college science teaching[J]. American Educational Research Journal,2003, 40(3):731-767.

Gillies R M. Developments in cooperative learning:Review of research [J]. Anales de Psicología,2014,30(3):792-801.

Glazer E M,Hannafin M J. The collaborative apprenticeship model: Situated professional development within school settings[J]. Teaching and Teacher Education,2006,22(2):179-193.

Gleeson M,Tait C. Teachers as sojourners:Transitory communities in short study abroad programmers[J]. Teaching and Teacher Education, 2012,28(8):1144-1151.

Glicksman R,Ang M,Murray E,et al. Improving quality of radiation therapy care across Ontario using a community of practice approach[J]. Practical Radiation Oncology,2019,9(2):242-248.

Goel A,Goel S. The surgeon as educator:Fundamentals of faculty training in surgical specialties[J]. BJU International, 2013, 111(5): 256-266.

Goodnough K. Enhancing pedagogical content knowledge through self-study: An exploration of problem-based learning [J]. Teaching in Higher Education, 2006, 11(3): 301-318.

Graeger N. European security as practice: EU-NATO communities of practice in the making? [J]. European Security, 2016, 25(4): 478-501.

Graham C R. Theoretical considerations for understanding technological pedagogical content knowledge (TPACK)[J]. Computers & Education, 2011, 57 (3): 1953-1960.

Gray D W R. A system of recognition for excellence in medical teaching[J]. Medical Teacher, 1999, 21(5): 497-499.

Green W, Hibbins R, Houghton L, et al. Reviving praxis: Stories of continual professional learning and practice architectures in a faculty based teaching community of practice[J]. Oxford Review of Education, 2013, 39 (2): 247-266.

Greene E A, Griffin A S, Whittle J, et al. Development and usage of extension's HorseQuest: An online resource[J]. Journal of Animal Science, 2010, 88(8): 2829-2837.

Griffith T L, Sawyer J E. Multilevel knowledge and team performance [J]. Journal of Organizational Behavior, 2010, 31(7): 1003-1031.

Griffith T L, Sawyer J E. Supporting technologies and organizational practices for the transfer of knowledge in virtual environments[J]. Group Decision and Negotiation, 2006, 15(4): 407-423.

Grossschedl J, Mahler D, Kleickmann T, et al. Content related knowledge of biology teachers from secondary schools: Structure and learning opportunities[J]. International Journal of Science Education, 2014, 36(14): 2335-2366.

Gudmundsen A C, Norbye B, Dahlgren M A, et al. Interprofessional student meetings in municipal health service-mutual learning towards a community of practice in patient care[J]. Journal of Interprofessional Care, 2019,33(1):93-101.

Guiding Principles[EB/OL]. (2010-10-27)[2015-03-24]. http://www. princeton. edu/hr/learning/principles/.

Guldberg K, Mackness J. Foundations of communities of practice: Enablers and barriers to participation[J]. Journal of Computer Assisted Learning,2009,25(6):528-538.

Gurung R A R, Ansburg P I, Alexander P A, et al. The state of the scholarship of teaching and learning in psychology [J]. Teaching of Psychology,2008,35(4):249-261.

Hall W A. Consumerism and consumer complexity: Implications for university teaching and teaching evaluation[J]. Nurse Education Today, 2013,33(7):720-723.

Hamel C,Benyoucef M,Kuziemsky C. Determinants of participation in an Inuit online community of practice[J]. Knowledge Management Research & Practice,2012,10(1):41-54.

Hanson C. So T L. SHE and the evidence of an incomplete paradigm shift:A response to "the scholarship of teaching and learning-done by sociologists:Let's make that the sociology of higher education" -Reply[J]. Teaching Sociology,2005,33(4):421-424.

Harvey J F,Cohendet P,Simon L,et al. Another cog in the machine: Designing communities of practice in professional bureaucracies [J]. European Management Journal,2013,31(1):27-40.

Helena P H L,Salinas A B. Strengthening TPACK:A broader notion of context and the use of teacher's narratives to reveal knowledge construction[J]. Journal of Educational Computing Research,2013,48(2): 223-244.

Henze I, van D J H, Verloop N. Science teachers' knowledge about teaching models and modelling in the context of a new syllabus on public understanding of science[J]. Research in Science Education,2007,37(2): 99-122.

Herrmann N. Supervisor evaluation from theory to implementation[J]. Academic Psychiatry,1996,20(4):205-211.

Ho L A,Kuo T H. How system quality and incentive affect knowledge sharing [J]. Industrial Management & Data Systems, 2013, 113 (7): 1048-1063.

Ho M T P, Jung J J. Contextual syndication based on tag correspondences:A case study of Flickr[J]. Information An International Interdisciplinary Journal,2011,14(11):3623-3629.

Hofius M. Community at the border or the boundaries of community? The case of EU field diplomats[J]. Review of International Studies,2016, 42(5):939-967.

Houston T K,Ferenchick G S,Clark J M,et al. Faculty development needs comparing community-based and hospital-based internal medicine teachers[J]. Journal of General Internal Medicine,2004,19(4):375-379.

Howlett C, Arthur J M, Ferreira J A. Good CoPs and bad CoPs: Facilitating reform in first year assessment via a community of practice[J]. Higher Education Research & Development,2016,35(4):741-754.

Hsu H Y, Wang S K, Runco L. Middle school science teachers' confidence and pedagogical practice of new literacies[J]. Journal of Science Education and Technology,2013,22(3):314-324.

Hughes J E. Descriptive indicators of future teachers' technology integration in the PK-12 classroom:Trends from a lap top-infused teacher education program[J]. Journal of Educational Computing Research,2013,

48(4):491-516.

Hume A,Berry A. Enhancing the practicum experience for preservice chemistry teachers through collaborative CoRe design with mentor teachers [J]. Research in Science Education,2013,43(5):2107-2136.

Hunuk D. A physical education teacher's journey: From district coordinator to facilitator[J]. Physical Education and Sport Pedagogy,2017, 22(3):301-315.

Ibrahim N H,Surif J,Arshad M Y,et al. Self reflection focusing on pedagogical content knowledge[C]//International conference on teaching and learning in higher education in conjunction with regional conference on engineering education and research in higher education. Procedia Social and Behavioral Sciences,2012(56):474-482.

J Potter,"Discursive analysis",In Handbook of data analysis,edited by M Hardy,A Bryman[C]. London:Sage Publication,2004:607-610.

Jackson B,Hauk S,Tsay J J,et al. Professional development for mathematics teacher educators: Need and design [J]. Mathematics Enthusiast,2020,17(2-3):537-582.

Jamani K J,Figg C. The TPACK-in-practice workshop approach: A shift from learning the tool to learning about technology-enhanced teaching [C]//The 8th international conference on e-learning. Cape Peninsula Univ Technol,Cape Town,South Africa, 2013:215-223.

Jawitz J. Learning in the academic workplace: The harmonization of the collective and the individual habitus[J]. Studies in Higher Education, 2009(34):6,601-614.

Jeppesen L B,Laursen K. The role of lead users in knowledge sharing [J]. Research Policy,2009,38(10):1582-1589.

Jerry G G. Toward faculty renewal:Advances in faculty,instructional, and organizational development[M]. San Francisco: Jossey-Bass, 1975: 14-16.

Johannesen M, Habib L. The role of professional identity in patterns of use of multiple choice assessment tools[J]. Technology Pedagogy and Education, 2010,19(1):93-109.

Jones M G, Carter G, Rua M J. Children's concepts: Tools for transforming science teachers' knowledge[J]. Science Education, 1999, 83 (5):545-557.

Jose L M, Beatriz J, Lorena C. Pedagogical content knowledge in higher education:A multiple case study at the University of Barcelona[C]//The 3rd international conference of education, research and innovation. Madrid, Spain,2010:1143-1155.

Justi R, van D J. A case study of the development of a beginning chemistry teacher's knowledge about models and modelling[J]. Research in Science Education,2005,35(2-3):197-219.

Kabilan M K. Using Facebook as an e-portfolio in enhancing preservice teachers' professional development[J]. Australian Journal of Educational Technology,2016,32(1):19-31.

Kay Y K. Enacting viewing skills with apps to promote collaborative mathematics learning[J]. Educational Technology & Society,2016,19(2): 378-390.

Kennedy M M. Education reform and subject matter knowledge[J]. Journal of Research in Science Teaching,1998,35(3):249-263.

Kim H J, Miller H R, Herbert B, et al. Using a Wiki in a scientist teacher professional learning community: Impact on teacher perception changes[J]. Journal of Science Education and Technology,2012,21(4):440-452.

Kim Y S, Merriam S B. Situated learning and identity development in a

Korean older adults' computer classroom[J]. Adult Education Quarterly, 2010,60(5):438-455.

Kinchin I M, Lygo B S, Hay D B. Universities as centres of non-learning[J]. Studies in Higher Education,2008,33(3):89-103.

King N R. Re-contextualising the curriculum [J]. Theory into Practice,1986,25(1):36-40.

Kirkwood A, Price L. Missing: Evidence of a scholarly approach to teaching and learning with technology in higher education[J]. Teaching in Higher Education,2013,18(3):327-337.

Koenig J,Bloemeke S,Paine L,et al. General pedagogical knowledge of future middle school teachers:On the complex ecology of teacher education in the United States [J]. Journal of Teacher Education, 2011, 62 (2): 188-201.

Koenig J,Kaiser G,Felbrich A. Is pedagogical knowledge reflected in the competence-related self-assessments of future teachers? On the interrelation between knowledge and beliefs after completing teacher training[J]. Zeitschrift fur Padagogik,2012,58(4):476-491.

Kogan M. Higher education communities and academic identity[J]. Higher Education Quarterly, 2000,54(3):207-216.

Koh J H L, Chai C S, Tsai C C. Examining practicing teachers' perceptions of technological pedagogical content knowledge (TPACK) pathways:A structural equation modeling approach [J]. Instructional Science,2013,41(4):793-809.

Koh J H L. A rubric for assessing teachers' lesson activities with respect to TPACK for meaningful learning with ICT[J]. Australasian Journal of Educational Technology,2013,29(6):887-900.

Kokina J. Integration of teachers' emotions in pedagogical practice of natural sciences [C]//International scientific conference on society, integration and education. Rezekne, Lativa: Society, Integration, Education, Vol II, Sabiedriba Integracija Izglitiba Society Integration Education, 2011: 228-235.

Krachenberg A R. Bringing the concept of marketing to higher education[J]. Journal of Higher Education, 1972, 43(5): 369-380.

Kramarski B, Michalsky T. Preparing preservice teachers for self-regulated learning in the context of technological pedagogical content knowledge[J]. Learning and Instruction, 2010, 20(5): 434-447.

Kreber C, Castleden H, Erfani N, et al. Self-regulated learning about university teaching: An exploratory study [J]. Teaching in Higher Education, 2005, 10(1): 75-97.

Kreber C. Charting a critical course on the scholarship of university teaching movement[J]. Studies in Higher Education, 2005, 30(4): 389-405.

Kunter M, Klusmann U, Baumert J, et al. Professional competence of teachers: Effects on instructional quality and student development [J]. Journal of Educational Psychology, 2013, 105(3): 805-820.

Laanan F S, Starobin S S, Eggleston L E. Adjustment of community college students at a four-year university: Role and relevance of transfer student capital for student retention [J]. Journal of College Student Retention, 2010, 12(2): 175-209.

Lange K, Kleickmann T, Troebst S, et al. Subject-related didactic knowledge of teachers and multiple objectives in lessons on natural sciences [J]. Zeitschrift fur Erziehungswissenschaft, 2012, 15(1): 55-75.

Lara B, Canas F, Vidal A, et al. Knowledge management through two virtual communities of practice (Endobloc and Pneumobloc) [J]. Health Informatics Journal, 2017, 23(3): 170-180.

Lau W F, Yuen Allan H K. Educational technology training workshops for mathematics teachers: An exploration of perception changes [J]. Australasian Journal of Educational Technology, 2013, 29(4): 595-611.

Leavy A M, McSorley F A, Bote L A. An examination of what metaphor construction reveals about the evolution of preservice teachers' beliefs about teaching and learning[J]. Teaching and Teacher Education, 2007, 23(7): 1217-1233.

Lee K L, Turner N. PMO managers' self-determined participation in a purposeful virtual community of practice [J]. International Journal of Project Management, 2017, 35(1): 64-77.

Lee M H, Tsai C C. Exploring teachers' perceived self efficacy and technological pedagogical content knowledge with respect to educational use of the World Wide Web[J]. Instructional Science, 2010, 38(1): 1-21.

Lewis T. At the interface of school and work[J]. Journal of Philosophy of Education, 2005, 39(3): 421-441.

Liang J C, Chai C S, Koh J H L, et al. Surveying in-service preschool teachers' technological pedagogical content knowledge [J]. Australasian Journal of Educational Technology, 2013, 29(4): 581-594.

Lin T C, Tsai C C, Chai C S, et al. Identifying science teachers' perceptions of technological, pedagogical and content knowledge (TPACK) [J]. Journal of Science Education and Technology, 2013, 22(3): 325-336.

Lindkvist L. Knowledge communities and knowledge collectivities: A typology of knowledge work in groups[J]. Journal of Management Studies, 2005, 42(6): 1189-1210.

Liu Y C, Xu Y T. The trajectory of learning in a teacher community of practice: A narrative inquiry of a language teacher's identity in the workplace[J]. Research Papers in Education, 2013, 28(2): 176-195.

Lueddeke G R. Professionalising teaching practice in higher education: A study of disciplinary variation and "teaching-scholarship"[J]. Studies in Higher Education,2003,28(2):213-228.

Luft J A. Teachers' salient beliefs about a problem-solving demonstration classroom in-service program [J]. Journal of Research in Science Teaching,1999,36(2):141-158.

Lund O,Ravn S,Christensen M K. Jumping together:Apprenticeship learning among elite trampoline athletes[J]. Physical Education and Sport Pedagogy,2014,19(4):383-397.

Luo Y P,Fang S K,Liu L N,et al. Research and application of teaching evaluation in university[C]//2011International conference on education and education management. Xiamen, PRC: Education and Education Management,Advances in Education Research,2011(2):591-595.

Lux N J, Bangert A W, Whittier D B. The development of an instrument to assess preservice teacher's technological pedagogical content knowledge[J]. Journal of Educational Computing Research,2011,45(4):415-431.

Maclellan E. The significance of motivation in student-centred learning:A reflective case study[J]. Teaching in Higher Education,2008,13(4):411-421.

Macphail A,Patton K,Parker M,et al. Leading by example:Teacher educators' professional learning through communities of practice [J]. Quest,2014,66(1):39-56.

Mak B C N,Chui H L. Colleagues' talk and power after work hours:A community of practice in Facebook status updates[J]. Discourse Context & Media,2013,2(2):94-102.

Malie S, Akir O, Eng T H. Is students' performance affected by teaching quality and student on line feedback? [C]//The 4th international conference of education, research and innovation. Madrid, Spain, 2011: 6139-6145.

Marques M M, Loureiro M J, Marques L. The dynamics of an online community of practice involving teachers and researchers[J]. Professional Development in Education, 2012, 42(2): 235-257.

Marquis E. Developing through organized scholarship institutes[J]. Teaching & Learning Inquiry: The ISSOTL Journal, 2015, 3(2): 19-36.

Marra M, Holmes J. Constructing ethnicity in New Zealand workplace stories[J]. Text & Talk, 2008, 28(3): 397-419.

Marshall C, Rossman G B. Designing Qualitative Research(2nd.)[M]. Thousand Oaks, CA: Sage, 1995: 143-145.

Mavhunga E. Transfer of the pedagogical transformation competence across chemistry topics[J]. Chemistry Education Research and Practice, 2016, 17(4): 1081-1097.

McAlpine L, Weston C. Reflection: Issues related to improving professors' teaching and students' learning[J]. Instructional Science, 2000, 28(5-6): 363-385.

McAndrew M, Motwaly S, Kamens TE. Long-term follow-up of a dental faculty development program[J]. Journal of Dental Education, 2013, 77(6): 716-722.

McCaughtry N, Tischler A, Flory S B. The ecology of the gym: Reconceptualized and extended[J]. Quest, 2008, 60(2): 268-289.

McDowell J. Talk in feminised occupations: Exploring male nurses' linguistic behaviour[J]. Gender and Language, 2015, 9(3): 1-18.

Meijer P C, Verloop N, Beijaard D. Exploring language teachers' practical knowledge about teaching reading comprehension[J]. Teaching and Teacher Education,1999,15(1):59-84.

Meijer P C, Verloop N, Beijaard D. Similarities and differences in teachers' practical knowledge about teaching reading comprehension[J]. Journal of Educational Research,2001,94(3):171-184.

Mikeska J N, Shattuck T, Holtzman S, et al. Understanding science teaching effectiveness: Examining how science-specific and generic instructional practices relate to student achievement in secondary science classrooms[J]. International Journal of Science Education,2017,39(18): 2594-2623.

Moje E B, Wade S E. What case discussions reveal about teacher thinking[J]. Teaching and Teacher Education,1997,13(7):691-712.

Morton T,Gray J. Personal practical knowledge and identity in lesson planning conferences on a preservice TESOL course[J]. Language Teaching Research,2010,14(3):297-317.

Mulholland J,Wallace J. Growing the tree of teacher knowledge: Ten years of learning to teach elementary science[J]. Journal of Research in Science Teaching,2005,42(7):767-790.

Murthy D, Rodriguez A, Kinstler L. The potential for virtual communities to promote diversity in the sciences[J]. Current Sociology, 2013,61(7):1003-1020.

Nambiar R M K,Thang S M. Examining Malaysian teachers' online blogs for reflective practices: Towards teacher professional development [J]. Language and Education,2016,30(1):43-57.

Ndlovu M. Mathematics and science teachers' perceptions of their CTPD and the learner-centredness of their teaching practices:A case study of a professional development initiative in a South African province[C]// The 6th international conference on education, research and innovation.

Seville,Spain,2013:3130-3138.

Nespor J,Barylske J. Narrative discourse and teacher knowledge[J]. American Educational Research Journal,1991,28(4):805-823.

Neufeld D,Fang Y L,Wan Z Y. Community of practice behaviors and individual learning outcomes[J]. Group Decision and Negotiation,2013,22 (4):617-639.

Nistor N,Daxecker I,Stanciu D,et al. Sense of community in academic communities of practice:Predictors and effects[J]. Higher Education,2015, 69(2):257-273.

Nithithanatchinnapat B, Taylor J, Joshi K D, et al. Organizational communities of practice: Review, analysis and role of information and communications technologies[J]. Journal of Organizational Computing and Electronic Commerce,2016,26(4):307-322.

Olivares L R B, Costa D L L B, Queiroz S L. Business games: Application to quality management in undergraduate chemistry teaching [J]. Química Nova,2011,34(10):1811-1817.

Olson M R,Craig C J. Opportunities and challenges in the development of teachers' knowledge: The development of narrative authority through knowledge communities[J]. Teaching and Teacher Education,2001,17(6): 667-684.

Orlander J D, Gupta M, Fincke B G, et al. Co-teaching: A faculty development strategy[J]. Medical Education,2000,34(4):257-265.

Ostashewski N,Moisey S,Reid D. Applying constructionist principles to online teacher professional development [J]. International Review of Research in Open and Distributed Learning,2011,12(6):143-156.

Pamela A. The role of scholarship of teaching in faculty development: Exploring an inquiry-based model [J]. International Journal of the

Scholarship of Teaching and Learning,2009,3(1):1-24.

Pamuk S. Understanding preservice teachers' technology use through TPACK framework[J]. Journal of Computer Assisted Learning,2012,28(5):425-439.

Parker J. The synthesis of subject and pedagogy for effective learning and teaching in primary science education[J]. British Educational Research Journal,2004,30(6):819-839.

Parker M,Patton K,Madden M,et al. From committee to community: The development and maintenance of a community of practice[J]. Journal of Teaching in Physical Education,2010,29(4):337-357.

Paz M E. Educational inclusion of students in situation of disability in higher education:A systematic review[J]. Teoria De La Education,2020,32(1):123-146.

Pharo E J, Davison A, Warr K, et al. Can teacher collaboration overcome barriers to interdisciplinary learning in a disciplinary university? A case study using climate change[J]. Teaching in Higher Education, 2012,17(5):497-507.

Pharo E,Davison A,McGregor H,et al. Using communities of practice to enhance interdisciplinary teaching: Lessons from four Australian institutions[J]. Higher Education Research & Development,2014,33(2): 341-354.

Pickford R,Brown S. Themes,orientations,synergies and a shared agenda:The first 20 years of the SEDA series of books[J]. Innovations in Education and Teaching International,2013,50(4):331-343.

Plemmons D K, Kalichman M W. Reported goals of instructors of responsible conduct of research for teaching of skills [J]. Journal of Empirical Research on Human Research Ethics,2013,8(2):95-103.

Pololi L H, Frankel R M. Humanising medical education through faculty development: linking self-awareness and teaching skills[J]. Medical Education, 2005, 39(2): 154-162.

Price D A, Mitchell C A. A model for clinical teaching and learning [J]. Medical Education, 1993, 27(1): 62-68.

Printy S M. Leadership for teacher learning: A community of practice perspective[J]. Educational Administration Quarterly, 2008, 44(2): 187-226.

Proweller A, Mitchener C P. Building teacher identity with urban youth: Voices of beginning middle school science teachers in an alternative certification program[J]. Journal of Research in Science Teaching, 2004, 41 (10): 1044-1062.

Putney L A G, Broughton S H. Developing collective classroom efficacy: The teacher's role as community organizer[J]. Journal of Teacher Education, 2011, 62(1): 93-105.

Ratsoy G R. The role of faculty in connecting Canadian undergraduate arts and humanities students to scholarly inquiries into teaching: A case for purposeful experiential learning[J]. Canadian Journal for the Scholarship of Teaching and Learning, 2016, 7(1): 2.

Reynolds A. Charting the changes in junior faculty: Relationships among socialization, acculturation and gender[J]. The Journal of Higher Education, 1992, 63(6): 637-652.

Ribeiro R, Kimble C, Cairns P. Quantum phenomena in Communities of practice[C]//The 14th annual conference of the United Kingdom a cademy for information system. International Journal of Information Management, 2010, 30 (1): 21-27.

Riel M, Fulton K. The role of technology in supporting learning communities[J]. Phi Delta Kappan, 2001, 82(7): 518-523.

Robadue D J,Bowen R,Caille G,et al. Global networks of practice for coastal management[J]. Coastal Management,2010,38(3):291-316.

Roskos K,Neuman S B. Beginning kindergarten teachers planning for integrated literacy instruction[J]. Elementary School Journal,1995,31(2):195-215.

Roth K J, Wilson C D, Taylor J A, et al. Comparing the effects of analysis of practice and content based professional development on teacher and student outcomes in science [J]. American Educational Research Journal,2019,56(4):1217-1253.

Rovegno I, Bandhauer D. A study of the collaborative research process:Shared privilege and shared empowerment[J]. Journal of Teaching in Physical Education,1998,17(3):357-375.

Russ R S,Luna M J. Inferring teacher epistemological framing from local patterns in teacher noticing [J]. Journal of Research in Science Teaching,2013,50(3):284-314.

Sahraoui S. Revitalizing research in Gulf universities through the scholarship of teaching and learning [C]//International conference on higher education in the 21st, Ahlia Univ, Manama, Bahrain: Issues and Challenges,2008:129-137.

Saka M,Bayram H,Kabapinar F. The teaching processes of prospective science teachers with different levels of science-teaching self-efficacy belief [J]. Educational Sciences Theory & Practice,2016,16(3):915-942.

Savelli C J,Bradshaw A,Ben E P,et al. The FAO/WHO international food safety authorities network in review,2004-2018:Learning from the past and looking to the future[J]. Foodborne Pathogens and Disease,2019,16(7):480-488.

Schlager M S,Fusco J. Teacher professional development,technology and communities of practice: Are we putting the cart before the horse? [J]. Information Society,2003,19(3):203-220.

Schulte K, Boegeholz S, Watermann R. Teachers elf-efficacy and general pedagogical knowledge during teacher education[J]. Zeitschrift fur Erziehungswissenschaft,2008,11(2):268-287.

Schwen T M, Hara N. Community of practice: A metaphor for online design? [J]. Information Society,2003,19(3):257-270.

Sebren A. Preservice teachers reflections and knowledge development in a field-based elementary physical education methods course[J]. Journal of Teaching in Physical Education,1995,14(3):262-283.

Seung E, Bryan L A. Graduate teaching assistants' knowledge development for teaching a novel physics curriculum [J]. Research in Science Education,2010,40(5):675-698.

Seymour J R, Lehrer R. Tracing the evolution of pedagogical content knowledge as the development of interanimated discourses[J]. Journal of the Learning Sciences,2006,15(4):549-582.

Shanahan M C, Bechtel R. "We're taking their brilliant minds": Science teacher expertize, meta-discourse, and the challenges of teacher scientist collaboration[J]. Science Education,2020,10(2):354-387.

Siddique Z, Akasheh F, Okudan G E. Enhancing peer-learning using smart devices [C]//ASEE annual conference. Atlanta, GA: ASEE Annual Conference & Exposition,2013:1-12.

Simon M A, Tzur R. Explicating the teacher's perspective from the researchers' perspectives: Generating accounts of mathematics teachers' practice[J]. Journal for Research in Mathematics Education,1999,30(3):252-264.

Singh P. Oral assessment: Preparing learners for discourse in communities of practice[J]. Systemic Practice and Action Research, 2011, 24(3):247-259.

Sjoberg M, Nyberg E. Professional knowledge for teaching in student teachers' conversations about field experiences [J]. Journal of Science Teacher Education, 2020, 31(2):226-244.

Slaughter S, Leslie L L. Academic Capitalism: Politics and the Entrepreneurial University [M]. Baltimore: John Hopkins University Press, 1997:13.

Slaughter S, Rhoades G. Academic capitalism and the new economy: Markets, state, and higher education [M]. Baltimore: The John Hopkins University Press, 2004:6.

Smith E R. Faculty mentors in teacher induction: Developing a cross-institutional identity[J]. Journal of Educational Research, 2011, 104(5): 316-329.

Solem M N, Foote K E. Concerns, attitudes and abilities of early career geography faculty[J]. Annals of the Association of American Geographers, 2004, 94(4):889-912.

Solmon M A, Ashy M H. Value orientations of preservice teachers[J]. Research Quarterly for Exercise and Sport, 1995, 66(3):219-230.

Sorge S, Keller M M, Neumann K, et al. Investigating the relationship between preservice physics teachers' professional knowledge, self-concept and interest[J]. Journal of Research in Science Teaching, 2019, 56(7): 937-955.

Sorge S, Kroeger J, Petersen S, et al. Structure and development of preservice physics teachers' professional knowledge [J]. International Journal of Science Education, 2019, 41(7):862-889.

Soroinelli M D, Austin A E, Eddy P L, et al. Creating the Future of

Faculty Development: Learning from the Past, Understanding the Present [M]. Bolton: Anker Publishing Company, 2005:1.

Sosu E M, Mtika P, Colucci G L. Does initial teacher education make a difference? The impact of teacher preparation on student teachers' attitudes towards educational inclusion[J]. Journal of Education for Teaching, 2010, 36(4):389-405.

Soubhi H, Bayliss E A, Fortin M, et al. Learning and caring in communities of practice: Using relationships and collective learning to improve primary care for patients with multimorbidity[J]. Annals of Family Medicine, 2010, 8(2):170-177.

Starkey L. A review of research exploring teacher preparation for the digital age[J]. Cambridge Journal of Education, 2020, 50(1):37-56.

Steinert Y, Boudreau J D, Boillat M, et al. The osler fellowship: An apprenticeship for medical educators[J]. Academic Medicine, 2010, 85(7): 1242-1249.

Steinert Y, Mann K, Centeno A, et al. A systematic review of faculty development initiatives designed to improve teaching effectiveness in medical education: BEME guide No. 8[J]. Medical Teacher, 2006, 28(6):497-526.

Stes A, Coertjens L, Van P P. Instructional development in higher education: Impact on teachers' teaching behaviour as perceived by students [J]. Instructional Science, 2013, 41(6):1103-1126.

Stewart S A, Abidi S S R. Applying social network analysis to understand the knowledge sharing behaviour of practitioners in a clinical online discussion forum[J]. Journal of Medical Internet Research, 2012, 14 (6):245-264.

Stoszkowski J, Collins D. Using shared online blogs to structure and support informal coach learning, part 1: A tool to promote reflection and communities of practice[J]. Sport Education and Society, 2017, 22 (2): 247-270.

Struyven K, Dochy F, Janssens S. Students' likes and dislikes regarding student-activating and lecture-based educational settings: Consequences for students' perceptions of the learning environment, student learning and performance[J]. European Journal of Psychology of Education, 2008, 23(3):295-317.

Stuermer K, Seidel T, Kunina H O. Knowledge-based classroom observation—Differences between trainee teachers at the start of their professional career and explanatory factors[J]. Zeitschrift fur Padagogik, 2015, 61(3):345-360.

Sudzina M R. Case study as a constructivist pedagogy for teaching educational psychology[J]. Educational Psychology Review, 1997, 9 (2): 199-218.

Susan R K. Exploring Leadership:For College Students Who Want to Make a Difference[M]. San Francisco:Jossey-Bass, 2013:342-343.

Sweeney T. Understanding the use of interactive whiteboards in primary science[J]. Australasian Journal of Educational Technology, 2013, 29(2):217-232.

Tabulawa R T. Geography students as constructors of classroom knowledge and practice: A case study from Botswana [J]. Journal of Curriculum Studies, 2004, 36(1):53-73.

Tannehill D, MacPhail A. Teacher empowerment through engagement in a learning community in Ireland:Working across disadvantaged schools [J]. Professional Development in Education, 2017, 43(3):334-352.

Tate N J, Jarvis C H. Changing the face of GIS education with communities of practice[J]. Journal of Geography in Higher Education,

2017,41(3):327-340.

Tax C L,Doucette H,Neish N R,et al. A model for cultivating dental hygiene faculty development within a community of practice[J]. Journal of Dental Education,2012,76(3):311-321.

The state of higher education in the world today[EB/OL]. (2014-10-24) [2014-10-25]. http://portal. unesco. org/en/2009-07-24. http://www. gse. pku. edu. cn/xwgg/xyxw/11712. htm.

Thoma B,Brazil V,Spurr J,et al. Establishing a virtual community of practice in simulation the value of social media[J]. Simulation in Healthcare Journal of the Society for Simulation in Healthcare,2018,13(2):124-130.

Ticha M, Hospesova A. Problem posing and development of pedagogical content knowledge in preservice teacher training[C]//The 6th congress of the European society for research in mathematics education. Lyon,France,2010:1941-1950.

Tolson D,McAloon M,Hotchkiss R,et al. Progressing evidence-based practice:An effective nursing model? [J]. Journal of Advanced Nursing, 2005,50(2):124-133.

Tondeur J,Scherer R,Siddiq F,et al. Enhancing preservice teachers' technological pedagogical content knowledge (TPACK):A mixed-method study[J]. Educational Technology Research and Development,2020,68(1): 319-343.

Trechsel L J,Zimmermann A B,Graf D,et al. Mainstreaming education for sustainable development at a Swiss university:Navigating the traps of institutionalization[J]. Higher Education Policy,2018,31(4):471-490.

Tremblay D G,Psyche V. Analysis of processes of cooperation and knowledge sharing in a community of practice with a diversity of actors[J]. Computer Science and Information Systems,2012,9(2):917-941.

Trigwell K, Shale S. Student learning and the scholarship of university teaching[J]. Studies in Higher Education, 2004, 29(4):523-536.

Valdivieso J A, Carbonero M A, Martin A L J. Elementary school teachers' self-perceived instructional competence: A new questionnaire[J]. Revista de Psicodidactica, 2013, 18(1):47-80.

van D J H, Beijaard D, Verloop N. Professional development and reform in science education: The role of teachers' practical knowledge[J]. Journal of Research in Science Teaching, 2001, 38(2):137-158.

van D J H, Verloop N, de Vos W. Developing science teachers' pedagogical content knowledge[J]. Journal of Research in Science Teaching, 1998, 35(6):673-695.

Veal W R. Beliefs and knowledge in chemistry teacher development[J]. International Journal of Science Education, 2004, 26(3):329-351.

Vermetten Y J, Vermunt J D, Lodewijks H G. Powerful learning environments? How university students differ in their response to instructional measures[J]. Learning and Instruction, 2002, 12(3):263-284.

Vickers C H, Deckert S K. Sewing empowerment: Examining multiple identity shifts as a mexican immigrant woman develops expertise in a sewing cooperative community of practice[J]. Journal of Language Identity and Education, 2013, 12(2):116-135.

Voogt J, Erstad O, Dede C, et al. Challenges to learning and schooling in the digital networked world of the 21st century[J]. Journal of Computer Assisted Learning, 2013, 29(5):403-413.

Voogt J, Fisser P, Roblin N P, et al. Technological pedagogical content knowledge: A review of the literature[J]. Journal of Computer Assisted Learning, 2013, 29(2):109-121.

Wahlstrom K L, Louis K S. How teachers experience principal leadership:

The roles of professional community, trust, efficacy and shared responsibility[J]. Educational Administration Quarterly, 2008, 44(4): 458-495.

Walczak S, Mann R. Utilization and perceived benefit for diverse users of communities of practice in a healthcare organization [J]. Journal of Organizational and End User Computing, 2010, 22(4): 24-50.

Waldron F, Pike S, Varley J, et al. Student teachers' prior experiences of history, geography and science: Initial findings of an all-Ireland survey [J]. Irish Educational Studies, 2007, 26(2): 177-194.

Walsh R. What is good psychotherapy? [J]. Journal of Humanistic Psychology, 2004, 44(4): 455-467.

Wang J, Zhang R L, Hao J X, et al. Motivation factors of knowledge collaboration in virtual communities of practice: A perspective from system dynamics[J]. Journal of Knowledge Management, 2019, 23(3): 466-488.

Wang T J. Rethinking teaching with information and communication technologies (ICTs) in architectural education[J]. Teaching and Teacher Education, 2009, 25(8): 1132-1140.

Wang Z L, Li D M. Study on application of blended learning in management teaching [C]//International conference on education science and management engineering, Vols 1-5. Beijing, PRC, 2011: 2435-2438.

Warhurst R P. Cigars on the flight-deck: New lecturers' participatory learning within workplace communities of practice[J]. Studies in Higher Education, 2008, 33(4): 453-467.

Weiss G L. A pedagogical boomerang: From Hans Mauksch to medicine to the teaching and learning of sociology[J]. Teaching Sociology, 2007, 35(1): 1-16.

Weitzel H, Blank R. Pedagogical content knowledge in peer dialogues between preservice biology teachers in the planning of science lessons:

Results of an intervention study[J]. Journal of Science Teacher Education, 2020,31(1):75-93.

Wenger E. Communities of practice: Learning, Meaning, and Identity[M]. Cambridge:Cambridge University Press,1998:49.

Wesely P M. Investigating the community of practice of world language educators on twitter[J]. Journal of Teacher Education,2013,64(4):305-318.

Wikipedia. Instructional capital[EB/OL]. (2015-01-09)[2015-03-28]. http://en. m. wikipedia. org/wiki/ Instructional_capital.

Woo D J. Central practitioners' developing legitimate peripheral participation in a community of practice for changing schools[J]. Australian Journal of Educational Technology,2015,31(2):164-176.

Wood D. Personalizing the learning environment for students from diverse backgrounds[C]//The 5th international conference on education and new learning technologies. Barcelona,Spain, 2013:3735-3744.

Xiomara Z C,Ulises Z C,Claudia M R,et al. Learning and technology in virtual environments with a constrcutionism theory[C]//The 6th international conference on education, research and innovation. Seville, Spain, 2013: 6995-7001.

Yalvac B,Ayar M C,Soylu F. Teaching engineering with Wikis[J]. International Journal of Engineering Education,2012,28(3):701-712.

Yates D, Wagner C, Majchrzak A. Factors affecting shapers of organizational Wikis[J]. Journal of the American Society for Information Science and Technology,2010,61(3):543-554.

Yoo S C. A model of teaching techniques of English role-plays through story telling for children[J]. Modern Studies in English Language and Literature,2005,49(1):173-196.

Yoon K,Armour K M. Mapping physical education teachers' professional learning and impacts on pupil learning in a community of practice in South Korea [J]. Physical Education and Sport Pedagogy,2017,22(4):427-444.

Yurdakul I K,Odabasi H F,Kilicer K,et al. The development,validity and reliability of TPACK-deep: A technological pedagogical content knowledge scale[J]. Computers & Education,2012,58(3):964-977.

Zambrano M,Nelson R. Reflective practice in teachers training: The case of "normal superior" school from Pasto [J]. Revista Universidad Sociedad,2020,12(1):40-52.

Zembylas M. Emotion metaphors and emotional labor in science teaching[J]. Science Education,2004,88(3):301-324.

Zhao K,Khan S S,Xia M. Sustainability of vertical standards consortia as communities of practice: A multilevel framework [J]. International Journal of Electronic Commerce,2011,16(1):11-40.

后　记

时光荏苒，岁月流逝。转眼，博士毕业五年了。在这五年中，我的博士论文终于修改完成。虽然这于学者来说是再平常不过的事情，但对于我来说，却是一个艰难困苦的历程。在这五年之中，我完成了两种学术生命的进化。至此，伴随不惑之年的到来，我的学术生命才有了更清晰的追求。

第一，学术领域系统化思维的进化。有人说，博士阶段的训练是一种思维模式的重塑，那么，博士论文的修改之路则是系统化思维的进化之路，也是个人学术领域体系化探索形成之路。2015 年 6 月，博士论文通过匿名评审和答辩，我顺利获得博士学位。同年 12 月，博士论文获得广东省社科规划项目后期资助。于是，博士论文进入修改。2016 年 6 月，各种机缘巧合，我成为浙江师范大学教育学博士后流动站的在职博士后。入站半年，先后经历了开题、获得博士后基金委一等资助项目和发表论文，半年内便迅速完成了博士后所有的考核任务，这让我无比欣慰和备受鼓舞。当这一切十分顺利进行的时候，我的学术视野进入学术生命的转折期。2017 年，经过十余年的学术体验，我写了一篇阶段性的学术总结——《工具思维与理论想象力的张力：游弋于下限与上限之间》，提出了"两性一体"的学术追求。其中，"两性"是指现代性和精神性，"一体"是共同体。自此，"两性一体"正式成为我的基本学术视野，学术之路更为清晰，我也开始了新的探索历程。同时，这也让我陷入系统化负重前行之累中。于是，博士论文和博士后报告进入交叉推进的历程。令我遗憾的是，这两项任务持续了三年，直到 2020 年初，"中国大学现代性有关问题研究"获得教育部人文社科项目资助，"两性一体"的学术领域的内在逻辑正式形成。

　　第二，学术领域沉淀历程的进化。开展学术研究，最基本的学术判断是对选题现状的理解和把握，这就是所谓的文献研究，更是学术创新的前提和基础。这一点，每一位学者都很清楚它的意义。然而，令人遗憾的是，很多研究并没有很好地开展文献研究。2017年，我申报了国家自然科学基金项目，当专家意见反馈回来的时候，其中一位专家提到申报书对选题现状分析不到位，这对我的打击是非常大的。从2017年6月，我开始了文献计量学的学习之路，通过文献大数据研究方法进行了各种选题的系统研究。当然，无休止的文献研究，让每个选题的开展都投入了大量的精力，有一种永无休止的疲惫感。当然，正是这种文献深度研究的体验历程，帮助我完成了博士论文前四章的系统修订，提出了大学教师教学发展研究领域的主体性、现代性和发展性的系统性认知。自此以后，我在态度上更加重视研究，在我看来，文献研究怎么投入都不为过，而且在技能行为上，更需要从文献大数据方法中开展文献研究，改变传统文献研究的偶然性和零碎性，提高文献研究的科学性和精准性。在文献研究过程中，我越来越感受到，学术积淀非一日之功，所有的学术成就都要通过学术积淀不断地实现。

　　回首五年的论文修改之路，我体验到一本专著的形成是一个艰辛而漫长的过程。事实上，一项系统的研究，完成之后还需要沉淀、反思和反复地打磨。记得博士入学的第一节课上，我的博导就告诫我们，一定要重视博士阶段的系统研究，因为学者开展系统研究的机会非常有限，甚至一生都在博士论文选题领域中深耕细作。随着博士论文的修改结束，再加上博士后报告的完成，我的学术视野逐渐形成。记得小时候，常常听老辈人说，人生真正爬坡的年龄是35岁到45岁。而我，就是在35岁开始博士论文的系统修改和博士后报告的另一系统研究。如今，即将跨入不惑之年，这近五年的生命历程，我不仅深切感受到学术积淀之不易。当然，这个过程也充满着无助、焦虑和期待。同时，内心充满着对家人的愧疚，对亲人的遗憾，对朋友的歉意，因为错过了很多本该一起见证的美好！人生是一场修行，遇到的、失去的，都将是我生命中最美好的回忆。论文修改过程中，我的妻子给予了我全方位的支持！长辈们给予我理解和支持,孩子们给了我动力和感动,学术同行和人生导师都给予了我无穷无尽的前行力量。最后,本书出版几经周折,最终得到广东教育出版社萧宿荣博士的大力支持,获得在浙江大学出版社的出版机会,感谢浙江大学出版社编辑所给予的审校与指导。同时,本书得以顺利出版,还要感谢马龙海教授在项目经费上的资助。在此,我只能铭记于心,感恩前行!

2020年,是个让世界窒息的年份。金秋九月,此书修订终于告一段落。限于精力,尚有诸多遗憾。最后,以海子《九月》的结尾结束——

远方只有在死亡中　凝聚野花一片明月如镜高悬草原　映照千年岁月

我的琴声呜咽　泪水全无

只身打马过草原

许国动

书于广州黄埔万科东荟城

2020年9月30日